国土资源案例与答疑

北京德恒（西咸新区）律师事务所 编
白新亚 著

当代中国出版社
Contemporary China Publishing House

图书在版编目（CIP）数据

国土资源案例与答疑 / 北京德恒（西咸新区）律师事务所编；白新亚著. -- 北京：当代中国出版社，2025. 5. -- ISBN 978-7-5154-1525-3

Ⅰ. D922. 335

中国国家版本馆 CIP 数据核字第 2025F3C357 号

出 版 人　蔡继辉
责任编辑　邓颖君
责任校对　贾云华　康　莹
印刷监制　刘艳平
封面设计　宋　涛　鲁　娟
出版发行　当代中国出版社
地　　址　北京市地安门西大街旌勇里 8 号
网　　址　http://www.ddzg.net
邮政编码　100009
编 辑 部　（010）66572156
市 场 部　（010）66572281　66572157
印　　刷　北京润田金辉印刷有限公司
开　　本　710 毫米×1000 毫米　1/16
印　　张　21 印张　1 插页　301 千字
版　　次　2025 年 5 月第 1 版
印　　次　2025 年 5 月第 1 次印刷
定　　价　98.00 元

序　言

本书作者为北京德恒（西咸新区）律师事务所自然资源法律顾问，书稿内容是其从事自然资源行政管理执法工作笔记的汇集，包括自然资源法律、法规及政策的适用解读、理论研究、立法探讨、行政违法案例分析和土地权属案例分析以及其在作为原《中国国土资源报》特约作者、法律顾问、专家、特约嘉宾期间对全国自然资源疑难案件来信来访的解答。

本笔记形成之时，正值我国新旧土地管理制度交替，我国土地制度在农村和城镇略有不同。农村土地历经1949年10月新中国成立后土地改革分田到户的私有制，不久，便通过农业合作化的形式发展到高级农业生产合作社（1956年6月30日第一届全国人民代表大会第三次会议通过《高级农业生产合作社示范章程》），使农村土地和基本生产资料初步完成了农村农业的社会主义改造，直到1962年9月以中共中央颁布《农村人民公社工作条例修正草案》（俗称《六十条》）为标志，才形成延续至今的农村土地由公社（乡）、大队（村）、小队（小组）“三级所有队为基础”的农民集体所有的半公有制形态。而城镇土地则历经以新生政权对原旧政权名下所有单位、机构的接收、接管为主要形式，首先形成了土地国家所有的基础，接着通过1956年对民族资本主义工商业和部分私房的社会主义改造，以“赎买”方式完成了其土地私有的国有化，直到1982年《宪法》第10条规定城市的土地属于国家所有，才标志着全国城镇私人住宅用地私有形态的彻底结束。

农村土地农民集体所有，城镇土地全民所有，单位和公民个人对所占用的土地依法享有占有、使用、收益和有限处分权的统一形态法律基础的建立，为国有土地使用权资本化的土地使用权出让机制的实施铺平了道路。但同时也引发了民众对政府将土地权益低价征收高价出售合理性的质疑，使得深层次不动产财产权利益之争得以公开化，增加了国家对农民集体土地、城镇国有土地征用征收的难度。在这种情况下，如何正确理解新型国有土地使用权出让机制与现行土地管理法律法规政策之间相互衔接、相互支撑的法律联系，如何处理新旧土地管理制度交替过程中，房地产权利转移、拆迁安置补偿、企业改制中土地处置涉及的国家、单位、职工和投资人四方主体在利益分配上的诸多矛盾，确保各方面合法权益不受损害，便成了亟待解决的问题。

本书的研讨实务和案例形成于2003年至2015年，距今已过去一二十年，其所依据的法律法规因为适应国家经济建设的快速发展已进行了多次修订修改，但这正是本所和作者将这些文章集中成书的目的所在：因为在我国土地公有制前提下，每一时期土地案件的处理过程，都是对之前土地权能转化关系的寻根溯源，也只有这样才能确保土地权利当事人的合法权益。回头看我国新旧土地管理体制的转换运行，并非一帆风顺，人们对土地有偿使用这个新生事物的认识久久不能到位，对企业改制中的土地使用权出让、土地使用权租赁、土地使用权作价出资（入股）、土地使用权授权经营、保留土地使用权划拨等处置方式的操作，更是茫然被动，具体执行实施土地管理法律法规条文更是千差万别；目前，国家经济发展越发活跃，必然促使土地权能关系发生变化，土地管理新矛盾、新问题随之而来。作为国土资源管理工作者和法律工作者，若不能厘清土地权能转化关系中每一具体环节上的法律内涵，要想服务好国家经济发展大局、管理好土地公有制下的土地使用秩序、处理好土地权益纠纷，都将会力不从心，本书的法律意义和现实意义就在于此，起到承前启后抛砖引玉的作用。

本书收录的169篇文章是作者围绕解决上述问题的工作实践之作，并被原《中国国土资源报》、《人民法院报》、《国土资源》、《陕西国土资源》、《陕西律师》、《陕西日报》等报纸杂志及时选编刊登。因其内容不仅涉及《土地管理法》《矿产资源法》等专门法，而且广泛涉及行政法、刑法等领域，材料具体鲜活，形式多样生动、可操作性强，对自然资源管理法律事务工作者来说，具有一定的参考价值。

北京德恒（西咸新区）律师事务所

2024年4月20日

目 录
CONTENTS

第一编 法律理解

第二编 案例分析

第三编　咨询答疑

第1编

法律理解

划拨土地使用权与土地资产关系

划拨土地使用权对单位和个人而言有无财产权关系？目前法律法规尚无明确规定。1998年修订的《土地管理法》第58条中规定了对旧城改建中的私宅地应给予适当补偿，这个“适当”补偿有无法理基础？有无事实根据？对此若不研究清楚，恐怕在旧城改建中对单位和个人的“适当补偿”不会那么顺利，争议也不会那么容易解决。

私宅地面积虽小，涉及面却很广，各种因素都在其中有所反映，很具代表性，因此，笔者以此为例来分析这个问题。为便于理解，随附土地使用权与土地资产相互关系结构（图1）作直观说明。

国有土地与土地资产问题

新中国成立至1982年《宪法》颁布前的这一段时期，我国城市私人住宅占用的土地基本上属私有制形式。依物权原则，这种私宅土地与其住房一样，应属私有财产。那么，这种私有财产关系在1982年《宪法》第10条“城市的土地属于国家所有”这一原则下应如何理解？笔者用国家征地法律关系为例加以分析。在国家建设用地征用中，不论是国家项目用地还是民营项目用地，必须经由国家依法批准征用，随着批准书的下达和征地费的支付，农民集体所有的土地就成为国有土地。显然，这是国家权力加土地补偿费的结果，虽然此时这个国有土地中有财产权（征地费）关系，但随着土地使用权从国有土地中分离，原征地补偿费支付关系就被转嫁，转由项目用地单位向国家支付，其实质就等于由项目用地单位直接向农民集体支付。当这个土地补偿费由用地单位（国有企事业单位）用隶属政府财政款支付时，便称为国有土地资产；而当土地补偿费由民营单位或个人支付（私房买卖）时，便称为民营单位或个人

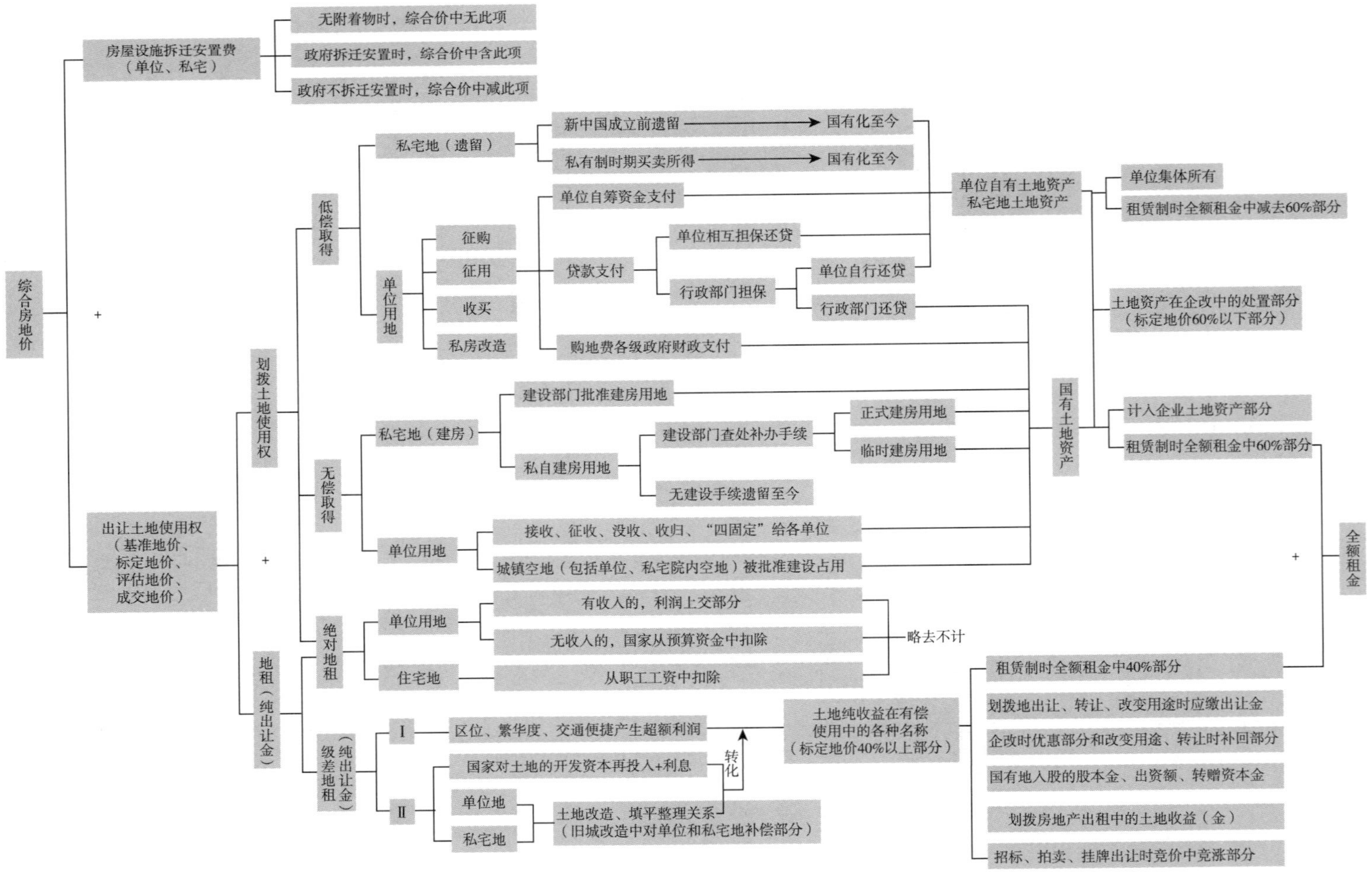

图1　土地使用权与土地资产相互关系结构

注：含“+”表示内项之和等于外项，无“+”表示内项为外项的分类。

的土地资产。尽管这是两种不同性质资金来源的征地，但法律上把这两种未向国家缴纳出让金的用地均界定为国有划拨土地使用权。但这种界定并没有否定这两种不同资金来源征地关系中的土地资产归属的性质，这与1994年的《集体企业国有资产产权界定暂行办法》第4条“产权界定应遵循‘谁投资、谁拥有产权’的原则”是一致的。可见，划拨土地使用权中是含有财产关系的，只不过这种财产关系在单一国有财产关系为主导的计划经济时期显现不明而已，而在市场经济时期就不同了，各种财产关系都允许存在。投资关系决定物权关系，但由于土地这个自然物的特性，土地资产这种物权关系，是受国家法律调整的，即划拨土地使用权主体在没有向国家缴纳地租（出让金）前，是没有因为对占用的划拨土地使用权有投资关系而就可以自由行使物权权利。这就是我们通常所说的“划拨土地使用权不属于企业财产”的法律内涵，它的实质只是行政管理法律关系上的权利义务关系，而真正意义上的国有土地财产关系应该是地租（出让金）关系。虽然如此，但当划拨土地使用权单位的土地遇旧城改建、拆迁或公益建设占用时，投资者却有权依法获得相应的土地面积置换或相应土地面积的资金补偿。这正是划拨土地使用者应该获得的适当补偿——直接利益损失补偿的具体表现。这种情况，现实中比比皆是。笔者认为，作为国有划拨土地使用权中的一个重要组成部分的私宅地使用权，如果其主体在土地使用权原始取得中存在投资购买这类财产关系，就应该与企事业单位一样，按土地资产的归属性质，在旧城改建、拆迁时按土地市场价给予相应土地面积比例的资金补偿。综上所述，笔者认为，我们应该走出数十年来城市土地国有化就是把划拨土地使用权中含有的单位和个人投入的土地资产也国有化的误区，而且也只有走出这个误区，才能将1982年《宪法》第10条“城市的土地属于国家所有”与第13条“国家保护公民的合法的收入、储蓄、房屋和其他合法财产的所有权”统一起来。单位和公民私宅地的划拨土地使用权中的财产关系才能得到保护，在经济上才能得到合理合法的体现。

划拨土地使用权中的土地资产区分问题

新中国成立后，城市土地私有制问题并没有很快改革，其间只是针对性地进行了资本主义工商业改造和对部分私房的社会主义改造，直到1982年《宪法》才宣告了城市土地公私混合所有制的彻底结束，确定了“城市的土地属于国家所有”。

而在这之前，我国的私宅用地来源成分很复杂，大体可分为四类：①祖遗房地产私宅地；②新中国成立后城市土地部分私有制时期购置的房地产私宅地；③新中国成立后由建设管理部门批准建私宅占用土地的私宅地；④新中国成立后，在各个时期擅自建房占用土地的私宅地。

如何判断这四类私宅地中的土地资产权性质呢？按照“谁投资、谁拥有产权”的原则，笔者作以下分析：

1. 关于祖遗房地产私宅占地

这类私宅用地是指在新中国成立前土地私有制时置业的房地产，随着新中国成立，在进行了资本主义工商业改造和部分私房的社会主义改造后，由房地产业主目前实际居住使用并领有房屋产权证、土地证的私宅地。笔者认为，应该确认这类私宅地使用权中的土地资产归个人所有。因为1949年8月《人民日报》刊载的《关于城市房屋、房租的性质和政策》一文指出：“城市房屋有公有房屋和私有房屋的分别。就私有房屋来说，其所以不能和农村中的土地问题一样处理，是因为这两者的所有权关系产生的剥削关系是不相同的，土地是自然物，人们可以开辟、却不能创造，……但城市房屋问题却与此不同，房屋不是自然物，而是劳动产品，在商品生产的社会里，房屋就是一种商品，建筑房屋需要一定的投资，而且要经常出资加以修缮，当利用房屋的投资收取租金时，它就成为一种资本，这种资本主义性质的房屋所有权，应当和其他官僚资本以外的私人资本的所有权一样受到保护。”1958年2月，《在第一次全国房产工作会议上的总结报告》指出：“在进行房屋改造时，如房屋与基地同属一人者，基地随房带进，不另处理。如房屋和基地分属二人者，由房主将所领租息分给基地主一部分。”可见，确认这类私宅地和单位用地中的土地资产归个人和单位所有，应该是合理的。在遇旧城改建拆迁时，该土地使用权人应该获得相应土地面积的资金补偿。

2. 关于新中国成立后公、私混合所有制时期购置的房地产占地

新中国成立后，我国对城市房屋土地实行的是“对私有房地产暂不处理”原则，也即房地产的私有和公有混合制度，这一制度一直延续到1982年《宪法》颁布前。笔者认为，既然国家存在着房地产的私有制，那么，在这段时期通过买卖置业的房地产，根据当时的房地产政策及法规，只要有当时的契税凭证或经过当地当时房产管理部门的登记，这类单位和私宅地应确认其土地使用权中的土地资产归单位或个人所有。旧城改建拆迁时，应获得相应土地面积的资金补偿。

3. 关于新中国成立后由建设管理部门批准建房所占用土地的私宅占地

此类私宅地基本上产生于1982年《宪法》颁布以后。根据1983年6月施行的《城镇个人建造住宅管理办法》（2008年废止）第4条，城镇个人建造住宅，应当由人民政府统一解决用地，禁止任何单位和个人未经批准擅自占地建造住宅。这类私宅地因是在土地公有制的情况下，由政府依法无偿划拨给私人建住宅的用地，所以其土地使用权中所含土地资产就应归国家，私宅地使用权人无此土地资产权，旧城改建拆迁时，无权要求获得相应土地面积的资金补偿。

4. 新中国成立后各个历史时期擅自建房占用土地的私宅占地

这类情况存在于新中国成立后各个历史时期，且较普遍，数量较多。笔者认为，对这类私宅用地，擅自占用又无偿使用，既已成历史事实，确认其房屋产权、土地使用权的同时是不存在个人的土地资产权的，因此，在旧城改建拆迁时，也无权主张获得相应土地面积的资金补偿。

划拨土地中的填平整理及有关投资关系问题

上面问题中的第三类、第四类私宅地主体，不享有城镇划拨土地资产权是不是就无权主张旧城改建拆迁时对土地使用权的适当补偿呢？当然不是，1949年8月《人民日报》刊载的《关于城市房屋、房租的性质和政策》一文指出：“至于和城市房屋相联系的地产的占有，因为城市土

地有填平、整理关系，有若干投资在内，并且经过几次的买卖，其情形比较复杂，且已构成房产资本的不可分离的一部分。”这就是说，我国在新中国成立初期就已重视城市土地的这种特性，可见城市私宅地使用权中不仅含有土地资产关系，而且还有对土地的填平、整理和若干投资关系。这种关系与农民对耕地的改造是一个道理，即把一块贫瘠的荒地通过投入劳动，逐渐改造为一块良田，国家征地时对农民的土地补偿就是这种性质。可见，在商品经济社会里，对城市私宅地的这种劳动投入是不可忽视的，它是城市发展与繁荣的一个重要组成部分。至于这种填平、整理和若干投资关系如何折价，应由地产评估专家通过测评得出。此类补偿不仅适用于无土地资产权的私宅地使用权人和单位，同样适用享有土地资产权的私宅地和单位的使用权人。

划拨土地中的土地资产折价问题

划拨土地使用权中的土地资产是多少，笔者认为应根据 1992 年 3 月发布的《划拨土地使用权管理暂行办法》（2019 年废止）第 26 条的规定比例确定，该比例为：土地使用权出让金，区别土地使用权转让、出租、抵押等不同形式，按标定地价的一定比例收取，最低不得低于标定地价的 40%。根据此出让金比例，留给企业或土地转让方的资金比例为标定地价的 60% 以下。《房地产法及配套规定新释新解》（人民法院出版社 1998 年版）一书对该条的解释为：“出让金的收取最低不得低于标定地价的 40%，标定地价减收的部分及实际转让成交价与标定地价的差额均应由转让方获取，实践上，转让方通常能获取成交价额的 2/3，而政府收取的出让金只为成交价额的 1/3。”

根据《土地管理法》第 58 条的规定：旧城改建拆迁，土地使用权由政府收回时，给原土地使用权人以适当补偿。这是政府行为，但在土地出让的具体操作中，土地管理部门经常会用一种变通的出让方式，即将一块未拆迁的现状地出让（多为协议出让）给开发商，出让时只收取纯出让金（地租），而土地资产部分则由开发商直接与原土地使用权人谈拆迁安置补偿。在这个过程中，开发商一般对拆迁范围内的单位的土地资产补偿，还是基本到位的，甚至还畸高。而对私宅地却在被拆迁人想不通、不签协议的情况下向有关管理部门申请强制拆除。此时有关行政管理部门可能在未厘清私宅地的土地使用与土地资产关系的情况下，协助开发商强制拆迁，激化矛盾。究竟是谁错了？在这种政府只收取标定地价 40%（协议出让时的出让金更低）出让金，而直接由开发商与被拆迁人谈拆迁安置补偿的做法，是谁获取了本该由政府或私宅地使用人取得的标定地价的 60% 的土地资产？如果这些私宅地的土地资产为国有，那么是开发商侵占了国家的利益；如果这些私宅地土地资产为私有，则开发商侵占了这些私宅地使用权人的土地资产利益。而就全部私宅地对所用土地的填平、整理和若干投资在内的资产关系而言，开发商则侵占了所有的私宅地使用权人对城市土地的劳动投入价值，这不能不令人感到遗憾。笔者认为，应该制定一个旧城改建拆迁土地使用权适当补偿办法，以制止国有土地资产的大量流失，停止损害私宅地所含有的私有土地资产的合法权益。

原载《国土资源》(2004 年 1 月)

关于划拨土地房地产转让行政许可审批实质

《城市房地产管理法》第 39 条规定：“以划拨方式取得土地使用权的，转让房地产时，应当按照国务院规定，报有批准权的人民政府审批。”笔者认为该规定关于划拨土地使用权房地产转让时的行政许可不存在对转让的否定性审批，而是关于划拨土地使用权随房转移过程中对土地收益把控和对土地使用权类型的处置审批。

该规定有两层意思，第一层意思是“有批准权的人民政府准予转让的，应当由受让方办理土地使用权出让手续，并依照国家有关规定缴纳土地使用权出让金”。该意思非常清楚，准予转让的，对划拨土地使用权按出让并转让土地使用权办理手续。第二层意思为：“以划拨方式取得土地使用权的，转让房地产报批时，有批准权的人民政府按照国务院规定决定可以不办理土地使用权出让手续的，转让方应当按照国务院规定将转让房地产所获收益中的土地收益上缴国家或者作其他处理。”该意思也非常清楚：“可以不办理土地使用权出让手续”，但需注意的是，该可以不办理出让手续之规定，并不是不准该房地产转让，而是规定“转让方应当按照国务院规定将转让房地产所获收益中的土地收益上缴国家或者作其他处理”。那么，该规定中的“转让方”向国家上缴的“土地收益”从何而来？当然只能从受让方向转让方支付的房地产转让总价款中分出来。显然，该受让方的用地，与常说的企业改制中对原企业用地作“保留划拨土地使用权”处置的意思相同。就是说，第 39 条第二层意思是房子虽转让，但土地使用权不作出让处置，而作保留划拨处置，由受让方使用。很清楚，该规定没有说划拨土地使用权不能随房屋权利的转让而转让。

根据上述分析，这一结论用通俗话说就是：划拨土地使用权房地产，只要房屋所有权人打算转让，就不存在政府不准转让的问题，只不过是把房子涉及的土地使用权办成什么类型的问题而已。笔者认为，这种理解是符合第 39 条规定的。为证明这一理解的正确性，对本问题涉及的五个方面作以说明。

1. 对划拨土地使用权房地产的转让，政府不能作否定性审批

《宪法》第 13 条规定：“国家保护公民的合法收入、储蓄、房屋和其他合法财产的所有权。”《民法通则》（2017 年废止）第 71 条规定：“财产所有权是指所有人依法对自己的财产享有占有、使用、收益和处分的权利。”自 1982 年《宪法》颁布后，尽管我国城镇土地全面实行国有化，但单位房、公民私房的转让却从未停止过，法律、法规和政策也从未加以制止。“地随房走”“房地权利主体一致”原则，已成各单位、公民房屋用地、法院处理划拨用地房地纠纷的基本原则，并沿用至今。改革开放以来，不仅公民私房、单位房，甚至公房都开始频繁流转，这些都是

公民和法人财产权的体现。而如果认为政府可以根据《城市房地产管理法》第39条，在公民或单位需要转让自己所有的房屋时，以划拨用地公民、法人无处分权为由行使否定性审批权，将违反《宪法》和《民法通则》（2017年废止）关于公民财产所有权的规定。所以，第39条中应该没有关于有批准权的人民政府可以否定划拨土地使用权房地产转让关系审批权的内容。

既然划拨土地使用权房地产转让法律关系不应该以划拨土地使用权公民、法人无处分权为由而被否定，就不能将第39条规定的有批准权的人民政府对划拨土地使用权房地产转让的审批，理解为是对划拨土地使用权能否转让的行政许可前置审批。

2. 划拨土地使用权房地产转让与有批准权的人民政府的审批

按上述分析，是不是当事人只要签订划拨土地使用权房地产转让协议，土地部门只要按本地城镇建设规划，或办理出让手续，或办理保留划拨手续就可以了呢？不是，因为具体批办划拨土地使用权类型处置的土地部门还不是第39条规定的"有批准权的人民政府"。

何谓"有批准权的人民政府"？根据我国行政建制的分级管理体制，不论国家机关、企事业单位，还是社会团体，都分为中央（部）级、省级、地（市）级和县（区）级以及乡镇和街道级，而每一级地方政府的各行政管理部门，都是其所属企事业单位、社会团体的行政主管。而这些企事业单位、社会团体的房地产，按投资关系，大都属本级政府财政的国有资产，所以，各单位对本单位使用的房地产的支配或处分，都必须经过各行政主管部门的同意。应该说，这就是第39条规定中的"有批准权的人民政府"之源。1993年《关于国有资产产权登记中有关土地资产登记工作的通知》规定："国有土地是国有资产的重要组成部分，土地资产管理的好坏，直接关系到中华民族子孙后代的生存与发展。为加强对土地资产的管理，现对国有资产产权登记中有关土地资产问题通知如下：1. 凡使用国有土地的企业、行政事业单位及社会团体（以下称土地资产使用人）在向国有资产管理部门申办产权登记（行政事业单位和社会团体为财产登记）之前，必须先到土地管理部门办理土地登记。土地管理部门代表政府颁发的《国有土地使用证》即有关土地资产的证明是进行国有资产产权登记必要的证明文件。2. 资产使用人因分立、合并、迁移、撤销及土地使用权转让等原因，引起土地权属、使用面积、用途等变化的，必须及时到土地管理部门办理变更土地登记，并持变更土地登记后的《国有土地使用证》或土地管理部门出具的其他证明文件向国有资产管理部门申办变动产权登记或注销产权登记。”很明显，那种把土地管理部门当作“有批准权的人民政府”的认识，在实践中是行不通的。试想，一个市级国土资源局能否将驻在本市的中央直属企事业单位和社会团体的土地使用权随意进行处分？显然不能；反过来说，中央直属企事业单位和社会团体未经相关部委或中央同意，能否随意到驻地的国土资源管理部门申请处置本单位的土地使用权？显然也不能。这就得出一个结论：《城市房地产管理法》等法律法规中，关于划拨土地使用权房地产转让要报经“有批准权的人民政府”之“政府”，应是用地单位的行政隶属主管部门加上当地国土资源管理部门。即“分级行政处分加属地管理”审批原则。

3. 行政主管上级部门的土地资产处分权与土地管理部门的土地使用权处分权

既然“有批准权的人民政府”为用地单位的行政隶属主管部门和当地国土资源管理部门，那么，在企事业单位和社会团体的房和地都为国有房地资产的情况下，何以出现房屋转让，而土地又需要审批的规定呢？这是因新中国成立以来，各单位的地上房屋，或拆旧建新，或新建，或转让等投资关系的变化等缘故，已有所不同。但因土地的无偿划拨使用制度，致土地使用权的投资关系一直没有变。随着市场化经济发展，土地资产已成为各级政府财政的主要组成部分。所以，各单位的行政隶属主管部门，在随房地产的流转中，虽对所属单位的无国有投资关系的房屋的处分无权干涉，但对划拨土地使用权关系中的土地资产却依然享有处分审批权。可见，土地资产处置的审批权才是各单位行政隶属主管部门行使划拨土地使用权房地产转让关系中，划拨土地使用权处置审批的实质内容。而法律意义上的划拨土地使用权处置审批权，按属地关系，应归当地国土管理部门。

因为各单位行政隶属主管部门行使划拨土地使用权房地产转让关系中的划拨土地资产处置审批权时，依法不能否定划拨土地使用权“地随房走”的房地产转让关系，所以，在该划拨土地使用权随房转移在受让方单位的名下时，作为房屋占用范围的原土地使用权单位的行政隶属主管部门，只能依现行土地管理规定和国有土地资产的管理原则，作出解除原划拨土地使用权的土地无偿划转关系的决定，由房屋所有权受让人将房屋占用范围的土地使用权，按当地土地市场价作资产显化后，支付原土地投资的行政主管部门。可见，划拨土地使用权房地产转让协议，就土地资产的处分而言，是合法有效的，各单位行政隶属主管部门的划拨土地资产处置审批，虽为前置审批，但该审批权不是准不准处分土地资产的行政许可问题（房地产均为国有资产时，不存在这种情况）。

那么，国土管理局对房地产转让中划拨土地使用权处置类型的前置审批是不是行政许可审批呢？《城市房地产管理法》第 39 条的规定是“可以不办理土地使用权出让手续的，转让方应当按照国务院规定将转让房地产所获收益中的土地收益上缴国家或者作其他处理”，此句中的“转让方”只能是划拨土地使用权房地产转让中的转让方。这就是说法律并不禁止划拨土地使用权房地产中的划拨土地使用权的转让，其焦点在于，当划拨土地使用权被批准为应以出让方式处置时，受让方是否交纳了土地出让金？当受让方继续以划拨方式使用该土地时，转让方是否将从受让方支付的房地产转让总价款中获取的土地收益（土地价 = 土地收益 + 土地资产）上缴给国家？可见，划拨土地使用权房地产转让，因国土管理部门的审批仅限于对划拨土地使用权的类型处置审批，所以，应该说，划拨土地使用权房地产转让协议，一经当事人签字，肯定成交，那么，该协议也一定应当是合法有效的（这里不涉及土地使用权的登记确认问题）。当然，在国土部门对该土地使用权类型提出处置意见后，当事人也可以根据自己的需要，决定解除或继续履行所签合同。

4. 划拨用地的土地资产与划拨土地使用权处置中的土地收益

根据《城市房地产管理法》第 22 条和《划拨土地使用权管理暂行办

法》（2019 年废止）第 2 条、第 26 条的规定，土地资产为标定地价的 60% 以下，土地使用权出让金为标定地价的 40% 以上。

何谓土地收益？原国家土地管理局（国土批〔1995〕13 号）在《关于贯彻〈城市房地产管理法〉若干问题的批复》中指出：“‘土地收益’与‘出让金’都是国有土地所有权的经济体现，属地租性质，应当按照出让金的管理办法进行管理。”

很清楚，划拨土地使用权房地产转让，其划拨土地使用权转让或转移的价格是审批的关键，并且这种审批对当事人的房地产转让成交具有决定性作用，成交价也不因划拨土地使用权类型处置的不同而不同，就是说，对当事人而言，不论国土部门最后决定该划拨土地使用权是出让处置，还是保留划拨处置，该房地产的转让价都是一样的，不论国土部门对划拨土地使用权作何种类型处置，行政主管部门收取的只能是标定地价 60% 的土地资产部分，与国土部门收取的标定地价 40% 部分的这个部分，只是称谓的不同而已。土地出让处置时，该部分称为“土地出让金”，而土地保留划拨处置时，该部分称为“土地收益”。可见，法律赋予各级行政主管部门的土地资产收回审批权与当地国土部门对划拨土地使用权处置中的审批权是一致的，因为土地转让价格只有一个。对按标定地价收取土地收益的保留划拨土地使用权处置而言，是法律赋予政府可以有权不放弃对某一块土地依需要随时支配的权利，这样做的目的，一是确保城市建设的需要，二是确保国有资产不流失。

5. 划拨土地使用权房地产转让政府前置审批的实质

综上所述，《城市房地产管理法》第 39 条关于划拨土地使用权房地产转让的前置行政审批实质，是对土地资产及地上房屋财产变现之把控和对土地使用权转让后的使用类型的处置审批，而不能单纯理解为是对划拨土地使用权房地产转让还存在否定性一面的审批。对房地产转让当事人来说，该规定的审批许可的土地出让与保留土地划拨转让都是按房地产市场价格交易的行为，都是民事自治行为，房产和地面附着物转让价款都归转让人。国土局办理出让土地使用权手续收取的土地出让金，国土局与转让方按法定比例分割；而由国土局再次办理土地使用权划拨手续收取的土地收益价款，仍由国土局与转让方按比例分割。所以，将《城市房地产管理法》第39条理解成政府对划拨土地使用权房地产转让的前置行政许可审批存在否定性审批的一面是不准确的。

原载《国土资源》(2006年11月)

企业改制土地处置的几个原则

曾经风光的品牌企业，无可奈何遭遇尴尬转制。每亩160多万元的土地却以每亩69万元出售，3600多万元的国有资产，却以1300多万元的低价贱卖给私营企业，即使这样的价格，至今也没有完全兑现，并且落下不少“后遗症”：职工生活难以安置，银行债务遭到逃废，国有资产大量流失，使得拥有70年辉煌历史的企业步步走向绝地。人们不禁要问，是谁把这一国有企业推入了陷阱？

某公司转制中出现的尴尬局面，是一个存在于企业出售、兼并改制中的普遍现象。造成这种现象的因素很多，不能正确理解“企业原使用的划拨土地不能作为企业的财产，不能纳入企业负债”的规定，恐怕是企改中不能规范操作的主要原因。

国有资产与国有土地资产

何谓“国有资产”？根据1993年《国有资产产权界定和产权纠纷处理暂行办法》第4条规定的“产权界定应遵循‘谁投资、谁拥有产权’的原则”，企业的土地取得，如是用政府财政款征用或是划拨城镇内空地所得，即为国有土地资产；如是企业自筹款通过政府征用所得，就为企业自有土地资产。因为法律依据地租原理把这两种不同性质资金来源征用的土地，均定义为国有划拨土地使用权，这就出现了国有划拨土地使用者，没有向国家依法缴纳出让金（地租），便不能对其投资取得的划拨土地使用权行使物权权利的规定。所以，国有土地资产与国有划拨土地使用权之间是不能画等号的；而“不能纳入企业负债”之说，也只能是就出让金（地租）而言，并不针对划拨土地使用权的征用投资。

那么，在与企业转制紧密相连的土地有偿使用中，划拨土地使用权、国有土地资产、自有土地资产、土地出让金之间是一种什么关系呢？依标定地价概念，划拨土地使用权出让、转让时，应向国家按不低于标定地价40%缴纳出让金的原则，这标定地价60%部分就应等同于划拨土地的原始取得投资部分。这就是说，企改中，划拨土地使用权按市场价格作资产显化后，国家占有的比例为标定地价的40%以上，此即土地出让金；而企业占有的比例为标定地价的60%以下，即土地资产部分。而此时才可根据征用土地时的资金来源性质划分企业的土地资产是国有还是企业自有，并按此决定企改时的土地处置权由谁来行使。但土地资产的这种划分，已无实际意义了。因为国土资发〔2001〕44号《关于改革土地估价结果确认和土地资产处置审批办法的通知》规定：“为支持和促进企业改革，企业改制时，可依据划拨土地的平均取得和开发成本，评定划拨土地使用权价格，作为原土地使用者的权益，计入企业资产。”“划拨土地经批准可以转让，划拨土地使用权价格部分可计为转让方的合法权益。”这就是说，自2001年2月起，企改时，企业土地资产性质都界定为企业所有，并由企业自己依法行使处置权，不再进行处置审批（采取土地作价出资、入股、授权经营的改制企业除外）。

这里还必须说明的一点是，企改的政策和法规文件中，经常出现“划拨土地价格”“土地使用权价格”“土地标定地价”等既相似、又不一样的概念。对这些概念的内涵不清楚，将直接影响企改中对资产的分割和流向的运作。一般来说，划拨土地价格不包含出让金；而土地使用权价格，则包含出让金，此含出让金的价格也就是标定地价或评估地价。当然，从现有的规范性文件看，也不一定，要想知道一个地价概念中究竟含不含出让金部分，要根据地价结构原则，联系上下文或全文的意思作判断。

企改形式与土地处置方式

根据对上述概念的分析，现结合企改的不同形式，对土地处置的四种方式作概括归纳。

土地出让处置。出让处置是土地有偿使用的基本方式，其他方式都是土地有偿使用的变通。出让处置适用于企改中的出售、兼并、公司制改造、破产等。处置的基本原则是，由改制企业的受让方（购买方、兼并方、企业自改的新设公司等）按改制企业土地总量市场价的40%向国家缴纳出让金，其余60%的土地资产部分属于企业所有。在具体操作中，出让金的比例，因改制企业资产和债务的多少、受让方是否接收安置职工等，由政府对比例作适当调整；而资产处置的原则是先用于抵债和安置职工，此处最易出现错误的地方是，在资大于债、有剩余资产的归属上。依政策剩余部分理应为原企业全体职工集体的资产权益，在受让方接收安置职工的前提下，折抵为原企业全体职工的出资或股份投入受让方；如果受让方不接收安置职工，剩余部分就留给原企业职工集体作为安置职工或再就业的资本。但实践中的做法却出现了以“划拨土地不能作为企业的财产”为由而收归国有，或是“优惠”给了受让方。这显然不合理。

对债务大于资产且救活无望的企业，实行破产处置，资产变现的收入首先用于安置职工，不足部分用出让金弥补。破产前企业向职工筹借的款项，要全额归还或按欠职工工资处理。

土地租赁处置。租赁处置的核心是租金标准的计算。租金标准因政策的调整前后有所不同。2001年2月前，根据国土资发〔1999〕222号《规范国有土地租赁若干意见》，分为国有土地资产的全额租赁价和企业自有土地资产的半价租金标准；而2001年2月后，按国土资发〔2001〕44号《关于改革土地估价结果确认和土地资产处置审批办法的通知》中“划拨土地使用权价格，作为原土地使用者的权益，计入企业资产……划拨土地需要转为有偿使用土地的，应按出让土地使用权价格与划拨土地使用权价格差额部分核算出让金，并以此计算租金或增加国家资本金、国家股本金”的规定，企业不再分国有土地资产和集体自有土地资产，均界定为企业资产。所以，在有偿使用时，应一律按标定地价的40%部分折算租金——半价租金。

土地作价出资（入股）和授权经营的处置。这种土地处置的易混淆点在于，以土地的哪一种价格作为作价的基本价格？出资额、入股额、转增国家资本金又应按什么计算？这类价格核算在政策上没有变化。作价出资或入股、授权经营的基本价格应按标定地价确定，出资额、入股额、转增资本金以标定地价的40%确定。

在企业改制和土地处置的实施上，前后有所变化，以前土地处置的审批与企业改制的审批及其程序，是按企业的隶属关系、改制方向，分别确定了管辖，特点是企业自主权少。从企业是否要改制到出售、兼并对象的选择、资产评估价的确定、改制方案的提出，以至于实施阶段中对资产的处分等，各个环节无不体现着上级的“关怀”。但自2001年2月国土资发〔2001〕44号《关于改革土地估价结果确认和土地资产处置审批办法的通知》起，这一切都变了，小企业的改制，不分国有和集体所有，除改制方案仍按原审批规定办理外，其他事宜基本上由企业自己做主，土地的处置取消审批，由土地管理部门直接备案；土地资产作为使用者的权益，计入企业资产，而不再作为国有资产对待；企业改制后只要符合法定划拨用地范围，不改变用途，可继续以划拨方式使用，需要转为出让或承租的，直接到土地管理部门申请变更登记或有偿使用手续。政府扮演的角色，则是完全的服务者。

通过上述对企改政策、土地处置基本原则的分析，再看该公司的改制，给人的印象是上级“关心”太过，结果造成侵权和违法。这样的改制，违背了企改的初衷，不但没能使改制企业活起来，反而使企业职工的处境更加艰难。

原载原《中国国土资源报》（2004年3月5日）

试析《土地管理法》行政处罚的法条适用

在土地管理执法中《土地管理法》的第 74 条、第 76 条与第 77 条之间，第 73 条、第 76 条与第 81 条之间，常出现对土地违法行为处理适用法条不准，导致行政诉讼败诉，或损害当事人合法权益的现象。笔者根据自己的办案实践，试对这些法条之间的区别作适用分析。

第 74 条是针对破坏耕地行为的处罚规定，本条易与第 76 条、第 77 条混淆之处是将建房列为破坏耕地行为，这里，法律是把在耕地建房的行为与在耕地建窑、挖砂、采石等行为作为同等性质的行为来看的，就是说，在耕地上建房仅是破坏耕地诸多行为中的一种，之所以规定为责令违法者限期改正，是因为对诸如挖砂、采石等行为是不能规定拆除的，这里责令限期改正就包含着对房屋的拆除。

第 76 条突出的是任何非农业建设都必须在当地土地利用总体规划确定的建设用地的范围内，这里规定的非农业建设，仅指建筑物和其他设施，不包含其他形式，此与第 74 条规定中的在耕地内建房这一点是相同的，且法律责任的后果也是相同的，即拆除房屋，可以并处罚款。当然，凡遇此情况在适用上是可以选择而用的。但需要注意的是，根据土地利用总体规划，经常会出现当前看来是耕地，而按总体规划却是未来的建设用地，若属这种情况，则应处以没收建筑物并可以罚款的处罚。

而第 77 条规定的侧重点，则在对无住宅（村民分家另立户，或新设立户）的村民户不经批准，非法占地建住宅行为的处罚。这里的限制条件是，违法主体只限于农村村民，建设的建筑物必须是住宅（包括兴建与居住生活有关的其他建筑物和设施，如厕所、猪圈等），占用的土地类型不受限制，可以是耕地、村庄内空地，也可以是其他未利用地等。该条之所以对村民未经批准占地建住宅的行为只规定拆除而不罚款，是因为，对一户农村村民来说，因不合法而导致所建住宅被拆除，经济损失的程度一般来说可能已到极限，若法律再规定施以罚款，是脱离农村实际的。

当然，从法理和法条的适用上看，对无住宅村民在耕地上违法建住宅，适用第76条作拆除并处罚款的处罚也不会有什么错，但问题是，当同时出现有房户的村民在耕地内违法建房的行为时，如果对二者同时都适用第76条作拆除并罚款，或者同时都适用第77条只作拆除住宅而不罚款，就都会有一种很不公平的负面效应。所以，为了体现法律的公平和公正，在执法实践中，还是应当将无房户和有房户在耕地内违法建住房行为，在适用法律上作区别。就是说，村民在已有一处住宅的情况下，占用耕地违法建房的性质是不同于无房户占用耕地违法建房的，其性质是恶劣的，是与本法关于“一户一宅，严格保护耕地”的根本原则相违背的，所以，对这种有房户的违法建房行为，不仅要对其违法所建的房屋施以拆除，而且可以并处罚款，这里的罚款，旨在对破坏耕地行为可以加重的处罚。关于第73条和第81条，这两条的相同点是都是对土地非法转让行为处理的规定，土地类型都是全方位的，即包括耕地、建设用地和未利用地；不同点是前者是针对非法转让土地双方当事人的处理规定，后者则是对非法转让土地一方当事人的处理规定。在土地性质上，前者管理的土地既包括国有土地，也包括集体土地，既包括土地所有权，也包括土地使用权，而后者则只限于农民集体土地的使用权。

在对土地转让违法行为处罚的法律适用上，这两条的区别就在于：第73条并不要求转让土地的转让方在签订土地转让协议时，有将转让的土地用于非农业建设的目的和后果。就是说，土地转让方转让土地只是为收取转让土地的对价，而是否用于非农建设那是受让方的事，与转让方无关。此类非法转让土地的行为就只能适用第73条第一层意思之规定作处罚。之所以这样理解，是因为该条的规定是：“买卖或者以其他形式非法转让土地的，由县级以上人民政府土地行政主管部门没收非法所得。”很清楚，对在这种情况下的土地转让违法行为，只限于没收转让方的非法所得，可以对双方并处罚款。而只有当受让方实施了非农业建设，才涉及对受让方的建筑物施以没收或拆除，可以并处罚款，这是该条第二层意思。可见，本法第 73 条规定的对非法转让土地双方行为的处罚，应该是对一个违法行为在不同阶段的两种不同程度行为的处罚。

但第 81 条规定的是“擅自将农民集体所有的土地的使用权出让、转让或者出租用于……”，第 63 条的规定同样是“农民集体所有的土地的使用权不得出让、转让或者出租用于……”。这就是说，该条规定的对违法行为的处罚，只限于对出让（只限于本农民集体经济组织）、转让和出租（均应为取得合法土地使用权的单位和个人，否则，因其性质属于欺诈而不能适用本条）土地使用权一方的处罚，并不直接涉及对土地受让方和承租方的责任追究，但在对转让方违法行为的确定上，则又需要从双方的共同行为来认定。就是说，只有在双方共同都有使该农村集体土地用于非农建设的目的，或者在转让方有意放任土地受让方进行非农建设后果的情况下，才能对转让方一方的转让行为认定为违法而施以处罚。

之所以这样理解，是因为农民集体对本集体所有的土地依法享有占有、使用、收益和有限处分的权利，但法律规定农民集体和企事业单位及个人对自己所有或使用的土地，虽不得入市交易用于非农建设（因破产、兼并发生转移的除外），但却可以在不改变农业用途、或符合规划确定的农业用途前提下，允许受让人将所受让、承租的土地用于农、林业开发的权利，比如耕地的对外承包、四荒地使用权的对外拍卖等。

正因为法律赋予了农民集体和取得农业土地使用权的单位和个人一个有限的土地处分权，所以，对农民集体经济组织和企事业单位及村民个人的土地使用权的处分行为是否构成违法，就须从土地交易双方是否共同都有使该农村土地用于非农建设的目的或者是否发生了非农建设后果这样两个方面作认定和判断。就是说，转让方在与受让方商议土地使用权出让、转让、出租协议时，只有双方明确或放任土地受让方可以在受让的土地上从事非农建设的，才构成违法并应受法律追究。

在适用第 81 条对土地违法行为的处罚，之所以不直接涉及对受让方所建非农建筑物和设施的处理，是因为将农民集体土地的使用权出让、转让、出租用于非农建设的主动权一般都在转让方这一方。就是说，转让方在与土地受让方商议土地使用权出让、转让、出租协议时，如果转让方明确不允许受让方在受让的土地上从事非农建设，那么，一般情况下，受让方都会因此而拒绝达成协议，当然也就不可能产生后面的非农建筑物或设施，即便产生，一是可由国土部门对受让方直接作处罚，二是农民集体也可以以受让方合同违约为由通过行政管理或民事侵权诉讼等多种渠道收回土地使用权。所以，在这种情况下，如果在对土地转让方作处罚的同时，以土地转让法律关系对受让方也施以行政处罚，则受让方将根据第 81 条提出抗辩："土地是农民集体的，该农民集体同意我单位从事非农建设（尤其当受让的土地原来就是建设用地或空闲地时），我方也向其支付了一定期限的土地对价，如果其不同意，我方是不会与之签订土地受让（出租）合同的。所以，此种土地交易，属于民事法律关系，而不属于土地行政法律关系调整的范围，处罚土地转让方的同时也处罚受让方，其法律关系是存在障碍的。"

但这不是说这种情况下的土地受让方就无法处罚了，《土地管理法》第 43 条规定，任何单位和个人进行建设，需要使用土地的，必须依法申请使用国有土地。所以，可按此规定，对土地受让方以未经批准非法占用土地另行处罚。举例说，农村集体经济组织甲与房地产开发公司乙签订了本集体土地使用权出让合同，成交后，乙还未进行非农建设，便被国土部门发现，如果该合同中明确是由乙进行农业开发，则国土部门不能对任何一方施以行政处罚；如果该合同中明确是由乙进行非农业建设，而乙方还未进行非农建设，则应适用本法第 73 条第一层意思对甲施以没收非法所得之处罚；而如果乙已进行非农建设，则应适用本法第 81 条对甲施以没收非法所得，责令限期改正，并处罚款的处罚；而如果该合同中对土地的用途约定并不明确，乙对土地的使用也未具体实施（闲置土地属另一个法律关系，此处不涉及），就不能对任何一方施以行政处罚。

因本法第 81 条是对土地转让方施以的行政处罚，所以，在土地转让方依法改正自己违法行为，恢复土地原貌过程中，对受让方的建筑物实施拆除引发的土地受让方对转让方提出的民事赔偿问题，由双方通过诉讼渠道解决。

原载《陕西国土资源》（2009 年 1 月）

关于征地纠纷案的几个问题

《土地管理法》原则上将征地审批权集中到国务院和省级政府，《土地管理法实施条例》第 25 条第 3 款仅规定了对征地补偿标准有争议的，由县级以上地方人民政府协调；协调不成的，由批准征用土地的人民政府裁决，而且是一裁终局。

但征地纠纷的产生和形成原因是多方面的，不容回避的一个现实问题是，多数征地审批的具体工作，在国务院是由国土资源部操作，在省级政府是由国土资源厅操作的。

《行政复议法实施条例》第 36 条规定："依照行政复议法第十四条的规定申请原级行政复议的案件，由原承办具体行政行为有关事项的部门或机构提出书面答复，并提交作出具体行政行为的证据、依据和其他有关材料。"但这就产生一个问题，国土资源部门究竟是应以自己的名义作答复并复议呢？还是应以政府的名义作答复并复议？笔者根据自己的工作实践，对此问题谈点认识。

1. 对征地补偿标准有争议的行政裁决案件不宜由国土资源部门承办

（1）征地中的补偿标准和征地方案以及征地补偿安置方案一般是由当地政府统征办在本级统计、物价、民政、公安、财政、农业、劳动保障等有关部门的参与下制定。

征地补偿标准与征地方案以及征地补偿安置方案是两个不同性质的问题。被征地村、组或群众对征地补偿标准（包括附着物补偿标准）的争议主要有三个：一是被征地的前三年平均年产值额的产生是否合理、公平，附着物补偿标准应为成本价，还是应为市场价；二是被征地的地类性质、面积确定标准是否统一并符合实际；三是确定的补偿倍数是否确保被征地农民得到的补偿能保持在原有生活水平以上。这些问题，除对被征地的地类性质、面积问题可以由国土资源部门与农业部门共同作出是否符合实际的审查、认定外，对第一个问题和第三个问题的审查、认定，因其涉及多部门、比较复杂的专业技术问题，若由国土资源部门牵头组织审查、认定似有不妥。

（2）对征地补偿标准有争议的行政裁决是一裁终局，不存在行政复议的程序。

《土地管理法实施条例》第 25 条规定，对征地补偿标准有争议的由县级以上地方人民政府协调；协调不成的，由批准征用土地的人民政府裁决。《行政复议法实施条例》与《土地管理法实施条例》同属国务院制定，因此，在《行政复议法实施条例》没有明确规定对征地补偿标准争议案的行政裁决不服可以提起行政复议的前提下，不宜作广义理解而认为对征地补偿标准争议案的行政裁决不服就可以提起行政复议。

政府授权国土资源部门以其自己的名义裁决此类案件无法律依据。

根据《土地管理法》第 5 条第 2 款的授权法定原则，在国务院没有依法授权省、自治区、直辖市人民政府可以授权省级土地行政主管部门以自己的名义裁决此类案件的情况下，同级人民政府无权授权本级土地行政管理部门以自己的名义行使对征地补偿标准有争议的案件的行政裁决权。关于这一原则，最高人民法院曾在其〔1992〕法行字第 16 号《关于土地管理部门以自己的名义对土地权属争议作出处理决定是否合法的请示的答复》中指出，梧州市及苍梧县人民政府分别下达授权土地管理部门处理土地所有权和使用权的文件，没有法律依据。当事人不服土地管理部门依据政府授权以自己名义作出处理决定，向人民法院提起行政诉讼，人民法院应以土地管理部门超越职权为由予以撤销。

2. 未按照依法批准的征用土地方案和征地补偿安置方案进行补偿、安置引发的争议案件的行政裁决可以由国土资源部门以自己的名义办理

涉及的行政复议问题

（1）国土资源部《关于加快推进征地补偿安置争议协调裁决制度的通知》（国土资发〔2006〕133 号）要求国土资源部门负责的征地补偿安置争议协调裁决，是指对未按照依法批准的征用土地方案和征地补偿安置方案进行补偿、安置引发的争议案件的行政裁决，并不包括对征地补偿标准有争议的行政裁决。

因为这类案件的裁决，核心问题是对在落实经依法批准的征用土地方案和征地补偿安置方案中引起的补偿安置争议的裁决，并不是审查省政府审批合法不合法的问题。根据国家征地法律制度原则，经依法批准的征用土地方案和征地补偿安置方案即具有羁束性，各方都必须严格贯彻执行，不得违反。

在执行和落实两个征地方案中产生的异议，其问题不外乎两个：一是对有关部门和单位贯彻执行两个方案有异议；二是被征地村、组或群众对两个方案的制定有异议。对这两个异议的裁决，都存在支持与否定的两种结果。比如，对前者，因其核心问题是当地市、县政府执行和监督落实两个征地方案不力产生纠纷，或因村组和村民反悔，裁决的目的就仅限于责令当地政府限期落实两个征地方案，而村民反悔，因违背国家征地强制权而不成立；而后者，如果两个方案制定不符合法定程序，如两个征地方案没有依法公告，没有反复征求被征地村、组和群众的意见等，则其审查的结果是应对两个方案的原批准文件应裁决予以撤销，责令相关市、县人民政府限期重新依法制定两个征地方案并报批。

此类支持被征地村、组或群众申请裁决类的案件，因上级国土资源部门对征地工作依法负有监督检查之职责，故可以由省国土资源厅以自己的名义具体承办。

因否定被征地村、组和群众申请裁决的案件，并不涉及其村民的实体利益，故经过裁决审理，出现不服裁决要求复议的局面几乎不存在。

（2）关于如果不服省政府作出的未按照依法批准的征用土地两方案进行补偿、安置引发的争议案件的行政裁决，提起的行政复议，依《行政复议法》《行政复议法实施条例》，由省政府受理。

对这类案件的行政裁决不服可以申请行政复议的规定，源于国土资源部制定的《征地公告办法》第 15 条。因此类案件不同于对征地补偿标准有争议的一裁终局案件，从法理和《行政复议法》讲，可以提起行政复议。但因对这类案件的裁决性质仅是对当地政府征地两方案制定程序是否合法、对制定落实经批准的征地两方案的监督性裁决，其并不直接涉及被征地村、组和群众的实体问题，故不存在被征地村、组和群众从实体上胜诉的问题。比如申请裁决人认为附着物补偿标准太低的问题，因附着物补偿标准是当地政府按另一程序制定的征地补偿的法律依据，而该依据不属本次裁定的审查范围；而从程序上讲，一般来说，被征地村、组和群众的诉求都应该是胜诉的，比如征地两方案的制定未征求村民意见，地被征走征地款未付清、社会保险不落实、接收单位迟迟不落实村民的工作安置、接收单位确定的村民工资不符合安置方案等等。此类案件如果存在上述问题，原则上都会作出支持申请人的裁决。所以，一般不会存在被征地村、组和群众在省级政府国土资源部门做出行政裁决后再提起行政复议的问题，当然也就不存在需要省政府履行被申请人相关义务的问题。

（3）如果争议案件中既有对征地补偿标准争议的问题，也有对未按照依法批准的征用土地方案和征地补偿安置方案进行补偿、安置引发的争议的问题，应按“重吸轻、大吸小”的原则，以对征地补偿标准有争议为主确定案件承办主体。

3. 因被征地村、组和群众对省政府审批征收土地的合法性提出质疑而导致的行政复议案件，国土资源部门应当以政府名义履行被申请人的相关义务

根据土地征收审批工作的具体操作程序和《行政复议法实施条例》第 36 条，被征地村、组和群众对省政府审批征收土地的合法性提出质疑而导致的行政复议案件，省级国土资源部门应当以省政府名义履行被申请人的相关义务。

原载《陕西国土资源》（2009 年 9 月）

正确理解《土地管理法》第73条

常有人问到，《土地管理法》第73条规定买卖或者以其他形式非法转让土地的……没收违法所得。那么，（1）“买卖与非法转让”的相同之处和不同之别有哪些？（2）买卖行为的法律特征是将财产的所有权由出卖人“转移”给买受人，买卖行为的法律后果是改变“财产的所有权”。那么怎样才算转移财产的所有权，怎样才算改变财产的所有权？（3）土地的使用者在怎样的情况下属于改变土地所有权的行为？

笔者结合工作实践，是这样理解的，根据《土地管理法》第2条第3款、第73条的立法精神，土地权利流转中“买卖”与“非法转让”的相同之处都是法律、法规所禁止的行为，都是将土地权利转移给他人；不同之处是“买卖”是以支付价金取得土地所有权，而“非法转让”不仅包含土地所有权“买卖”，还包含私自交换土地、以地换物、土地租赁、借买卖房屋之名行买卖土地之实、买卖或交换土地使用权、私自将土地抵押或留置等多种行为方式。但应该看到，上述诸多行为方式是没有原则性区别的，只不过是两个概念外延大小不同而已。“非法转让”的概念外延大，包括了“买卖”。而法律条款中之所以又明确（注意两词之间的选择关系连词“或者”）这两个概念，是因为我国土地实行社会主义公有制，有全民所有制和集体所有制之分。这就是说，依物权原则，还存在着劳动群众集体所有制土地转让的现实，但这是法律所不允许的。而在法律所禁止的诸多土地所有权转让的行为方式中，只有以支付价金方式转让土地所有权的行为，才能定性为“买卖”。笔者理解，法律之所以这样表述，其意义在于体现“买卖”是土地所有权转让诸多违法行为的典型方式。

至于怎样才能算“转移”财产的所有权，怎样才能算“改变”财产的所有权的问题。应当说明，这种理解和提法是不正确的，因为这个问题属于法学理论中的法律规范的结构问题。根据法律、法规的文法结构和逻辑结构理论，“转移”和“改变”之间，“转移”是对土地所有权流转诸多行为方式共性行为特征的语言表述。也就是说，买卖、赠与、交换等土地所有权流转行为的方式尽管不同，但这些行为方式的共同特点是土地所有权主体将土地权利完全地交给了另一个主体。这里“交给”与“转移”“移交”“送给”等一样，都是通过语言文字在表达一种行为方式；而“改变”一词是在表达这个行为要达到的目的或导致的后果。就像“盗窃”一词在法律规范中，是在表达一种行为，而“非法占有”一词是在表达“盗窃”行为产生的法律上的后果，并非在表达另一种行为方式。就是说，没有盗窃这个“行为”之因，就不会产生非法占有他人财物这个“果”。所以，我们理解法律条文中的词或概念，不能离开“法律”这个前提。否则，就会出现所提问题中，把“转移”与“改变”理解成两个不同涵义行为的情况。

原载原《中国国土资源报》（2005 年 10 月 13 日）

正确理解《国务院关于深化改革严格土地管理的决定》第 10 条

《国务院关于深化改革严格土地管理的决定》（以下简称《决定》）正在全面贯彻执行，各地在贯彻执行《决定》第 10 条“改革和完善宅基地审批制度，加强农村宅基地管理，禁止城镇居民在农村购置宅基地”时，提出一些问题：

（1）《决定》中的城镇居民是否包括农村中特别是城乡接合部（城中村）的持非农业户口的居民。

（2）城镇、城中村（包括农村）农业户口的户主将自己有集体土地使用证的房屋财产转移给非农业户中的儿子后，其集体土地使用权是否也可以随之转让给其非农业户口的子女。

（3）一户一宅中的分户问题，假如一个儿子已达到婚姻年龄，如果儿子与父母分产后并由公安机关提供户籍证明两户，是否拟为两户，按一户一宅，是否可以得到两户两宅。

笔者结合工作实践作以下解答。

（1）《决定》中的城镇居民应当包括一切不属于农村集体经济组织内部成员的非农业户口居民。但这并不等于说，对这些非农业户口居民占有、使用的农村宅基地，一律实行“一刀切”的政策，要根据其形成的原因，结合《确定土地所有权和使用权的若干规定》中的相关原则和其他有关法律法规作处理。

（2）所提问题，笔者理解有两层意思：一是家庭财产，其土地使用权是否可以随房分割？二是对分割在家庭成员为非农业户口子女名下的土地使用权，是否可以按转让收取一定的费用。

对第一层意思，笔者认为，因为农村宅基地实行的是无偿划拨使用的政策，所以家庭财产随房分割宅基地是毫无意义的。对第二层意思，笔者认为，村民家庭财产属家庭内部问题，既然这户村民有权获得一份无偿划拨的宅基地，那么该宅基地上的房屋财产权，家庭成员各方都有权按划拨地“地随房走”的原则，无偿使用各自房屋占用范围内的土地。关于农村集体经济组织以土地所有权主体名义能否对家庭财产给非农业户口子女的房屋占用的宅基地，按转让对待，收取一定的费用？回答也是否定的。因为《土地管理法》第2条第3款规定：“任何单位和个人不得侵占、买卖或者以其他形式非法转让土地。”按照《民法通则》（2017年废止）、《婚姻法》（2021年废止）、《继承法》（2021年废止）的基本原则，将宅基地随房屋财产划拨给非农业户口子女使用，是村民民事权利的合法延伸，任何组织和个人是不得干涉的。

（3）这个问题的实质是，当村民户只有一个儿子或有两个儿子，其中一个已经另立门户，身边的这个儿子，在结婚后，还能否另立门户而申请一份宅基地。对这个问题，实在不好做能还是不能的回答。《土地管理法》只是规定："村民一户只能拥有一处宅基地，其宅基地的面积不得超过省、自治区、直辖市规定的标准。"至于何为"一户"，并未定义限制，从各省制定的农村宅基地管理办法来看，也不一致，如《河北省土地管理条例》规定：农村居民户，除身边留一子女外，其他子女确需另立门户的，可申请宅基地。把父母子女关系中的"老有所养，老有所依"的道德问题法律化纳入宅基地的分配管理之中。有的省、市的村民宅基地管理办法中，尽管没有此项规定，但基层市、县，甚至乡规民约中却出现诸如此类的"子女另立门户时，必须有一个儿子同父母共同生活、共享一处宅基地"的条款，并且还得到了群众的普遍认同。但南方很多农村地方，不像北方农户独户独院，而是以人均占有房屋的间数确定宅基地面积，这就没有办法规定儿子与父母共用一处宅基地。所以，父母身边的儿子，婚后能否另立门户申请一份宅基地，还是应以当地的规定为准。

原载原《中国国土资源报》(2005 年 8 月 4 日)

怎样理解收回国有土地"适当补偿"的标准？

旧城改建或为公共利益收回土地或调整使用土地过程中，必然涉及补偿标准问题。《土地管理法》第 58 条第 2 款规定：为实施城市规划进行旧城区改建，调整使用土地的，对土地使用权人应当给予适当补偿。何谓适当补偿？按土地使用权有出让型和划拨型的区分，应该不同，《城市房地产管理法》对出让土地使用权提前收回的补偿规定是：根据土地使用者已使用的年限和开发、利用土地的实际情况给予相应补偿。何谓相应补偿？指土地使用者的直接损失和间接损失。根据《合同法》(2021 年废止）相关条款释义，直接损失是指财产上的直接减少；间接损失是指失去的可以预期取得的利益。《城镇国有土地使用权出让和转让暂行条例》第 47 条对划拨用地的收回补偿规定是：无偿收回划拨土地使用权时，对其地上建筑物、其他附着物，市、县人民政府应当根据实际情况给予适当补偿。原国家土地管理局对该条的解释是："适当补偿"是指直接损失，指按原使用单位实际损失的程度予以合理补偿，如原使用单位需要搬迁的，建设单位应当负责搬迁安置费用。

关于土地使用权的价格问题，1992 年 3 月原国家土地管理局发布的《划拨土地使用权管理暂行办法》（2019 年废止）第 26 条规定：土地使用权出让金，区别土地使用权转让、出租、抵押等不同形式，按标定地价的一定比例收取，最低不得低于标定地价的 40%。根据此出让金比例，留给企业或土地转让方的资金比例应该为标定地价的 60% 以下。人民法院出版社 1998 年出版的《房地产法及配套规定新释新解》一书对该条的解释为："出让金的收取最低不得低于标定地价的 40%，标定地价减收的部分及实际转让成交价与标定地价的差额均应由转让方获取，实践上，转让方通常能获取成交价额的 2/3，而政府收取的出让金只为成交价额的 1/3。"

原载《国土资源百题问答》（2010 年陕西省国土资源厅）

农村集体土地确权的法律适用

1998 年中国环境科学出版社出版的《新土地管理法与土地执法实务全书》在对《土地管理法》第 10 条关于集体土地所有权的立法原意及适用原则进行探讨时指出：集体土地所有权是农村集体所有权的一种。根据我国现行立法的规定，集体土地的所有权主体一般是村集体组织，但在照顾既成事实的情况下可以是乡（镇）集体组织或村内不同的集体组织。在存在集体经济组织的情况下，以该组织为集体土地所有权主体；在不存在集体经济组织的情况下，以村民委员会或者村民小组为集体土地所有权主体。

这里存在一个问题：集体土地原属乡（镇）所有的，在乡（镇）集体经济组织已不存在，而由乡（镇）政府代管的情况下，该土地应当确定为何者所有？我们应该认识到确定农村土地的所有权归属，应当本着尊重历史的态度。如果土地过去是归公社（及现在的乡或镇）所有，那么首先应当确定他们是属于集体所有，也就是说，属于全乡（镇）的农民所有。如果以前的集体所有权主体是乡（镇），而现在乡（镇）集体经济组织已不存在，则应当参照“三级所有队为基础”的原则，承认村一级集体经济组织或者村民委员会有权成为本村范围内集体土地的所有权主体。

这里需要说明的是，所谓乡（镇）集体经济组织，应当是从事生产经营活动，其产权和收益归属全乡（镇）农民，并且全体集体成员能够通过一定民主管理程序行使社员权的组织。如果名为集体经济组织，实际上并不从事生产经营活动，或者虽然从事生产经营活动，但其产权、管理权和收益权事实上为乡（镇）政府或少数乡（镇）干部所把持，那么，应当认定该集体经济组织已经名存实亡。在这种情况下，就应当将土地确定为村集体组织所有。

在原乡（镇）集体土地被确定为村或者村以下的集体组织所有的情况下，以下两个问题应按不同办法处理：①原有的乡（镇）企业的产权可以维持不变，但其占用的土地，所有权属于村或者村民小组，使用权属于该企业；②属全乡（镇）农民共同收益的道路、水利设施、学校、医院和其他公共设施，可以确定为全乡（镇）的各村共同所有，委托乡（镇）政府代为管理。

在集体土地所有权确权过程中，常常发生乡（镇）、村、组不同集体组织之间的权属争议。在这种情况下，集体土地所有权主体的确定，可采用如下标准：第一，在乡（镇）与村之间，农地和农民住宅用地原则上应确定为村（或者村内的组，下同）所有，乡（镇）企业的建设用地，如果乡政府已经向村支付了相当于国家征地补偿标准的补偿费或采取适当的安置措施，原则上应确定为乡镇集体所有。第二，在村与村内小组之间，根据《土地管理法》的精神，土地所有权归属应以确权以前所有权行使的事实状态为准。

人民法院出版社2008年出版的《土地管理法及配套规定新释新解》对本法第10条“已经属于乡（镇）农民集体所有的，由乡（镇）农民集体经济组织经营、管理”的立法原意和适用也作了具体解释：“这种情况包括：一是指改革开放以前，原来以人民公社为核算单位的土地，在公社改为乡（镇）以后仍然属于乡（镇）农民集体所有；二是在人民公社时期，公社一级掌握的集体所有的土地仍然属于乡（镇）农民集体所有。上述两种情况下的土地仍然由乡（镇）农民集体经济组织经营、管理。”

原载原《中国国土资源报》（2008年3月30日）

私宅土地资产权历史沿革

毫无疑问，城市土地属于国家所有。但是在判断历史形成的四类城市私宅的土地资产归属时，应遵循“谁投资，谁拥有资产权”的原则。

新中国成立后，城市土地私有制问题并没有很快改革，其间也只是针对性地进行了资本主义工商业改造和部分私房的社会主义改造，直到1982年《宪法》颁布，才彻底宣告了城市土地公私混合所有制的结束，确定了“城市的土地属于国家所有”。我国的私宅用地成分很复杂，大体可分为四类：祖遗房地产私宅地；新中国成立后城市土地部分私有制时期公民购置的房地产私宅地；由建设管理部门批准建私宅占用土地的私宅地；在各个时期擅自建房占用土地的私宅地。

那么，如何判断这四类私宅地中的土地资产权性质呢？这里，仍应遵循“谁投资，谁拥有资产权”的界定原则。

祖遗房地产私宅地，这是指在新中国成立前土地私有制时置业的房地产，随着新中国的成立，在进行了私房的社会主义改造后，由房地产业主目前实际居住使用并领有房屋产权证、土地使用证的私宅地，笔者认为，应该确认这类私宅地使用权中的土地资产归个人所有。1949 年 8 月《人民日报》刊载的《关于城市房屋、房租的性质和政策》一文指出：“在商品生产的社会里，房屋就是一种商品，建筑房屋需要一定的投资，而且要经常出资加以修缮，当利用房屋的投资收取租金时，它就成为一种资本，这种资本主义性质的房屋所有权，应当和其他官僚资本以外的私人资本的所有权一样受到保护。”1958 年 2 月，《在第一次全国房产工作会议上的总结报告》指出：“房基地问题，在进行房屋改造时，如房屋与基地同属一人者，基地随房带进，不另处理。如房屋和基地分属二人者，由房主将所领租金分给基地主一部分。”可见，确认这类私宅地中的土地资产归私人所有，应该是合理的。在遇旧城改建拆迁时，该土地使用权人应该获得相应土地面积的资金补偿。

关于在 1982 年前公私混合所有制时期公民个人购置的房地产。笔者认为，既然国家存在着房地产的私有制，那么在这时期，通过买卖置业的房地产，根据当时的房地产政策及法规，只要有当时的契税凭证或经过当地当时房产管理部门的登记，这类私宅地应确认其土地使用权中的土地资产归个人所有，旧城改建拆迁时，应获得相应土地面积的资金补偿。

关于由建设管理部门批准建房所占用土地的私宅地。这类私宅地，基本上产生于 1982 年《宪法》颁布以后，根据 1983 年 6 月施行的《城镇个人建造住宅管理办法》第 4 条规定，这类私宅地是在土地公有制的情况下，由政府依法无偿划拨给私人建住宅的用地，所以其土地使用权中所含土地资产就应归国家，私宅地使用权人无此土地资产权。旧城改建拆迁时，无权要求获得相应土地面积的资金补偿。

在各个历史时期擅自建房占用土地的私宅地。这类情况，在新中国成立后的土地私有制时期有，在 1982 年以后的土地公有制时期也有，而且还比较普遍。对这类私宅用地，擅自占用，又无偿使用，既成历史事实，确认其房屋产权土地使用权的同时，是不存在个人的土地资产权的。因此，在旧城改建拆迁时，无权主张获得相应土地面积的资金补偿。

上述四种类型私宅地投资问题中的后两类私宅地主体，不享有城镇划拨土地资产权，是不是就无权主张旧城改建拆迁时对土地使用权的适当补偿呢？当然不是，1949 年《人民日报》刊载的《关于城市房屋、房租的性质和政策》一文指出："至于和城市房屋相联系的地产的占有，因为城市土地有填平、整理关系，有若干投资在内，并且经过几次的买卖，其情形比较复杂，且已构成房产资本的不可分离的一部分。"这就是说，在新中国成立初期，我国就已重视了城市土地的这种特性，可见城市私宅地使用权中不仅含有土地资产关系，而且还有对土地的填平、整理和若干投资关系。

私宅土地使用权中的土地资产是多少？笔者认为，应根据 1992 年 3 月原国家土地管理局发布的《划拨土地使用权管理暂行办法》（2019 年废止）第 26 条的规定比例确定。

根据《土地管理法》第 58 条的规定，旧城改建拆迁，土地使用权由政府收回时，给原土地使用权人以适当补偿。这是政府行为，有人认为按此比例给私宅地作补偿，会给政府加重负担，不利城市建设，笔者认为这种认识是片面的。从表面看，在收回土地使用权作价补偿时，是给政府增加了不少负担，但这只是使用土地的第一个环节，而当政府在对收回土地作了补偿后再出让时，出让收回的地价款远远超出了先期支付的土地补偿。如果是土地拍卖出让则收入额就更高了，因此政府不会给政府带来负担。

原载原《中国国土资源报》（2003 年 11 月 7 日）

第2编

案例分析

一

国有土地管理案例分析

主张土地所有权　阻扰国企改制不可取

案情

××县食品公司（国有企业）位于某县城区内。1957 年 8 月经县政府批准筹建，征用当时的村农民集体土地 4.07 亩修建了厂房及办公用房。1991 年县政府进行国有土地使用权登记发证工作，经实际勘测丈量，确认其土地使用面积为 5.23 亩，并颁发了［91］字第 1052 号《国有土地使用证》。

2009 年企业改制时，县国有资产管理局拟对食品公司国有划拨土地使用权进行拍卖。村委会向县各有关部门发送材料称：××县贸易公司（××县食品公司之母公司，含烟草公司、食品公司）1957 年征用村土地 8.47 亩，现实际占 11.57 亩，共多占村集体土地 3.1 亩。其中烟草公司多占 1.65 亩、食品公司多占 1.45 亩，这多占的土地未经征用，应属农民集体土地，不应该是国有土地。村委会认为，××县食品公司土地登记是在土地来源不清的情况下所为，故向当地国土资源部门提出在土地权属未分清前不得组织拍卖的主张。

那么，村委会的主张有无法律依据，其做法对吗？政府及国土资源部门应该怎么办?

评析

一、村委会不能以土地归属不清阻止国企改制

从村委会关于主张土地权属的材料看，其因食品公司使用的土地中1.45亩土地来源不清就提出“土地权属未划分清前不得组织拍卖”的要求是不合理的，在严格意义上甚至是违法的。因为，主张土地所有权与以企改制土地使用权拍卖是两个截然不同的法律关系。也就是说，不能因土地权属不清为由而提出不能组织国有企业改制中的土地拍卖。因为主张土地所有权并非国企改制中土地使用权拍卖的充分前置条件，如果村委会将这种主张付诸行动，就可能构成扰乱机关、团体、企业、单位秩序，致使工作、生产不能正常进行的违法行为，是要承担治安管理法律责任的。但从解决问题的角度看，村委会提出的“土地权属未划分清前不得组织拍卖”主张表示了两层意思：一是食品公司多出的1.45亩土地有可能成为村农民集体的土地；二是只要能证明1.45亩土地确属国有土地，村委会就将息诉。从这个角度看，村委会的真实目的在于要求有关部门查清食品公司占用村1.45亩土地的事实真相，即如果其占用合法那就拍卖去；如果不合法，就请退还村农民集体。显然，其要求并非无理也要争三分之势，笔者认为，村委会的这个态度值得肯定，只不过做法有些画蛇添足。村委会的主张，反映出其只知农民集体土地变成国有土地须经国家征用审批的程序，却并不知国家还有关于土地在不同历史时期在国有与农民集体所有之间相互转变而确定归属的规定，更不知主张土地权属也应遵循“谁主张谁举证”的原则。

二、食品公司实际占用的5.23亩土地，全部属于国有土地

从食品公司和村委会双方陈述的情况看，基本的事实是：①食品公司实际占有土地5.23亩，其中1.16亩土地没有征地批准文件；②食品公司厂区5.23亩地上建设有厂房和办公房；③自1957年8月征用村民个人4.07亩土地至今，53年来食品公司没有与村民个人和农民集体产生过任

何土地权属争议；④1991 年县政府依法登记确认食品公司的国有土地使用面积为 5.23 亩，并颁发了《国有土地使用证》未出现国有土地使用权登记异议。

根据食品公司目前占用土地的这个事实，因村委会在其材料中并未附具这 1.16 亩土地是何时因什么缘由被食品公司占用的证据。

故对这 1.16 亩土地所有权的归属依法作如下分析。

除征地程序外，原国家土地管理局对全民所有制单位、城市集体所有制单位在新中国成立以后，《土地管理法》颁布以前不论何时以何种方式和理由占有或使用农民集体土地的权属确认及界定，都在其先后颁布的《关于确定土地权属问题的若干意见》（〔1989〕国土［籍］字第 73 号，1989 年 7 月 5 日印发，以下简称《若干意见》）和《确定土地所有权和使用权的若干规定》（〔1995〕国土［籍］字第 26 号，1995 年 3 月 11 日印发，以下简称《确权规定》）中作了既原则又具体的规定。

《若干意见》第 8 条第 1 款规定“凡 1962 年 9 月《农村人民公社工作条例修正草案》（以下称《六十条》）公布以前，全民所有制单位、城市集体所有制单位和集体所有制的华侨农场使用的原农民集体所有的土地（含合作化之前的个人土地），1962 年 9 月《六十条》公布后迄今没有退给农民集体的，属于国家所有”。《确权规定》第 4 条规定：“实施 1962 年《农村人民公社工作条例修正草案》（以下简称《六十条》）未划入农民集体范围内的土地属于国家所有。”第 16 条第 1 款规定：“1962 年 9 月《六十条》公布以前，全民所有制单位、城市集体所有制单位和集体所有制的华侨农场使用的原农民集体所有的土地（含合作化之前的个人土地），迄今没有退给农民集体的，属于国家所有。”第 19 条规定：“实施《六十条》时确定为集体所有的土地，属农民集体所有。依照第二章规定属于国家所有的除外。”

对《确权规定》与《若干意见》一脉相承的这一确权原则，原国家土地管理局和原国土资源部曾先后在对原山东省土地管理局和原山东省国土资源厅在处理此类土地权属争议的法条适用问题的请示予以复函：

1. “〔1989〕国土［籍］字第 73 号文第八条第一款的规定是指 1962

年9月《农村人民公社工作条例修正草案》（以下称《六十条》）公布以前，全民所有制单位、城市集体所有制单位或集体所有制的华侨农场使用原有农民集体所有的土地（含合作化之前的个人地），1962年9月《六十条》公布后至今，无论是否连续使用，只要没有退给原农民集体的，都属于国家所有。”（〔1992〕国土函字第23号）

2. “按照《农村人民公社工作条例修正草案》第二十一条‘生产队范围内的土地都归生产队所有’的规定，经过了带地入社和1962年的‘四固定’，生产队范围内的土地，无论其是否原为国有，都应确定为集体所有。”（国土资厅函〔2002〕437号）

这就是说，1962年9月实施《六十条》时不论土地是国有的还是农业生产合作社所有或个人所有，只要土地由人民公社的生产队或生产大队农民集体占有使用，那么，此地就固定给该生产队或生产大队农民集体所有，这种确定土地所有权归属的方式即为我们常说的土地、人口、生产工具、牲畜之“四固定”原则；而如果此地在此时没有被人民公社的生产队或生产大队农民集体占有使用，则此地的性质就属国有。

对于1962年9月实施《六十条》以后，全民所有制单位、城市集体所有制单位在各个不同的历史阶段使用农民集体所有土地行为的性质和处理，《确权规定》在第16条第2款、第3款中也都分别作了具体规定，但其处理结果均为“确定为国家所有”。

因此，××县政府在1991年确权登记发证时，将××县食品公司实际占用的5.23亩土地确定为国有土地并归该食品公司使用，为其颁发《国有土地使用证》的做法是符合法律政策规定的。同时村委会的权利主张是不可能支持的，即便是按照《确权规定》第16条第4款“凡属上述情况以外未办理征地手续使用的农民集体土地，由县级以上地方人民政府根据具体情况，按当时规定补办征地手续，或退还农民集体”之规定处理该1.16亩土地，鉴于该地地处县城城区内，无法作为耕地使用的现实，则其只能确定为国有土地（以《确权规定》第17条关于能恢复耕种的，退还农民集体；已建永久建筑的，补办手续，土地归国家所有的规定为原则），这样，村委会能得到的，也仅是“按当时规定补办征地手续”的补偿款而已，但至于这“补偿款”应为多少，该“当时”是什么时间的“年月”，根据“谁主张谁举证”的原则，村委会就必须拿出1.45亩土地在何年何月被食品公司占用的证据来，如果村委会拿不出这个证据，则按当时征地标准的补偿款也得不到；再者，根据食品公司使用该地53年无争议的事实看，无论食品公司在哪个时期、哪个阶段占用该地，几乎可以肯定的是，双方“一定”是经过了平等、公平的交易，否则不会相安无事到今天，所以，村委会也没有主张土地补偿的理由。

三、对“1.45亩”土地主张所有权，村委会没有胜诉的可能

根据《物权法》（2021年废止）第30条“因合法建造、拆除房屋等事实行为设立或者消灭物权的，自事实行为成就时发生效力”的规定和《民法通则》（2017年废止）第135条、第137条的规定，××县食品公司在厂区5.23亩土地上建设厂房和办公房的事实已多年，应受法律保护。所以，无论从实体法上还是从诉讼时效上看，村委会都已丧失了向任何机关主张1.16亩土地权利的机会和胜诉的可能。

原载原《中国国土资源报》（2010年8月9日）

协议履行与利益分配之争

案情

2007年6月，个人独资的H公司取得了D锰矿的探矿权。因缺乏资金，无力开展勘探工作，2011年3月，H公司的法定代表人王某与G公司法定代表人周某和自然人张某，就G公司和张某投资控股D锰矿相关事宜签订了合作协议书。三方约定：自签署合同之日起，由G公司接手D锰矿的手续办理，并负责D锰矿的生产建设及经营，投资金额根据探矿情况而定；H公司负责D锰矿的监督及生产，并根据G公司的要求完成相关作业；张某负责相关手续的办理和协调。G公司占股份51%，H公司占股份34%，张某占股份15%。

2011年4月，G公司和张某陪同王某以H公司名义与地质勘察院签订了委托勘查合同书，并向H公司支付了首期勘查合同工程款。H公司随即将原留存在银行备案的公司财务审批印鉴由王某更换为周某，并将全部经营活动移交周某负责。

但当G公司和张某提出办理合作探矿备案手续以及H公司的工商变更登记手续时，王某却一直拖延交出相关资料。2011年8月，地质勘察院对D锰矿的外业勘查工作结束，H公司以协议没有约定为由拒绝了G公司和张某关于合作协议备案和工商变更登记的要求。

G公司和张某遂将王某以公司股东身份列为第三人向法院提起民事诉讼，要求确认自己51%的公司股权，并判令H公司在工商部门办理股权变更登记手续。

一审法院认为，该合作协议的实质是王某向G公司转让H公司股份，判决协议有效，G公司系H公司的股东，占有H公司51%的股权。王某限期办理股份变更登记。

H公司和王某不服，提出：该合作协议是一个标的约定不明、未经批准不生效的协议。合同并未明确G公司是对H公司投资还是对D锰矿勘查项目投资，也未明确是H公司增资扩股还是王某股权转让。另外，合作协议涉及探矿权转让，未经批准不生效。目前，本案已进入再审程序。

评析

本案属矿业权合作合同纠纷，合作协议确定了双方合作的基本原则"G公司和张某投资控股D锰矿相关事宜"，并围绕合作勘探工作约定了双方的权利义务。

一、双方协议确定的合作性质是对H公司投资

《矿业权出让转让管理暂行规定》第42条规定，合作勘查或合作开采经营是指矿业权人引进他人资金、技术、管理等，通过签订合作合同约定权利义务，共同勘查、开采矿产资源的行为。第 44 条规定，出售矿业权或者通过设立合作、合资法人勘查、开采矿产资源的，应申请办理矿业权转让审批和变更登记手续。不设立合作、合资法人勘查或开采矿产资源的，在签订合作或合资合同后，应当将相应的合同向登记管理机关备案。

可见，如果双方要新设一个独立的组织勘查矿产资源，则必须将探矿权转移至新设组织，并依法办理审批手续。而本案中，G 公司和自然人张某投资给探矿权人 H 公司，不设新法人，双方以 H 公司名义进行探矿活动的合作不涉及探矿权转让。故双方合作的内容不是对勘查项目的投资，而是对 H 公司的投资。

二、合作协议的履行，证明双方合作的性质是 H 公司增资扩股

双方履行合同期间，G 公司和张某以 H 公司的名义与地质勘察院签订了 D 锰矿的委托勘查合同，G 公司和张某汇款至 H 公司账户，H 公司将原留存在银行备案的公司财务审批印鉴更换为周某，并将全部经营活动由周某负责。这些行为，明显是按照投资 H 公司并控股的基本原则来履行的。协议的股份比例按照 G 公司和张某的投资与 H 公司的探矿权折价的比例所确定。

股权转让，是指公司登记的股资总额不变，股东身份的变换。而且 H 公司原为独资公司，注册资金仅 50 万元，合同签订时公司除探矿权外并无其他资产。《公司法》第 27 条规定，股东可以用货币出资，也可以用实物、知识产权、土地使用权等可以用货币估价并可以依法转让的非货币财产作价出资。这就是说，合作协议约定的 51∶34∶15 的股权分配只能是 H 公司探矿权作价 34 万元后与 G 公司和张某的出资额构成的股份比。

三、公司营业执照记载的事项发生变更的，公司应当依法办理变更登记

《公司法》第 7 条第 3 款规定，公司营业执照记载的事项发生变更的，公司应当依法办理变更登记，由公司登记机关换发营业执照。第 39 条规定，首次股东会会议由出资最多的股东召集和主持，依照本法规定行使职权。

依合作协议书，乙方因增资扩股由一人股东公司变为多人股东公司、公司资本金增加、甲方控股等情况发生，应由控股人 G 公司依法召集股东会会议作出修改 H 公司章程、决定新法定代表人的决议并验资后，依法申办工商变更登记。

四、原判决存在的一些问题

本案事实清楚，法律关系简单明确。法院发回重审是正确的。

G 公司起诉状在将独资公司的乙方列为被告的情况下，又将公司的一人股东王某列为第三人不妥，根据《公司法》对独资公司的特别规定，独资公司的法定代表人与股东同为一人，身份是混同的，不论王某是转让股份还是增资扩股，均是公司行为，分割单列易造成误导。

一审法院审理此案时，在张某未申请参加诉讼的情况下，未将其追加为原告欠妥。判决书关于合作协议的实质是王某以股东身份转让公司股份的认定不妥，因为无论是该合作协议、案件事实及原告的诉讼请求中均没有股权转让的具体文字或意思表述。

原载原《中国国土资源报》(2012 年 12 月 19 日)

公司增资合同纠纷谁为被告?

案情

汇某公司（独资、注册资本 50 万元）2007 年 6 月取得了某湾锰矿探矿权，因缺乏资金，无力维持公司正常经营，无力开展某湾锰矿勘探工作，其法定代表人王某四处求助。2011 年 3 月，经朋友介绍认识了某安公司法定代表人周某和自然人张某，经协商三人于 3 月 14 日签订了《合作协议书》，约定："在汇某公司（乙方）提供的某湾锰矿投资计划和实施方案真实可靠合法的前提下，就某安公司（甲方）和张某投资控股某湾锰矿相关事宜达成如下协议：一、双方签署合同之日起，由甲方接手某湾锰矿的手续办理、并负责某湾锰矿的生产建设及经营，投资金额根据探矿情况而定；二、乙方负责某湾锰矿的监督及生产，必须根据甲方要求按时、按质、按量的完成相关作业；三、甲方占股份55%，乙方占股份40%，张某占股份5%（负责相关手续的办理和协调）；四、如遇勘探结果不相符本协议自动解除。"

协议签订后，甲方和张某依约定履行了投资义务：2011年4月7日，甲方和张某陪同乙方并以乙方名义与地质勘察院签订了某湾锰矿"委托勘查合同书"，于第二天向乙方账户转款54万元，乙方即向地质勘察院支付了首期勘查合同工程款；张某用自己的钱以乙方名义购置轿车一辆；随之乙方向三个投资人出具了收到投资款的证明书；乙方将原留存在银行备案的王某对公司财务的审批印鉴更换为甲方代表周某的个人印鉴，随之乙方的全部经营活动由甲方代表周某负责。

但当甲方和张某向乙方提出依协议约定办理合作探矿备案手续和乙方公司的工商变更登记手续要求时，王某拖延交出某湾锰矿探矿权登记资料和乙方公司工商登记资料；2011年8月，地质勘察院对某湾锰矿的外业勘查工作结束，乙方以协议没有约定为由拒绝了甲方和张某关于合作协议备案和工商变更登记的要求。

无奈之下，甲方以乙方为被告，并将乙方法定代表人王某以公司股东身份列为第三人向县法院提起民事诉讼，要求：一、确认甲方系乙方的股东并占有其公司51%的股权；二、判令乙方为甲方在工商部门办理股权变更登记手续。

审判

县法院审理认为：《合作协议书》的实质是第三人王某以股东身份向甲方转让本公司股份的协议，该股份转让行为受法律约束，判决：

一、双方签订的《合作协议书》合法有效，甲方系被告汇某公司的股东，占有汇某公司55%的股权。二、第三人王某在本判决生效后30日内到公司注册地为原告办理股份变更登记。

乙方和第三人王某不服，上诉至中级人民法院称：合作协议是一个标的约定不明、未经批准不生效的协议，因为，甲方是对乙方投资还是对某湾锰矿助查项目投资？是乙方增资扩股还是其第三人股权转让？协议约定不明确；再说，合作协议涉及探矿权转让，未经批准不生效。

市中级人民法院以原审判决认定事实不清，证据不足，程序不合法，适用法律不当，判决不当为由，裁定撤销原判，发回重审。

评析

本案属探矿权合资合同履行纠纷，《合作协议书》明确约定了双方合作的基本原则——“甲方投资控股某湾锰矿相关事宜”。

1. 双方的合作性质为汇某公司增资扩股

股权转让原则是注册登记的股资总额不变。《公司法》第26条规定：有限责任公司的注册资本为在公司登记机关登记的全体股东认缴的出资额。第35条规定：公司新增资本时，股东有权优先按照实缴的出资比例认缴出资。第72条规定：有限责任公司的股东之间可以相互转让其全部或者部分股权。股东向股东以外的人转让股权，应当经其他股东过半数同意。

很清楚，股权转让的根本原则是注册资本总数额不变，股东身份变化，乙方为一人股东之独资公司，登记注册的资本总额仅为50万元，不可能以对价认缴投资人的66万元出资。

协议确定双方合作为汇某公司增资扩股。合作协议确定甲方和自然人张某为投资方，乙方为受资方，合作探矿期间探矿经营活动的主体为乙方。

协议履行证明双方合作为汇某公司增资扩股。

合作协议签订后，甲方和自然人张某将64万元投资款转入乙方账户，包括自然人张某以乙方名义购置轿车。经甲方同意，乙方将甲方的投资款支付给地质勘查部门，甲方陪同乙方以乙方名义对外签署法律文书，乙方向甲方出具收到投资款64万元的证明，乙方将留存在银行的公司法定代表人王某的印鉴更换为甲方周某的名章，乙方经营活动由甲方周某负责。

2. 有限公司增加注册资本、股权转让的缴资程序与执行

《公司法》第38条规定：股东会行使下列职权：决定公司增加资本，决定变更公司形式，决定修改公司章程等。这就是说，一人公司的股东有权决定本公司增资、变更公司形式和修改公司章程等事项，可以肯定，本案合作协议合法有效。

《公司法》第179条规定：有限责任公司增加注册资本时，股东认缴新增资本的出资，依照本法设立有限责任公司缴纳出资的有关规定执行。第27条规定：股东可以用货币出资，也可以用实物、知识产权、土地使用权等可以用货币估价并可以依法转让的非货币财产作价出资。第28条规定：股东应当按期足额缴纳公司章程中规定的各自所认缴的出资额。股东以货币出资的，应当将货币出资足额存入有限公司在银行开设的账户；以非货币财产出资的，应当依法办理其财产权的转移手续。第30条规定：股东的首次出资经依法设立的验资机构验资后，由全体股东指定的代表或者共同委托的代理人向公司登记机关报送公司登记申请书、公司章程、验资证明等文件，申请设立登记。第32条规定：有限责任公司成立后，应当向股东签发出资证明书。第35条规定：公司新增资本时，股东有权优先按照实缴的出资比例认缴出资。第39条规定：首次股东会会议由出资最多的股东召集和主持，依照本规定行使职权。第74条规定：依照本法第72条、第73条转让股权后，公司应当注销原股东的出资证明书，向新股东签发出资证明书，并相应修改公司章程和股东名册中有关股东及其出资额的记载，对公司章程的该项修改不需再由股东会表决。

根据上述规定可看出，公司增资和股东的股权转让时变更登记的程序是基本一致的：当公司的原股东既要保留股东资格并以部分注册资本

对价认缴新出资，或者将注册资本全部转让，原股东退出公司时，此为股权转让；而当公司的原股东既要保留股东资格却又无力以注册资本对价认缴新出资时公司的原全体股东就应以公司注册资本总额折价与新出资形成合资比例，此为公司增资扩股。

二者的不同处在于：实施变更登记工作的责任主体不一样。

3. 公司吸纳出资，实施变更登记工作的主体为被告

公司增资扩股变更登记工作的责任主体是公司原股东。根据《公司法》第 23 条、第 30 条规定可知，公司增资时，出资人负有与公司原全体股东会共同确定变更登记申请书、公司章程、取得验资证明书等工作之义务，而签发出资证明书的主体也不是原注册资本数额的公司，而是注册资本增大了的经变更登记的新公司。

所以，当出资人作为原告诉求履行增资扩股合作协议时，承担该责任的主体应当是认缴新出资的原全体股东，公司应为诉讼第三人。

股权转让变更登记工作的责任主体是公司。根据《公司法》第 72 条可知，股权转让实行有条件的自由转让原则，只要出资人与相关股东的股权交易依法成立，出资人就具备取得公司股东资格的基本条件，那么，出资人关于履行股权转让协议的诉求就仅限于要求公司签发出资证明书。至于修改公司章程及股东身份的转换及出资额的增减记载等工作，根据第 74 条规定，不属于出资人的义务，所以，当出资人为原告，诉求其履行股权转让协议时，承担履行该责任的主体应当是认缴出资的股东所属的公司，其股东为诉讼第三人。

可以判令一人股东王某履行合作协议。《公司法》第 64 条对一人股东有限公司作了特别规定，其法定代表人与股东同为一人，身份混同，所以，本案中二者的诉讼地位虽然不当，但不影响法院以第三人身份判令股东王某履行合作协议的合法性质。

4. 股东王某履行合作协议程序不当

合作协议签订后，甲方依约定向被告足额投资，股东王某先是拖延，到最后拒绝为甲方办理公司变更登记，但却履行了合作中的实质意义上的主要义务：经甲方同意以乙方名义对外签署法律文书，以乙方名义向

甲方出具收到投资款的证明，乙方将留存在银行的公司法定代表人印鉴王某的名章更换为甲方法定代表人周某的名章，并将公司经营管理权交予周某。

很清楚，股东王某履行公司增资合作协议的程序不当，该做的不做，不该做的做了，权不符职，损害了投资人的合法权益。

5. 协议约定的股份比例与投资方的继续投资之关系

合作协议约定的55：40：5之股份比，是双方根据签订合作协议的当时各方财产的具体情况确定的实缴出资形成的比例，双方认可乙方的一人股东将其公司（包括探矿权）折价34万元与甲方出资66万元进行合作，此比例与协议关于“甲方投资金额根据探矿情况而定”的约定无关系，如果认为此股份比例是双方的后续投资比例，那么，在今后的探矿工作中，无资金继续投入的一方获取红利的百分比将会按此比例相应缩水，这违背《公司法》第35条“股东按照实缴的出资比例分取红利”原则，违背合作协议确定的“55：40：5的股份比和甲方投资金额根据探矿情况而定”的原则，将损害初始取得探矿权并设立公司一方的合法权益。

6. 投资人的风险投资权益必须依法维护

《合同法》（2021年废止）第6条规定：当事人行使权利、履行义务应当遵循诚实信用原则。第8条规定：依法成立的合同，对当事人具有法律约束力。当事人应当按照约定履行自己的义务，不得擅自变更或者解除合同。第44条规定：依法成立的合同，自成立时生效。第36条规定：法律、行政法规规定或者当事人约定采用书面形式订立合同，当事人未采用书面形式但一方已经履行主要义务，对方接受的，该合同成立。

《合作协议》第4条第3项约定：“如与勘探结果不相符本协议自动解除。”合作协议签订后，在甲方按约定足额向乙方转账后，乙方股东王某拖延不做公司吸收新资本的变更登记工作，说明其在签订合作协议时就有着不可告人的“小算盘”；若探出成果，以没经登记而否定合作关系，若没有探出成果，则以探矿本身就是风险投资为由而不了了之，乙方的这种行为属于假借订立合同，转嫁投资风险的行为，是缺乏诚信的不道德行为。

在地质勘探部门的外业勘探工作已结束的情况下，本合作协议必须继续履行，依法维护投资人的合法权益。

原载《国土资源》（2013 年 2 月）

承担农业税与土地权属转移没有因果关系

案情

1980 年，某市区属办事处（以下简称东街办）开办铸造厂，企业先后以铸造厂、曲轴厂与东街办东巷居委会第五居民组签订协议，共占用东巷五组土地 16.83 亩，付给东巷五组土地赔产款每年 8078.40 元（按三年计）、地价款一次性付清 30294.00 元；1982 年 7 月 28 日，东巷五组提出退还一部分土地，东街办同意，东巷五组与曲轴厂达成协议："……二、曲轴厂七九年借五组土地赔产款五千元照数偿还。三、八二年七月二十八日为止，关于以前曲轴厂和五组的一切经济往来双方各自全部结销财务手续，债权债务一笔注销，互不偿还，（不包括第二条）。四、自此协议签订之日起，曲轴厂占用五组土地 10.43 亩，包括路面面积共 10.83 亩，农业税由曲轴厂负担。"

2002 年 1 月 17 日，东街汽车配件厂（即原曲轴厂）因与东巷五组的债权债务关系，双方达成"房地产转让偿还债务协议"，约定：汽配件厂将占地 1.34 亩的职工食堂房地产作为债务抵偿给东巷五组，并付诸了实施履行。

2008 年 3 月 2 日，东巷五组以东街办自 1982 年 7 月 28 日签订协议书后至今未支付农业税、东街办的配件厂营业执照被吊销、土地荒废为由向法院提起民事诉讼，请求法院依法解除双方签订的"征地协议书"，退还东巷五组的土地 10.83 亩。

审判

区人民法院以土地属农民集体所有，配件厂至今未取得土地使用权登记手续，法律规定土地不得买卖、转让，双方所签“征地协议书”应无效为由，作出民事判决书，判令东街办返还东巷五组土地 10.83 亩。

东街办不服，以土地权属争议案应由政府处理，一审判决管辖错误、事实不清、适用法律错误为由上诉至市中级人民法院。

市中级人民法院没有就土地权属争议案的管辖问题作出回答，只对案件实体问题的处理作出审理：“本院认为，双方就占地的问题进行过三次磋商，前两次解决的是土地赔偿款和地上附着物赔偿款问题，一九八二年七月就占地问题又重新进行了约定，即‘占用东巷五组土地，农业税由曲轴厂承担’，故上诉人认为自己支付了赔地款，就拥有了土地使用权的理由不能成立。上诉人的下属企业占用被上诉人的土地至今，未办理相关的征用、登记手续，在诉讼中亦未出具任何部门的审批清查文件，现该土地已闲置多年，依照《确定土地所有权和使用权的若干规定》（以下简称《确权规定》）第 23 条，即‘1982 年国务院《村镇建房用地管理条例》发布时起至 1987 年《土地管理法》开始施行时止，乡（镇）、村办企业事业单位违反规定使用的集体土地按照有关规定清查处理后，乡（镇）、村集体单位继续使用的，可确定为该乡（镇）或村集体所有。乡（镇）、村办企事业单位采用上述以外的方式占用的集体土地，或虽采用上述方式，但目前土地利用不合理的，如荒废、闲置等，应将其全部或部分土地退还原村或乡农民集体……’的规定，1982 年 7 月的占地协议应予以解除，上诉人应将占用被上诉人的 10.83 亩土地予以退还。”于 2009 年 2 月 26 日作出维持一审判决的终审民事判决书。

评析

《土地管理法》第 16 条规定，土地权属争议案件应由人民政府依法处理，当事人对政府处理决定不服向法院提起诉讼，法院应以行政诉讼程序进行审判。本案管辖违法、诉讼性质违法的问题显而易见，无须赘述。本文仅对本案民事审判中，法院以农业税的承担时间认定土地转移时间并作判决是否正确的问题谈点看法。

本案判决把东街办已使用28 年的土地判令退还东巷五组，其依据的是《确权规定》第 23 条第 2 款、第 3 款。而适用该条款的事实根据是："本院认为，双方就占地的问题进行过三次磋商，前两次解决的是土地赔偿款和地上附着物赔产款问题，一九八二年七月就占地问题又重新进行了约定，即'占用东巷五组土地，农业税由曲轴厂承担'，故上诉人认为自己支付了赔地款，就拥有了土地使用权的理由不能成立。"显然，判决书是将农业税的承担作为土地转移的基本条件来认定的。

判决书的这个认定究竟对不对呢？

1958 年《农业税条例》（2006 年已废止）第 3 条规定："下列从事农业生产、有农业收入的单位和个人，都是农业税的纳税人，应当按照本条例的规定交纳农业税：……（三）个体农民和有农业收入的其他公民……（五）有农业收入的企业、机关、部队、学校、团体和寺庙。"很清楚，农业税是以是否从事农业生产，是否有农业收入为原则征收的，如果判决书的逻辑成立，在民间，那些随意到处开荒耕种、借种、租种土地的公民和单位，因其都是向国家缴纳农业税的主体，岂不都成了其所耕种土地的所有权和使用权的合法主体？

1953 年 1 月政务院财政经济委员会在《关于铁路局留用土地征、免农业税办法》通知中规定："一、铁路路基两旁留用的土地及铁路局其他暂不需用的土地，由铁路局交给区、乡（村）人民政府组织农民耕种，铁路局不收地租，承种人应依法缴纳农业税，并签订耕种铁路土地承种书，承认产权属于铁路局所有。"可见，"农业税与土地权属没有因果关系”，将农业税的承担时间认定成土地转移时间的认识，缺乏对国家农业税性质的基本了解。那么，何以产生土地转移用于办企业了，而农业税依然要交纳的现象呢？应如何认定土地转移法律关系中的农业税的法律地位？

按《农业税条例》第22条关于乡、民族乡、镇人民委员会应对本辖区各农民集体的土地亩数、农业收入和其他有关情况调查评议，并据实造册报送县、自治县、市人民委员会审查核定各农民集体的税额之规定，东街办自己办企业，在占用东巷五组的16.83亩耕地后，依职权，就有责任、有义务及时核减东街五组的耕地面积，并上报县级人民委员会审查核减其农业税。但当时集体土地已通过查田定产，农民集体办企业不像国家建设征地有一套法定的完整程序，农业税将在征地报批中随之核减。但农民集体经济组织之间调整土地办企业，因土地所有权不变，故农业税的核减在当时还没有法规政策可依（本省于1984年7月作出规定）。在这种情况下，1982年7月28日，东街办同意，在企业与东巷五组签订退地协议时，协调双方约定“曲轴厂占用五队土地，农业税由曲轴厂承担”，这正是东街办依法定职权为解决农民集体经济组织之间调整土地办企业，因农业税未减的缘故而产生的债权债务的具体措施。

可见，判决书将农业税的承担时间认定为土地转移的时间，在适用《确权规定》第23条时作出了错误的选择，放弃第1款，牵强附会地适用第2款、第3款，导致判决出现与适用第1款截然相反的结果，实在不应该。

抛开案件管辖的程序性问题不论，就解决案件实体问题而言，无论行政部门还是法院，解决问题适用的法律、法规和政策是一致的，所以，无论是谁，处理争议，全面了解国家的法律、法规和政策应该是基础。

原载《国土资源》（2009年12月）

合建合同纠纷的处理结果决定土地归属

案情

县城关镇27号院系居民张某20世纪50年代购买取得，张某夫妇有四儿一女，1968年长子张甲以知青名义插队落户镇李村居住至今，次子张乙、三子张丙1973年先后搬出该院；27号院由四子张丁与父母同住。1960年、1977年张某夫妇先后去世，对院内房屋未作处置，1979年2月兄妹五人由街邻杨某为中间人对院内房产作分配，并写“房产分单”为凭，五人各执一份。

1993年市政街道拓宽，27号院部分房屋拆迁，县政府另批两院共四分宅基地及补偿费，由张丁代表27号院签字领受；1998年11月，县政府进行农村宅基地有偿使用登记，给居住27号院的四子张丁颁发了《集体建设用地使用权证》；2000年7月，张丁将拆迁安置的四分宅基地出卖，并在27号院空地建起一间临街房经营使用；由于张丁拒绝三位兄长进入继承房发生纠纷，三位兄长提起房屋财产继承诉讼，2002年4月，县法院民事判决：“除后来张丁自建的一间临街房外，院内五间厦房分别属三位兄长所有。”2003年12月，县政府以错发土地证为由，公告注销了张丁的《集体建设用地使用权证》。

2005年，三位兄长与张丁口头约定在27号院建房，7月15日，次子张乙以张丁名义申办了《建设工程规划许可证》，8月，三位兄长拆除了27号院全部房屋；张乙在地基施工中与张丁发生争执受伤，三位兄长即向城关镇政府申请宅基地纠纷处理，期间，张丁将房屋建成并独占。2007年5月，城关镇政府作出《土地权属处理决定》：27号院宅基地归三位兄长共同使用。张丁不服，于2007年10月向县法院提起行政诉讼，

2008 年 6 月，县法院以“27 号院宅基地性质不明、程序违法，适用法律不当”为由，判决撤销了城关镇政府的土地权属处理决定；2009 年 3 月，三位兄长向县政府申请确认 27 号院土地使用权归自己所有，2012 年 7 月县城建局以“申请人隐瞒事实，欺骗办证机关为由”撤销了张丁的《建设工程规划许可证》。

问：27 号院土地权属如何确定？

评析

鉴于涉及本案四兄弟房地权益的行政法律文书均已撤销，四兄弟也未就相关行政行为提出异议，那么，根据宅基地为四兄弟的父亲张某 1952 年购买，1962 年农村人民公社化时期，其家中无人为生产队社员之事实，依据《确定土地所有权和使用权的若干规定》（以下简称《确权规定》）第 4 条、第 28 条之规定，27 号院为国有土地应无疑，但四兄弟争议的实质并非土地使用权之争，而是合作建房之民事合同履行纠纷。

一、27 号院国有土地使用权属四兄弟共有

根据法定继承规定和五兄妹的“房产分单”，按《确权规定》第 27 条关于通过依法继承地上建筑物使用土地的可确定其国有土地使用权之规定，27 号院国有土地使用权原属五兄妹“按份共有”；对 1993 年市政改造拆迁 27 号院部分房屋后的剩余房产归属，2002 年 4 月县法院民事判决（已生效）：“27 号院房屋属三位兄长所有”；对张丁在 27 号院居住（应属代管性质）期间，于 2000 年 7 月在院内空地上所建一间临街房的占地问题，根据《陕西省高级人民法院关于人民法院审理宅基地使用权案件应当掌握的政策界限的通知》（陕高法发〔1992〕32 号）的规定，因房屋租赁、借用或代管引起的宅基地使用权纠纷，房客在租赁、借用他人房屋期间，擅自翻建、改造、添建、搭建、拆迁另建房屋的，依法不予准许，造成损失的，应予赔偿。建好后的房屋不能恢复原状的，产权归出租、出借人所有。因房屋使用不当或管理不善，致使承租或借用的部分房屋倒塌，未经出租、出借人同意房客在原地基上建起了房屋，并不意味着房客取得了宅基地使用权，新建房屋的产权仍归出租、出借人所有。解除租赁、借用关系时，可以由出租、出借人给予适当补偿。因房屋继承引起的宅基地使用权纠纷，公民生前使用的宅基地不属于遗产，不能作为遗产分割。公民死亡后遗留的合法宅基地使用权，允许其继承人在继承房屋所有权的同时，即取得其宅基地使用权。四子张丁对27号院空地上所建临街房的占地不享有土地使用权。

二、规划许可证被撤，不影响2006年所建房屋的合法存在

不能因为27号院规划建设许可证被撤回，就认为27号院所建房屋就属于违法建筑、就应当受到拆除或没收的处罚。根据1990年《城市规划法》第40条和2008年《城乡规划法》第64条关于对无证建筑、违法建筑的处罚，只有达到无法采取改正措施消除影响的，才限期拆除，或处以没收实物的处罚之规定，27号院2006年的建设是经过规划审查许可的，其不存在“严重影响城市规划”之应当拆除或没收的违法问题；建设行政主管部门撤销其规划许可证是因其获取该行政许可在申请时有欺骗行为、兄弟之间有纠纷所致，所以，根据《土地管理法》第11条第3款和《确权规定》关于土地确权是政府对单位和公民个人既往占有使用土地之事实进行法律确认的管理行为之规定，不能因27号院土地证被撤就认为27号院新建房屋的土地为违法占地。

三、合建合同纠纷的处理结果决定土地归属

根据三位兄长与四弟张丁都承认2005年口头约定要在27号院重新建房的事实，并且从三位兄长是在约定之后拆除了自己在院内的全部房屋，张乙以张丁名义申办27号院的《建设工程规划许可证》、张乙打地基、张丁最后将房屋建成的事实看，双方之间为事实上的合作建房合同法律关系，至于在建房期间三位兄长与张丁之间的争议行为，其性质属于合作建房合同履行纠纷。民事合同纠纷与土地使用权争议的法律关系性质不同，根据最高人民法院《关于审理涉及国有土地使用权合同纠纷案件适用法律问题的解释》（以下简称《解释》）（法释〔2005〕5号）可知，无土地使用权的一方可以与有土地使用权的一方商定合作建房合同，《解释》第24条、第25条、第26条、第27条规定，合作建房合同有名为合作实为土地使用权转让之性质、名为合作实为房屋买卖之性质、名为合作实为借款之性质、名为合作实为租赁之性质的区别，这就是说，合作建房的土地归属要根据合作建房的类型实质确定。就 27 号院合作建房的土地确权，实践中还会出现：（1）按投资比或房屋分配比（如 5∶5、3∶7 等）的约定分割确定土地使用权；（2）按一方不要房地产权，只要分配经营收益的约定确定单方土地使用权；（3）按一方要房屋一层，另一方要房屋二层的约定，在土地使用权主体约定不明时，国土局征求双方意见后，依职权确定土地使用权；等等。所以，本案四兄弟“口头合作建房”合同法律关系是成立的、合法有效的，其纠纷的实质也只能是土地使用权的折价与投资比例决定的房地产分配比或利益分配比之争的问题；再者，退一步讲，如果将本案争议直接按土地权属争议受理，那么，当 27 号院土地使用权确定归一方所有时，按“房地一致”原则，房屋也必然应为这一方所有，那另一方的房地产投资权益呢？可见，按照《确权规定》确定的原国有划拨土地“地随房走”的确权原则，在合作新建的房屋产权和利益分配不明、张丁独占新建房违约、行政部门对民事合同纠纷无处分权的情况下，27 号院土地使用权的归属是无法确定的。所以，应该在本合作建房合同纠纷有个了断（或和解、或判决）后，国土部门才能作相应的土地划分确权。

综上，鉴于土地的所有权争议主体仅限于农民集体与国有之间，但本案未见农民集体对该争议土地主张权利，而土地国有的确定，在无所有权争议相对人的情况下，一般是随土地使用权的确定而直接认定的习惯，为避免因前述撤销张丁集体土地使用证出现误解而相互推诿，对本案城镇居民身份的当事人 27 号院土地使用权的确权申请，国土局应依据《确权规定》第 4 条和《土地权属争议调查处理办法》第 13 条第 3 款之规定，报县政府以“因 27 号院土地使用权确认涉及国有土地上的合作建房合同纠纷未决”为由作出不予受理决定，并告知四兄弟通过和解、调解或民事诉讼先行解决合作建房合同纠纷，而后再申请土地确权。

原载《陕西律师》（2014 年 5 月）

该地是有偿使用还是划拨使用？

案情

Z 公司是由中方甲厂以地面实际净资产作价，与外方乙合资组建的中外合资药业公司。对 Z 公司的用地，省计委在合资项目建议书中批复："合资公司场地向甲厂租赁解决。"省国有资产管理局下文批复："同意你司对土地租赁给合资企业使用的意见，按国家有关规定收取使用费上交我局。"

甲厂随即与 Z 公司签订了场地租赁合同。1997 年 12 月，甲厂撤销，1998 年 1 月 1 日，甲厂的主管上级——省医药总公司与乙公司重新签订了场地租赁合同再次明确了租赁场地的范围、面积、租赁年限和租金缴纳方式等。Z 公司没有土地使用证，也没有土地他项权利证书。

2005 年，因旧城改造，Z 公司东厂区需要拆迁。市拆迁办和拆迁人认为：Z 公司没有土地使用证，不是东厂区土地的使用权人，只能是该土地的使用人或土地他项权利人，Z 公司只能得到该土地上的房屋、设施以及停产停业方面的相应补偿；土地拆迁补偿事宜只能与该土地使用权的主体——省医药总公司商谈，补偿应按划拨土地对待。

Z 公司认为：自己是合资企业，当初洽谈合资事项和用地事宜，均是严格按照法律法规和政策进行的，自己应该是所租赁土地的合法使用权主体，市拆迁办和拆迁人必须与 Z 公司直接商谈土地搬迁事宜，并且应该依法按该市土地市场价格作搬迁补偿和安置。

僵持之际，2005 年 9 月，省医药总公司给 Z 公司出具了一份关于 Z 公司全权代表总公司与拆迁人商谈土地搬迁补偿事宜的委托书。但在商谈中，对按划拨土地作补偿还是按市场土地价作补偿，又是僵持不下。

无奈之际，经省有关方面的领导关注，为避免影响本地的投资环境，拆迁人答应按土地市场价给Z公司作搬迁安置补偿，事情才得以平息。

评析

其实本案并不复杂，只要翻查一下当时国家关于外商投资企业用地的法律法规和政策，对照分析一下Z公司的用地审批和所签订的租地合同，就可以找到事情处理的关键。

由于甲厂属省级企业，国有资产归省国资局管理。从这个意义上讲，省医药总公司按省计委和省国资局的批复批准甲厂与Z公司签订场地租赁合同，也不能算错。但土地的属地管理关系又决定了Z公司的“场地租赁合同”应与当时的市土地管理局签订，并向市土地局缴纳地租（有偿使用费）。根据法规和政策规定，外商投资企业用地，必须与当地市、县土地管理部门签订土地使用合同。外商投资企业的场地使用费由划拨土地取得费（原征地费等）和土地资源有偿使用费（地租）两部分组成，这就形成了划拨土地取得费应按原企业投资隶属关系缴给省国资局，而地租则应按属地管理关系交给市土地局。两级相关部门应按标定地价60%以下土地资产、40%以上出让金的比例关系，按各自管理范围协商确定Z公司所交场地租赁费的分解比例，并由市土地管理局规范原土地租赁合同向Z公司颁发土地证。

可见，本案中由于合同签订的不规范留下了纠纷。但问题该怎样解决呢？拆迁人不能因乙公司“场地租赁合同”是与甲厂签订，而否认乙公司对东厂区土地使用权的主体资格和土地的有偿使用性质。因为，对外商投资企业场地使用费的管理，是政府内部的国有资产分级管理问题；从民事法律关系上讲，合同只是形式，实质要看甲厂依土地租赁合同收取的场地使用费最后归谁所有，省医药总公司的批复指明：“收取的使用费上交总公司，由总公司转交省国有资产管理局。”这就很清楚了，甲厂代表的不是本企业这个普通的民事主体，其（包括后来的省医药总公司）合同主体地位是授权代理，是作为土地所有权这个特殊的民事主体——

政府，与Z公司签订场地租赁合同的，该合同性质，与现行土地有偿使用制度中租赁土地使用权的性质是类似的。所以，政府在不涉及相关部门利益的情况下应尽快予以纠正。

根据《土地管理法》第58条第2款的规定，为实施旧城改建，调整使用土地的，对土地使用权人应当给予适当补偿。何谓“适当补偿”？按土地使用权出让型和划拨型的区分，应该不同。《城市房地产管理法》第19条对出让土地使用权提前收回的补偿规定是：根据土地使用者已使用的年限和开发、利用土地的实际情况给予相应补偿。何谓“相应补偿”？按该法释义，指土地使用者的直接损失和间接损失。根据《合同法》（2021年废止）相关条款释义，“直接损失”是指财产上的直接减少；“间接损失”是指失去的可以预期取得的利益（利润）。《城镇国有土地使用权出让和转让暂行条例》第47条对划拨用地的收回补偿规定是：无偿收回划拨土地使用权时，对其地上建筑物、其他附着物，市、县人民政府应当根据实际情况给予适当补偿。原国家土地管理局对该条的解释是：“适当补偿”是指直接损失，指按原使用单位实际损失的程度予以合理补偿，如原使用单位需要搬迁的，建设单位应当负责搬迁安置费用。这样看来，出让土地使用权提前收回的补偿原则是对价原则加协商，而划拨用地收回的补偿原则是非对价原则加协商。道理其实不复杂，划拨用地价格中，不含土地出让金。

1987年5月19日原国家土地管理局《关于加强外商投资企业用地管理工作的通知》第4点指出：凡外商投资企业用地，一律到土地管理部门依法办理手续。第6点指出：中外合营企业用地，不论新征土地，还是利用原有企业的场地，都应计收场地使用费。1990年12月31日原国家土地管理局《外商投资企业用地管理工作座谈会纪要》第4点指出：租赁房屋、场地举办外商投资企业，必须缴纳土地使用费。第5点指出：场地使用费由土地开发费和土地使用费组成，土地开发费为土地开发投资的一次性补偿，包括征地、拆迁费用和外商投资企业直接配套的基础设施投资；土地使用费是土地资源有偿使用的费用，即“地租”，是土地所有权的经济体现，逐年征收。

根据我国法律规定，外商投资企业均应有偿有期限使用土地。这种租赁行为是国有土地有偿使用的一种形式，是出让方式的补充，所以应按出让土地使用权提前收回的补偿规定来给予相应补偿。

原载原《中国国土资源报》(2005 年 12 月 22 日)

是什么使判决难以执行?

案情

1997 年 10 月，某区人民政府批准区物资公司关于土地开发、出让金全部用于职工安置的改制方案。1998 年 2 月 26 日，区土地管理局与物资公司签订了大学路 31 号、33 号两宗土地使用权的出让合同，没有收取土地出让金。物资公司以改制后的荣立公司名义与红旗公司签订了《土地使用权转让协议》，由双方共同投资组建培训中心分公司（以下简称培训中心，已登记注册)，荣立公司以转让费 750 万元的大学路 31 号、33 号两宗地使用权作为投资，与红旗公司联合开发建设培训中心大楼。

1998 年 4 月 7 日，区土地管理局致函培训中心：“在转让前，两宗土地出让时，由于物资公司进行企业改制，经政府批准，将土地出让金用于安置企业职工，培训中心不再缴纳土地出让金。”次日，区土地管理局向培训中心颁发了大学路 31 号、33 号两宗土地的《国有土地使用证》。双方随即开始土地开发建设。

2001 年 4 月 8 日，红旗公司与荣立公司签订了《新增补充协议》，约定：双方一致同意，由红旗公司独立进行两宗土地的开发建设，荣立公司不再介入，荣立公司的土地投资价款，减去分摊的前期费用，红旗公司应支付荣立公司土地转让价款 708 万元。之后，红旗公司向荣立公司先后支付土地转让款409万元。2002年4月4日，双方就剩余土地价款299万元的支付事宜签订了《分期付款协议》。2002年4月，红旗公司持培训中心的《国有土地使用证》到市相关部门办理商品房产权销售手续时遭到拒绝，原因是培训中心的土地使用证表示的权利性质为国有划拨土地使用权，不能办理商品房产权销售手续。红旗公司遂停止对荣立公司的付款义务。

2002年9月9日，荣立公司向市中级人民法院提起诉讼，请求法院判令红旗公司履行付款义务。市中级法院审理认为：双方当事人签订的《土地使用权转让协议》《新增补充协议》《分期付款协议》合法有效，因两宗地已按约定过户，且由红旗公司实际占有使用，诉讼中并未对土地使用证提出行政复议或行政诉讼，遂判决红旗公司应按《分期付款协议》约定付款。

红旗公司不服，上诉至省高级人民法院。2003年5月8日，省高级人民法院审理认为：政府有关部门已向培训中心核发了《国有土地使用证》，双方在数次变更所签协议后，仅就红旗公司拖欠土地转让金一事进行了约定，形成债权债务法律关系，红旗公司未能履行付款义务，应承担民事责任，荣立公司是否应提供缴纳土地出让金的原始凭据等相关资料，双方当事人并无约定，一审法院认定事实清楚，适用法律正确，遂维持原判。

红旗公司坚持认为一审、二审法院判决严重违背相关法律关于划拨土地使用权不得转让的禁止性规定，双方所签订的《土地使用权转让协议》无效，拒不履行清偿欠款义务。荣立公司遂于2003年10月30日向市中级人民法院提出强制执行申请。2004年4月30日，市中级人民法院查封了大学路33号院土地，并委托土地价格评估。

2004年7月27日，市土地评估机构向市中级人民法院出具了土地评估报告，报告对大学路33号宗地情况的表述为："待估宗地位于市大学路33号，为荣立公司使用的一宗商业用地，待估宗地为区物资公司以划拨方式取得，根据区人民政府1998年第一次常务会议纪要将该地1997年12月18日以有偿转让方式转让给荣立公司，但该公司一直未办理出让手续，故该宗地目前为国有划拨状态。”

2004年8月，市中级人民法院对大学路33号宗地进行拍卖，买受人市中街房管所以570万元价格买得。但因判决书所称大学路33号土地使用权主体与拍卖土地评估报告所述主体不一致，且土地使用权为划拨状态，中街房管所无法办理土地证。红旗公司认为自己花了几百万元，到头来什么也不合法，拒不退出大学路33号宗地。

2005年5月10日，市中级人民法院向红旗公司发出民事裁定，令红旗公司退出大学路33号院。无奈，红旗公司只得向省高级人民法院提出申诉，称：荣立公司以划拨土地使用证为凭，与红旗公司签订土地转让协议无法律依据。一审、二审法院认为土地已过户，红旗公司已实际占有，因而认定本案是债权债务关系，判令支持的行为是不合法的，在市中级人民法院强制执行程序中，明知执行标的——大学路33号土地使用权主体与实际不符，土地使用权类型为划拨状态，在有充分证据证明大学路33号土地使用权因荣立公司未缴纳土地出让金的情况下，强行将红旗公司的土地予以拍卖行不通。2005年5月25日，省高级人民法院下达了暂缓执行决定书。

评析

案情的发展已经证明，本案是一个错案，错在什么地方？不难看出，其根源是区土地管理局在物资公司的企业改制上，对土地出让处置不规范操作。土地管理局认为企改中的土地出让金的政策性返还与土地出让处置中出让金的收缴，可以由本部门一手操作、平衡处置，导致了其与物资公司签订了土地出让合同，却不收土地出让金，而当土地使用权按市场流转关系到达培训中心时，又无法无据想当然地给培训中心一纸致函，办了土地证完事。

根据《城市房地产管理法》第38条、第39条规定，红旗公司或培训中心，要想取得商品房销售或转让用的产权证，就必须证明自己所持的土地使用证表示的权利类型为出让土地使用权。用什么证明？当然只能是法定的土地出让合同和出让金缴纳凭证，而不能只凭一本土地证，再加上区土地管理局出具的那张关于土地出让金已按政府决定用于物资公司企改职工的安置费的函。所以，区土地管理局围绕物资公司企改的土地处置、土地开发中的使用权流转所作的行政文书，没有法律和政策依据，其随意行政是造成本案错判的根源。

但是，我们不能根据“行政文件是审理民事案件的依据和证据”之原则，把本案的错判责任完全推到行政部门身上。因为依据《合同法》（2021 年废止）第 52 条第 2 项、第 5 项规定，损害国家利益和违反法律、行政法规的强制性规定的合同，为无效合同。《城市房地产管理法》第 38 条、第 39 条，《城镇国有土地使用权出让和转让暂行条例》第 16 条、第 44 条、第 45 条规定：国有划拨土地使用权未依法办理土地使用权出让手续，未缴纳土地出让金，不得转让、出租、抵押。一审、二审法院的判决，不采纳红旗公司关于荣立公司以划拨用地与红旗公司签订的《土地转让协议》为无效协议的抗辩理由，将上述法律、行政法规的强制性规定理解成“荣立公司是否应提供缴纳土地出让金的原始凭据等相关材料，双方当事人并无约定”的民事约定行为，是不符合法律规定的。那种认为只要有了土地证，就可以自由行使物权权利的认识，缺乏对国家土地管理制度的系统了解。

时下，存在于民间的划拨土地使用权证和出让土地使用权证，都名为《国有土地使用证》。由于各种原因，别说外行人，就是从事土地管理工作的业内人士，区分这两种土地使用证所标示的权利类型时，也得依据土地出让合同和有关证明文件。所以，规范审查判断土地使用权交易是否合法的办法，只能依据上述法律法规规定，不仅要当事人出示土地证和土地转让、出租、抵押协议，还要依法令其出示土地出让合同书、出让金缴纳凭证。这样做的目的有三：一是法律法规的规定需要；二是保护土地交易安全；三是确保国有土地资产不流失。

原载原《中国国土资源报》（2005 年 9 月 22 日）

怎样平息界址未变　面积“缩水”之争？

案情

甲国有企业拥有土地8.772亩，并于1968年、1985年分两次租赁相邻乙村土地共计2.23亩。1995年，甲国企领取了面积为8.507亩的国有土地使用证和面积为2.23亩的集体土地临时用地登记证。2000年11月，为贷款需要，甲国企申请将土地分割为三宗。地籍调查中，乙村派人指界，确认原界桩完好无损，国土局逐为其核发了三宗地的国有土地使用证，证载面积共计8.718亩，临时用地为2.043亩。

2005年，甲国企将所租2.23亩土地归还乙村，乙村遂划线、砌墙，双方南北相隔为邻。2006年甲国企改制为甲公司，国土局为其办理了8.718亩国有土地使用权出让手续。2008年7月，甲公司申请开发8.718亩土地。8月，市国土局发布该宗地的挂牌出让公告，乙村以2005年退地时少了0.187亩土地为由，向市国土局提出权属要求。市国土局随即暂停挂牌出让，并进行调查，在确认其要求不成立后恢复挂牌；但乙村坚持争议，国土局再次暂停挂牌。

2010年1月，甲公司与乙村就2.23亩土地是否还清进行协商，共同聘请勘测公司进行测量。根据测量结果，甲公司土地8.662亩，扣除规划道路用地0.601亩，净用地为8.061亩。原租赁乙村土地2.099亩，扣除规划道路用地0.028和其他占地0.054，净用地为2.017亩。其后，双方签订了土地调换补偿协议，约定由甲公司将自己的313.5平方米土地调换给乙村，并付给乙村土地调换补偿费250万元。

根据甲公司的申请，国土局制作了土地权属争议案件调解书，但乙村拒绝签字，致使拍卖工作再次被拖延。

另外，根据1995年、2000年及2010年1月的地籍勘测资料，甲公司与乙村相邻界址与原界址一致。

评析

一、土地面积差异从何而来？

乙村认为，根据1995年的土地证，甲国企的土地面积为8.507亩，租借土地面积为2.23亩。而2000年，甲国企的土地面积却增为8.718亩，租借土地减为2.043亩。这一增一减，表明甲国企侵占了自己的土地。

那么，这个面积差异究竟从何而来呢？要弄清这个问题，关键在于核查宗地界址是否发生过变化。本案中，1995年、2000年及2010年1月的地籍勘测资料均显示，甲公司与乙村相邻界址与原界址一致，有所变动的是原宗地西侧新规划的道路。而从1995年登记发证到2008年8月的13年里，双方的界址清楚无误，不存在权属纠纷或土地侵权问题。可见，本案中造成双方土地面积变化最主要的在于规划道路的占用。另外，在宗地界址未发生变化的情况下，实测面积与证载面积也可能出现差异，主要有两个原因：一是测量误差，二是不同历史时期测量的技术手段和要求不同。乙村仅凭甲土地证载面积增加而自己土地证证载面积减少，就认定甲公司侵占自己土地的说法是没有事实根据的。

二、如何看待本案中的土地调换补偿协议？

《土地管理法》第2条第3款规定，任何单位和个人不得侵占、买卖或者以其他形式非法转让土地。《国家土地管理局对浙江省土地管理局关于土地确权登记中有关问题的请示的批复》（国土批〔1995〕63号）指出，使用国有土地的单位与农民集体经济组织调换土地的，在同类用地之间不改变原用地性质的前提下，拟调换土地的双方应当向县级以上人民政府土地管理部门提出换地申请，依法经县级以上人民政府批准，并经地价评估后，再向土地管理部门申请办理土地权属变更登记手续。调换的原集体土地变更为国有土地，原国有土地变更为集体土地。也就是说，农民集体经济组织与国有土地的使用单位，未经县级以上人民政府批准，是不能相互调换土地的。因此，国土局不可直接依此协议进行变更登记。

三、本案不属于土地权属争议

《土地管理法》第13条规定，依法登记的土地的所有权和使用权受法律保护，任何单位和个人不得侵犯。本案中，双方当事人均已领取了土地证，相邻宗地的界址也未发生过变化，可见，双方间的纠纷不属土地权属争议。根据《土地登记办法》第59条、第60条的规定，利害关系人认为土地登记簿记载的事项错误的，可以持土地权利人书面同意更正的证明文件，申请更正登记。土地登记簿记载的权利人不同意更正的，利害关系人可以申请异议登记。对符合异议登记条件的，国土资源行政主管部门应当将相关事项记载于土地登记簿，并向申请人颁发异议登记证明。因此，乙村可向市国土局申请异议登记，并在异议期内向法院提起民事诉讼。而不应两次阻拦土地使用权挂牌出让工作。否则，乙村可能承担《治安管理处罚法》第23条规定的行政法律责任。

原载原《中国国土资源报》(2010年10月21日)

查封前应摸清土地状况

案情

本市M区华锋住宅小区内有土地七宗，其中六宗是华锋房地产有限公司的，一宗是林某个人的，均于1998年办理了国有土地使用证。林某是华锋房地产有限公司的法定代表人。2002年5月8日，本市C区法院给M区国土局送达《民事裁定书》和《协助执行通知书》，要求协助查封华锋房地产有限公司坐落在M区华锋住宅小区的土地。同时在《查封财产清单》“财物名称”栏填写“土地”，“特征及成色”栏填写“市华锋房地产有限公司坐落在M区华锋住宅小区的土地”，“数量”为“一块”。

2002年9月14日，林某以其位于华锋住宅小区内的土地使用权为华锋房地产有限公司向发展银行贷款提供担保，并到M区国土局办理了抵押登记。C区法院知道后，致函M区国土局，称该宗土地他们查封在先，林某的抵押行为无效。M区国土局则认为2002年5月8日C区法院要求协助查封的只是华锋房地产有限公司的土地，并没有包括林某的土地，林某的担保合法、有效。

最近，C区法院要求本市土地交易中心公开拍卖该宗土地，M区国土局提出异议，C区法院认为异议不成立。那么，林某的土地使用权究竟有没有被法院查封？

评析

华锋公司为房地产开发单位，土地依法应为国有出让土地使用权。从信上反映的情况看，该小区还未投资建设。那么，本案的问题应该是法院与国土局对M区华锋住宅小区土地权利构成理解上的不一致所致。即法院认为M区华锋住宅小区的七宗地为“一块”地；而国土局认为M区华锋住宅小区的七宗地，其中六宗是华锋公司的，一宗是林某个人的。究竟谁的理解正确，这要从土地出让和转让的合法性上作判断。

《城市房地产管理法》第9条规定，土地使用权出让，必须符合土地利用总体规划、城市规划和年度建设用地计划。第10条规定，县级以上地方人民政府出让土地使用权用于房地产开发的，须根据省级以上人民政府下达的控制指标拟订年度出让土地使用权总面积方案，按照国务院规定，报国务院或者省级人民政府批准。第11条规定，土地使用权出让，由市、县人民政府有计划、有步骤地进行。出让的每幅地块、用途、年限和其他条件，由市、县人民政府土地管理部门会同城市规划、建设、房产管理部门共同拟订方案，按照国务院规定，报经有批准权的人民政府批准后，由市、县人民政府土地管理部门实施。

这就是说，土地出让的前置程序应当是先取得建设项目的立项审批和项目用地计划任务、取得城市规划部门的规划建设定点文件，然后才能到土地管理部门办理土地出让手续。

根据信中反映的华锋公司与林某的关系，华锋住宅小区的土地出让手续会出现两种可能：一是如果华锋住宅小区的七宗地是华锋公司一次性以一个建设项目名义办理的土地出让手续而得，那么，根据《城市房地产管理法》第38条第1款第2项出让土地在未完成开发投资总额25%以上不得转让的规定和第2款转让房地产时房屋已建成的还应当持有房屋所有权证书的规定，M区国土局在华锋公司对小区土地还未投资建设，或者还未取得房产证的情况下，为林某从华锋公司分割土地、办理国有土地使用证的行为是不规范的。那么，C区法院的理解是正确的，查封合法有效。

二是如果华锋住宅小区的七宗地是华锋公司分七次，其中一次是以林某个人的建设项目及用地计划任务申办的土地出让手续，其余六次是以华锋公司的建设项目及用地计划任务申办的土地出让手续，那么，M区国土局为林某办理的土地使用权证合法有效。C区法院认为对M区华锋住宅小区查封的土地中应该包括林某这一宗地，就缺乏法律依据和事实根据，林某的土地使用权当然没有在查封的范围内。

原载原《中国国土资源报》(2006年6月8日)

土地确权，司法权不能取代行政权

案情

1980年，某公社（后改为某办事处）为开办曲轴厂，与某生产队

(后改为村民组) 签订协议，占用生产队土地16.83亩，并支付3万元地价款及3年的土地赔产款每年8078元。1982年，村民组提出退还一部分土地，遂与曲轴厂达成协议：曲轴厂退还部分土地后，占用村民组土地10.83亩，农业税由曲轴厂负担。

2008年，村民组向法院提起民事诉讼，请求法院依法解除双方1982年签订的协议书，退还自己的土地10.83亩。村民组称，办事处自1982年签订协议书后至今未支付农业税。目前，曲轴厂营业执照被吊销，土地已荒废。

一审法院以土地属农民集体所有，配件厂至今未取得土地使用权登记手续，法律规定土地不得非法买卖、转让，双方所签协议书应无效为由，判令办事处返还村民组土地10.83亩。

办事处不服，以土地权属争议案应由政府处理，一审判决管辖错误为由提起上诉。

二审法院认为，双方1980年就占地问题进行的磋商，解决的是土地赔偿款和地上附着物赔偿款问题。1982年就占地问题又重新进行了约定，即“占用村民组土地，农业税由曲轴厂承担”。故办事处认为自己支付了赔地款，就拥有了土地使用权的理由不能成立。办事处的下属企业占用村民组的土地至今，未办理相关的征用、登记手续，在诉讼中亦未出具任何部门的审批清查文件，现该土地已闲置多年，依照《确定土地所有权和使用权的若干规定》第23条的规定，1982年国务院《村镇建房用地管理条例》发布时起至1987年《土地管理法》开始施行时止，乡（镇）、村办企业事业单位违反规定使用的集体土地按照有关规定清查处理后，乡（镇）、村集体单位继续使用的，可确定为该乡镇或村集体所有。乡(镇)、村办企业单位采用上述以外的方式占用的集体土地，或虽采用上述方式，但目前土地利用不合理的，如荒废、闲置等，应将其全部或部分土地退还原村或乡农民集体。故判决解除1982年的占地协议，曲轴厂退还占用的10.83亩土地。曲轴厂以法院越权为由向省高级法院提出申诉。

二审判决没有涉及土地权属争议案的管辖问题。

评析

本案的要点在于，双方的矛盾究竟是合同纠纷，还是土地权属争议。依据《土地管理法》第16条的规定，土地权属争议案件应由人民政府依法处理，当事人对政府处理决定不服的，才能向法院提起诉讼。这是土地权属争议案件处理的基本程序。本案中，二审法院在涉案土地至今“未办理土地审批、登记手续，未经清查处理”的情况下，直接适用对《确定土地所有权和使用权的若干规定》第23条对其归属进行审判，是不正确的。

一、法院无权直接审判土地权属争议案

依据《行政诉讼法》第2条、第54条规定，土地权属争议案件在法院诉讼程序中的性质属于行政案件，公民、法人和其他组织对具体行政行为不服提起诉讼，法院只能以行政诉讼程序对具体行政行为的合法性和适当性作审查裁判，不得替代行政部门对属于行政管辖职权范围内的具体争议问题直接审判。

二、法院判决适用《确定土地所有权和使用权的若干规定》第23条存在错误

法院判决把办事处已使用28年的土地判令退还村民组，其依据的法规条款是《确定土地所有权和使用权的若干规定》第23条第2款、第3款。这两款包括三层意思：一是确权前需判断该乡镇企业用地的起始时间。二是凡1982年至1987年的用地没有批准手续的，应先按照有关规定进行清查处理。三是根据清查处理的结果，该企业继续使用的，将土地确定为该企业所属的乡（镇）或村集体所有；企业不继续使用的，退还原农民集体。

以1982年退地协议中农业税的承担时间认定企业用地的起始时间无法律依据。本案当事人就涉案土地转让签订过两份协议书，一份在1980年，以用地数量和价款及支付方式为主要内容；另一份在1982年，以退还部分土地和结清债权债务及农业税承担为主要内容。从这两份协议的内容来看，涉案10.83亩土地的使用权从1980年起就已经转移了，但判决书却以1982年协议约定了农业税的承担为由，将该协议认定为正式的土地转让协议。根据1958年的《农业税条例》，农业税是以是否从事农业生产，是否有农业收入为原则征收的，与是否拥有所耕种的土地所有权或土地使用权无关。因此，把农业税的转移作为判断土地使用权是否转移的标准是没有法律依据的。

二审法院援引了《确定土地所有权和使用权的若干规定》第23条的规定，判令曲轴厂退还村民组的土地。但根据该条款，退还土地之前，应依照有关规定对该用地进行清查处理。而法院判决时，该宗地却并未经过这一程序。在法院对该宗地的权属作出判决后，如清理过程中政府对该宗地的处置与判决不符，又该如何处理呢？这只能说明，法院以司法权替代行政权是不合适的。

三、法院无直接判令收回农民集体企业土地的职能

《土地管理法》第65条规定，对因撤销、迁移等原因而停止使用土地的，农村集体经济组织报经原批准用地的人民政府批准，可以收回土地。也就是说，收回土地的审批权在人民政府。本案中，村民组仅凭法院的判决，也无法办理收回土地的手续，仍须申请政府对该宗地进行处理。

就本案而言，曲轴厂是办事处1979年批准建立，村民组要想收回该厂土地，因其不是企业的所属主管农民集体组织，所以，就必须首先解决双方协议有偿转让土地的问题，而对这个问题有管辖权的，是县以上人民政府。村民组的错误在于没有依法向县级以上人民政府提出土地权属争议；本案法院的错误在于，在县以上人民政府还未处理，就受理村民组的起诉并直接判决该土地所有权归属；从企业停业解散角度讲，在企业还未经主管乡镇政府批准、未经清算，就认定企业停业土地闲置，将其土地判归他人，是不正确的。

原载原《中国国土资源报》（2009年11月26日）

乡镇企业土地应按国有土地登记确权

案情

1980年，某县东城公社（后改为东城街道办事处）开办曲轴厂（后改名为汽配厂），经东阜大队（后改为东阜村）批准，曲轴厂与东阜第六生产队（后改为第六村民小组）签订征用土地协议，约定征用该队土地16.83亩，由曲轴厂支付地价款和土地赔偿款。之后，双方实际履行了该协议。1982年7月，经东城公社和东阜大队协调，曲轴厂退还了第六生产队土地6亩，其余用地的农业税由曲轴厂承担。1985年10月，曲轴厂改制为乡办汽配厂。1993年5月，东城街道办事处根据市国土资源局“关于清理丈量单位占地核实耕地核减农业税的通知”，对汽配厂所用土地进行了农业税核减。1995年东阜村整体“撤村转户”，村民小组改为居民小组。2003年，汽配厂关停，为清算内外债务，向市国土资源局申办土地证。第六居民小组以汽配厂营业执照吊销、土地未征用且闲置为由，诉请东城街道办事处退还汽配厂所用原第六生产队的集体土地所有权。法院以该案为土地权属争议为由，裁定不予受理。现第六居民小组以东城街道办事处为对象，向国土部门申请土地确权。

评析

从1980年第六居民小组与汽配厂之间的土地转移关系看，涉案土地为农民集体之间的土地所有权转让，并不涉及国家用地的征收，涉案土地仍为农民集体性质。从与该地有关的东城镇、东阜村、第六村民小组三级的体制变更情况看，应该依法直接认定涉案土地为国有土地，其使用权应确定归东城汽配厂。

一、"征用土地协议书"内容的实质是集体土地所有权的转让

1962 年《农村人民公社工作条例修正草案》（以下简称《六十条》）第 1 条规定，农村人民公社是政社合一的组织，是我国社会主义社会在农村中的基层单位，又是我国社会主义政权在农村中的基层单位。第 2 条规定，人民公社的基本核算单位是生产队。人民公社的组织，可以是两级，即公社和生产队，也可以是三级，即公社、生产大队和生产队。

1979 年 9 月，中共中央《关于加快农业发展若干问题的决定》规定，任何单位和个人，绝对不允许无偿调用和占有生产队的劳力、土地、耕畜、机械、资金、产品和物资。举办农业基本建设，发展社队企业，都要坚持自愿互利的原则。原国家土地管理局《关于对土地确权有关问题请示的答复》[〔1993〕国土（籍登）字第 3 号] 规定，1982 年以前通过协议使用土地的，被用地单位在履行协议提供土地时未提出异议的，应视为同意。用地单位履行了协议并使用土地至今的，应当确定其土地使用权。

《确定土地所有权和使用权的若干规定》第 23 条规定，乡镇或村办企事业单位使用的集体土地，《六十条》公布时起至 1982 年国务院《村镇建房用地管理条例》发布时止使用的，签订过用地协议的，或经县、乡（公社）、村（大队）批准或同意，并进行了适当的土地调整或者经过一定补偿的，分别属于该乡（镇）或村农民集体所有。

可见，在 1980 年前后，我国的农民集体仍然分公社、生产大队和生产队三种级别，在自愿互利原则的前提下，这三种不同级别的农民集体是有权处置本集体的土地等农业生产资料的。本案"征用土地协议书"的名称虽然用了"征用土地"一词，但其实质是第六生产队农民集体土地所有权向东城人民公社农民集体的转移，并非将第六生产队农民集体所有的土地转为国有土地的行为。该转让集体土地所有权的法律行为合法有效。

二、集体经济组织改制后，街道办事处不是适格被告

1983 年中共中央《当前农村经济政策的若干问题》（中发〔1983〕1

号）规定，人民公社的体制，要从两方面进行改革。这就是，实行生产责任制，特别是联产承包制；实行政社分设。政社合一的体制要有准备、有步骤地改为政社分设，准备好一批改变一批。

中共中央《关于1984年农村工作的通知》（中发〔1984〕1号）规定，政社分设以后，公社经济力量薄弱的，可以根据具体情况和群众意愿，建立不同形式的经济联合组织或协调服务组织；这些组织对地区性合作经济组织和其他专业合作经济组织，是平等互利或协调指导关系，不再是行政隶属和逐级过渡的关系。

因此，政社分设后，东城街道办事处作为区政府的派出机构，不再是公社一级的原农民集体经济组织，没有独立的法律地位，也不再具有农民集体所有土地主体的代表资格。因此，第六居民组如对涉案土地的权属存在争议，应以汽配厂为争议对象，不可直接向街道办事处主张。

三、涉案土地为国有土地，汽配厂享有国有土地使用权

《确定土地所有权和使用权的若干规定》第14条规定，因国家建设征用土地，农民集体建制被撤销或其人口全部转为非农业人口，其未经征用的土地，归国家所有。继续使用原有土地的原农民集体及其成员享有国有土地使用权。第15条规定，全民所有制单位和城镇集体所有制单位兼并农民集体企业的，办理有关手续后，被兼并的原农民集体企业使用的集体所有土地转为国家所有。因此，在发生了东城镇“村改居、汽配厂改制”等过程后，汽配厂所占土地为国有土地，汽配厂享有国有土地使用权。

因此，根据上述法律法规及政策规定，应依法驳回第六居民组的农民集体土地所有权的主张，对涉案土地应直接按国有土地进行登记，其使用权归属汽配厂。

原载原《中国国土资源报》（2013年5月15日）

二

集体土地管理案例分析

村民房屋侵权民事赔偿诉讼与土地证无关

案情

80岁的王甲在祖籍李家村有始建于1953的土木结构大庭房五间。2005年8月，王甲自天津告老回乡定居得知五间庭房已被堂弟王乙于2005年4月拆除并建了自家新房，在与其交涉未果后，于2007年7月25日向县法院提起民事侵权赔偿诉讼。2007年8月3日县法院开庭审理，双方在法官主持下达成“和解协议”，约定：“一、王乙于2007年10月1日前在李家村内交通便利之地为王甲购买面积、间数、质量等条件基本优于原房屋的房屋一座（含宅基地使用权），所购房屋经王甲验收方可。二、王甲同意撤诉。三、如王乙逾期未购得符合要求的房屋（含宅基地），则王甲有权要求王乙无条件拆除其所建房屋，恢复王甲房屋原状，并赔偿王甲一切经济损失。”县法院随即制作了撤诉民事裁定书。

因王乙拒绝履行协议，2007年10月15日，王甲再次起诉，请求履行“和解协议”；判令王乙停止侵犯原告宅基地使用权，拆除地面建筑物，恢复原状。

县法院受理案件后，要求王甲出具涉案宅基地使用证，并说明如果拿不出土地证案子无法审理。于是王甲向县国土局申请为自己的老住宅依法颁发土地证。2008 年 9 月 10 日，县国土局作出《关于王甲宅基地确权问题的函》（以下简称《确权函》），函称："根据《确权规定》第 48 条关于非农业户口居民原在农村的宅基地，房屋产权没有变化的，可依法确定其集体土地建设用地使用权的规定，应当确定王甲的宅基地使用权，但目前其房屋已被他人拆除并建了新房，现房屋所有权和宅基地使用权已经分离，不符合土地使用权登记发证的前提条件，因此，只予确权，不予发证。"

王乙即以《确权函》行政违法，侵犯自己合法权益为由向市国土局提起行政复议，市国土局以该函不是土地确权行为，不损害各方合法权益为由予以驳回。

审判

2008 年 11 月 6 日，县法院作出民事判决：一、王乙返还王甲宅基地；二、王乙所建五间砖混结构大房归王甲所有，王甲支付王乙房屋折价款 65000 元；三、王乙支付王甲五间庭房折价款 10000 元。

对此判决，双方均不服，向市中级法院上诉。

2009 年 12 月，市中级法院以事实不清为由作出撤销原判发回重审的民事判决。2010 年 5 月，王乙对县国土局《确权函》提起行政诉讼。6 月，县法院以王乙诉讼已过行政诉讼期限为由，维持了县国土局《确权函》的行政行为。王乙不服上诉。8 月，市中级法院以王乙的诉讼没有超过两年行政诉讼期限为由作出撤销一审判决，发回重审的行政判决。

2011 年 3 月，县法院以县国土局越权为由撤消了县国土局的《确权函》。

目前，县法院以王甲无宅基地使用证为由将本民事案搁置。

农村村民历史遗留住宅用地的确权，"地随房走"的原则由来已久。1963 年 3 月 20 日《中共中央关于各地对社员宅基地问题作一些补充规定的通知》规定："（二）宅基地上的附着物，如房屋、树木等永远归社员所有，社员有买卖或租赁房屋的权利。房屋出卖以后，宅基地的使用权即随之转移给新房主，但宅基地的所有权仍归生产队所有。”

评析

本案是一个侵权事实清楚，证据充分、确凿的民事赔偿诉讼案，之所以能从2007年诉讼至今无结果，又陷入行政诉讼怪圈，问题在于：县法院毫无依据地要求原告王甲出具被侵权拆房的宅基地使用证，县国土局缺乏自我保护法律意识，轻率行政被诉讼利用所致。

1. 本案的难点在于侵权人究竟应当承担怎样的民事赔偿责任

《民法通则》（2017年废止）第117条规定：侵占、损坏国家集体或他人财产的，应当恢复原状或者折价赔偿；《物权法》（2021年废止）第34条规定：无权占有不动产的，权利人可以请求返还原物；第36条规定：造成不动产毁损的，权利人可以请求恢复原状；第37条规定：侵害物权，造成权利人损害的，权利人可以请求损害赔偿，也可以请求承担其他民事责任。

《陕西省高级人民法院关于审理有关宅基地使用权案的通知》在“人民法院审理宅基地使用权案件应当掌握的政策界限”一章第4条规定：“因房屋租赁、借用或代管引起的宅基地使用权纠纷。房客在租赁、借用他人房屋期间，擅自翻建、改造、添建、搭建、拆迁另建房屋的，依法不予准许，造成损失的，应予以赔偿。建好后的房屋不能恢复原状的，产权归出租、出借人所有。因房屋使用不当或管理不善，致使承租或借用的部分房屋倒塌，未经出租、出借人同意房客在原地基上建起了房屋，并不意味着房客取得了宅基地使用权，新建的房屋的产权仍归出租、出借人所有。”

根据上述规定和司法实践，在本侵权拆房建房既成事实的情况下，不论当事人和解、调解，还是判决，都将出现以下五种可能的结果之一：①王乙新建房屋产权归王甲所有，互不找差价；②王乙新建房屋产权归王甲所有，王甲支付王乙新建房与王甲旧房的差价；③王乙给王甲另行选址建造一处新住宅；④王乙赔偿王甲全部损失，王甲自行建造新住宅；⑤王乙拆除其新建住宅，恢复王甲原五间庭房。

2. 农村宅基地确权——“地随房走”

农村村民历史遗留住宅用地的确权，“地随房走”的原则由来已久。1963 年 3 月 20 日《中共中央关于各地对社员宅基地问题作一些补充规定的通知》规定：“（二）宅基地上的附着物，如房屋、树木等永远归社员所有，社员有买卖或租赁房屋的权利。房屋出卖以后，宅基地的使用权即随之转移给新房主，但宅基地的所有权仍归生产队所有。”《土地管理法》第 62 条第 4 款规定：“农村村民出卖、出租住房后，再申请宅基地的，不予批准。”《确权规定》第 48 条规定：非农业户口居民（含华侨）原在农村的宅基地，房屋产权没有变化的，可依法确定其集体土地建设用地使用权。

这就是说，涉案宅基地，将应随本侵权拆房建房诉讼案的和解、调解或判决，按“地随房走”的原则确定归属，当和解、调解或判决结果为①、②、⑤时，该宅基地应依法确权归王甲所有；当和解、调解或判决结果为③、④时，该宅基地应依法确权归王乙所有。

3. 决定本案审判结果的证据是规划建设许可证，而非土地证

既然涉案宅基地的归属只能“地随房走”，从本案的五种结果看，决定本案结果的关键因素应该也只能取决于王乙拆旧房建新房的合法与否。

《土地管理法》第 62 条第 2 款规定：农村村民建住宅，应符合乡（镇）土地利用总体规划，并尽量使用原有的宅基地和村内空闲地；第 3 款规定：农村村民住宅用地，经乡（镇）人民政府审核，由县级人民政府批准。国务院 1993 年《村庄和集镇规划建设管理条例》第 18 条第 1 款第 2 项规定：使用原有宅基地、村内空闲地和其他土地的，由乡级人民政府根据村庄、集镇规划和土地利用规划批准。《物权法》（2021 年废止）第 30 条规定：因合法建造、拆除房屋等事实行为设立或者消灭物权的，自事实行为成就时发生效力。

这就是说，村民原基拆旧房建新房未依法审批，不发生物权法律效力，不受法律保护。

很清楚，在本案审理中，只要原告王甲能举证证明涉案房屋是本人的合法财产、侵权拆房建房人就是王乙，就足以胜诉；对王乙而言，其只要能拿出拆旧房建新房的建设许可证，就足以胜诉。

那么，建设审批与土地证之间是个什么关系呢？

根据《确权规定》关于村民宅基地使用权原则上按住宅占地现状确权的相关规定可知，农村村民历史遗留住宅占用的宅基地的使用权同样受法律保护（登记发证属于政府对村民原有宅基地使用权的行政确认，属法定追认行为）。那么，在享有受法律保护的宅基地内未经批准进行拆旧建新、翻建改建、就不能认定是非法占地，不能认定是非法占地，但也不能随意想怎么建就怎么建，《城乡规划法》第 65 条规定：在乡、村庄规划区内未依法取得乡村建设规划许可证或者未按照乡村建设规划许可证的规定进行建设的，由乡、镇人民政府责令停止建设、限期改正；逾期不改正的，可以拆除。

这就当然得出一个结论：在原宅基地内的拆旧建新、翻建、改建，应按村庄规划和现行用地面积的规定标准，重新确定位置和大小，那么，此种审批应当是在已拥有宅基地使用权基础上的“调整用地”性质；而《土地管理法》第 62 条第 3 款规定的村民住宅用地的审批，应当是关于无住宅的新立户村民，申请新建房屋用地的审批，其性质应为“新设用地”审批。

所以，未经审批进行原基拆旧建新、翻建、改建，违反的是建设规划法，而不是土地管理法。这种“调整用地”的审批权属于规划建设行政主管部门，而不是土地管理部门，显然，县法院要求原告向国土局申请对涉案宅基地使用权确权的做法与本案毫无关系。

很明确，县法院在对原告王甲提出涉案宅基地使用证的要求时，根本没有搞清案情中的各种法律关系。

4. 准确行政行为

不论县法院对原告王甲的要求是否合法，是否妥当，县国土局面临的问题是，公民王甲依法提出了自己原住宅的宅基地使用权的确权申请，这是国土局必须接受且不可回避的法律程序问题。

那么，如何处理王甲的宅基地确权申请?

根据上述对本案案情的全面分析和了解，应当对王甲作出“关于不予受理王甲宅基地使用权确权申请的答复”，内容可为：“你申请确定使用权的原在李家村所有的五间房占用范围的宅基地，因该地上你的五间房已被拆除，并已建起新房，并且你与王乙正就拆房侵权赔偿问题进行诉讼，不符合土地使用权登记条件，故对你的本次宅基地使用权登记申请不予受理。”

国土局也可直接对法院作出“关于王灿宅基地使用权确权问题的说明”，内容可为：“你院受理王甲诉王乙住宅侵权一案，要求王甲拿出宅基地使用证的做法不妥，王甲对王乙提起的是侵权拆房、赔偿损失之诉，现涉案宅基地上已建起了新房，根据农村宅基地‘地随房走’的确权原则，在你院未对王甲诉王乙住宅侵权案作出有效判决前，政府不宜对涉案它基地确定归属。”

就本案而言，只有这两种答复可以避免行政行为的被动局面。

原载《国土资源》(2011 年 6 月)

这份用地无须审批的判决令人质疑

案情

2001 年 3 月 16 日，冯某以某水电站法定代表人名义，以建设小水电站为由与 T 县某村签订了 70 年期限的 20 亩《集体“五荒地”使用权出让合同》，3 月 19 日，县水利局向该水电站颁发了盖有“××省 T 县人民政府”印章的《“五荒”资源治理开发使用证》，2003 年 5 月 9 日，冯某又与该村一组及一些村民签订了使用 50 年期限的 65 亩山林地承包合同，约定被申请人享有独立自主的经营权，但不得改变土地用途。

2006 年 3 月 3 日，冯某以水电站法定代表人名义与罗某签订了协议书，约定将水电站的全部资产现有土地、工程、工程量及配套设施以 950 万元转让给罗某；协议第 4 条第 2 项约定，2006 年 3 月 27 日冯某向罗某正式移交水电站全部资产，水电站的土地使用证由冯某收到罗某支付的全部转让款后当即交付罗某。

罗某向冯某支付了 500 万元电站资产转让款后，得知冯某没有 85 亩电站用地的任何类型的土地使用证，即停止了付款。

2006 年 8 月 20 日，T 县环境保护局向水电站发出《T 县 × × 水电站停止建设的通知》。2007 年 5 月 16 日，T 县国土资源局向水电站发出通知称："经查，× × 水电站至今未依法申办建设用地审批手续，经县政府 5 月 15 日常务会议研究，依照 × × 省建设用地审查报批管理试行办法，限你单位务必于 5 月底前持有关批准文件及资料向我局申报建设用地手续，逾期不报，我局将按非法用地查处。"

2007 年 6 月 20 日，T 县水利局向水电站发出《关于 × × 水电站办理相关手续的函》。

罗某认为这些手续涉及诸多责任和费用，不应由自己承担，将通知转交冯某。冯某认为该通知只是要求补办各种手续，并未否定自己持有的"五荒"资源治理开发使用证的效力，且电站已转让给罗某，所以拒绝接收。

2007 年 7 月 24 日，冯某以罗某违约为由将其诉至 J 市中级人民法院，请求判令罗某支付合同拖欠款及利息共 470 万元。同年 9 月 9 日，罗某以冯某转让水电站时未依法取得土地使用权和水电站质量未达设计要求、构成合同欺诈为由，将冯某另案诉至 J 市一区人民法院（后移送市中级人民法院），请求判令双方签订的电站资产转让协议无效。

审判

J 市中级人民法院首先对罗某起诉的合同效力案进行了审理，认为水电站建设属于工业项目，冯某未经批准在荒地建电站属于非法占地建设，其与罗某签订的协议书应属无效协议，作出民事判决书，判决“双方2006年3月3日签订的协议书无效”。

冯某不服，提起上诉。

该省高级人民法院作出民事判决：“本院认为，转让水电站协议是双方真实意思表示，内容不违反法律和行政法规的禁止性规定。冯某建设的水电站，虽未取得建设用地使用证，但具有经拍卖程序获得的县人民政府颁发的‘五荒’资源使用证书。法律和行政法规并未禁止公民个人在‘五荒’土地上建设小水电站，且该‘五荒’地属于某村村民集体所有，法律和行政法规并未强行规定在‘五荒’地上建设小水电站必须办理建设用地使用权证；‘五荒’地不属于建设用地，使用该地建设小水电站，无须办理征用手续并报省、自治区、直辖市人民政府审批。该转让协议合法有效。判决如下：一、撤销J市中级人民法院（2007）J市中法民二初字第74号民事判决。二、双方2006年3月3日签订的协议书有效。”

2009年2月9日，T县国土资源局向水电站送达了《土地行政处罚听证告知书》。

评析

该省高级人民法院的这份判决书存在两处问题。

一、违法认定案件事实

1. 有法不依，将违法用地认定为法律未禁止的行为

省高级人民法院在其民事判决书中关于在“五荒”地建设小水电站无须用地审批的认定，违反《土地管理法》。

《土地管理法》第4条规定：国家实行土地用途管制制度。未利用地是指农用地和建设用地以外的土地。第38条规定：国家鼓励单位和个人按照土地利用总体规划，在保护和改善生态环境、防止水土流失和土地荒漠化的前提下，开发未利用的土地。第39条规定：开垦未利用的土

地……经依法批准后进行。第 43 条规定：任何单位和个人进行建设，需要使用土地的，必须依法申请使用国有土地。第 44 条规定：建设占用土地，涉及农用地转为建设用地的，应当办理农用地转用审批手续。在土地利用总体规划确定的城市和村庄、集镇建设用地规模范围以外的建设项目占用土地，涉及农用地转为建设用地的，由省、自治区、直辖市人民政府批准。第 81 条规定：擅自将农民集体所有的土地的使用权出让、转让或者出租用于非农业建设的，由县级以上人民政府土地行政主管部门责令限期改正，没收违法所得，并处罚款。

《农村土地承包法》第 17 条规定：承包方应维持土地的农业用途，不得用于非农建设。国务院办公厅《关于进一步做好治理开发农村“四荒”资源工作的通知》第二部分第（三）项规定：承包、租赁或拍卖“四荒”使用权，农村集体经济组织要与对方签订合同或协议。合同和协议经县级人民政府批准生效后，双方都应认真履行。第四部分规定：“四荒”治理开发必须以植树种草为重点，合理安排农、林、牧、副渔各业生产，具体按照土地利用总体规划进行。第五部分规定：水利部门要做好“四荒”治理中的水土保持方面的工作，协调水土流失的综合治理；林业部门要做好以生物措施防治水土流失方面的工作，依法对宜林“四荒”地确权发证；土地部门要会同有关部门进一步依法做好“四荒”的范围、土地类型界定、“四荒”开发利用规划，办理使用“四荒”的土地登记和土地开发审批等有关手续。国务院办公厅《关于严格执行有关农村集体建设用地法律和政策的通知》第二部分规定：按照《土地管理法》等法律法规的规定，任何建设需要将农用地和未利用地转为建设用地的，都必须依法经过批准。任何单位和个人不得自行与农村集体经济组织或个人签订协议将农用地和未利用地转为建设用地。非法占用耕地改作他用，数量较大，造成耕地大量毁坏的，要依法追究刑事责任。很清楚，不论在任何性质的土地上搞非农建设，都必须依法经过批准，将农村承包地（包括林地）改变用途建电站属于非法用地和毁坏林地行为。判决书关于“本院认为，法律和行政法规并未禁止公民个人在‘五荒’土地上建设小水电站和法律、行政法规并未强行规定在‘五荒’地上建设小水电站必须办理建设用地使用权证”的认定，是与法律的强制性规定相悖的。

2. 适用法规不全面、采信证据违法

省高级人民法院判决书在作出“本院认为”和判决时，选用了该省人民政府《关于发展民办水利事业的暂行规定》的第 1 条和第 2 条。但对该规定中的第 5 条“向本行政村以外的农村集体单位和个人转让的，应依法办理土地占用、出让和变更登记手续”和第 7 条“民办水利工程，应向土地部门申请办理土地占用等有关手续”视而不见。这里很清楚的提到，水利工程的建设和向外转让，必须在土地管理部门办理相关手续。

对选用的《××省农村集体“五荒”资源治理开发管理条例》，同样只适用了该条例的第 10 条和第 11 条，而不援引第 22 条“‘五荒’资源使用权的转让合同，不得违反法律、法规的规定”和第 23 条“‘五荒’资源开发应当坚持生态效益、经济效益并重，工程措施、生物措施、保土耕作措施相结合，因地制宜、统筹规划、综合治理、合理开发，以促进‘五荒’资源的持续利用”和第 29 条“‘五荒’资源治理开发活动，禁止进行其他违法开发”。

该条例规定的对“五荒”地的开发，是指对农、牧、林业的开发，并明确规定禁止进行其他违法开发。

在本案的审理中，罗某抗辩指出：

（1）冯某 2001 年 3 月 16 日以在某建设小水电站为由与杜家庄村签订 70 年期限的 20 亩“集体‘五荒’地使用权出让合同未经 T 县人民政府批准，不生效”。

（2）冯某没有“五荒”地和林地的任何类型的土地证，其在“五荒”地和林地建电站也没有任何建设用地批准手续，冯某在某“五荒”地建设小水电站未经依法批准，属违法用地。

（3）“五荒”地治理开发利用的审批，必须经县以上政府水利部门、林业部门、土地部门按各自的行政职责审批。冯某所持的由县水利局填发的 T 县政府的《“五荒”资源治理开发使用证》的性质是农业用地治理开发水土保持行政许可证，否则，T 县水利局不会在 2007 年 6 月 20

日，向水电站发出《关于××水电站办理相关手续的函》。

（4）冯某在承（转）包的农业承包地（林地）上建电站，未经省级人民政府农用地转用审批，是改变土地用途和毁坏林地的严重违法行为，应承担相应的法律责任。

（5）被申请人只有电站建设立项批复，但没有办理建设电站的用地、环保和水利等许可手续，其以电站立项批复和“五荒”地治理开发水土保持性质的使用证与申请人签订电站转让协议并要求申请人履行协议是法律、法规所不允许的。

罗某的抗辩没有错，省高级人民法院在本案的审判上，片面适用法律法规、违法采信证据认定案件事实，实为“有法不依”，保护非法用地的行为，是不公平的判决。

二、判决书中的本院认为与判决第二条之间法律关系相互矛盾，致电站资产转让协议履行纠纷诉讼案无法审判

判决书判决冯某与罗某于2006年3月3日签订的协议书有效。这就是说，协议书中关于“水电站土地证在收到罗某支付的全部转让款后冯某当即交付”的约定也当然有效。那么，根据此约定和土地转让法律规定，冯某必须在有合法的电站建设用地使用证的前提下，才能与罗某签订电站资产转让协议并主张罗某履行协议。但矛盾的是，判决书中又写明：“本院认为，法律和行政法规并未明确强行规定在‘五荒’地上建设小水电站必须办理建设用地使用权证。”

目前，在J市中级人民法院在审理（一审）冯某诉罗某的电站转让协议履行纠纷讼案中，罗某答辩称：“冯某根本就没有所建电站用地的任何类型的土地证，那么，在罗某支付全部合同款后，冯某将拿什么向罗某交付？所以，根据《合同法》（2021年废止）第67条规定的‘先履行不安抗辩权’，依电站转让协议的约定和土地转让法律的规定，J市中级人民法院应当限期冯某补办所建电站用地的土地证，罗某依其补办的土地证才能履行合同余款的支付义务。”

但冯某抗辩称：“根据最高人民法院《关于民事诉讼证据的若干规定》第9条‘已为人民法院发生法律效力的裁判所确认的事实，当事人无需举证证明’的司法解释，省高级人民法院的终审判决书已认定，在‘五荒’地建设小水电站无须办理建设用地使用权证，所以，J市中级人民法院应当判令罗某立即履行470万元合同拖欠款及利息的支付义务。”很清楚，J市中级人民法院是无法审判电站资产转让协议履行纠纷诉讼案的。省级人民法院审判案件，出现如此原则性错误，实在不应该。

据笔者所知，罗某正在向最高人民法院提起申诉，要求撤销省高级人民法院民事判决书关于“法律和行政法规并未强行规定在‘五荒’地上建设小水电站必须办理建设用地使用权证，‘五荒’地不属于建设用地，使用该地建设小水电站，无须办理征用手续并报省、自治区、直辖市人民政府审批”的认定和判决的第二条。

原载《国土资源》（2009年4月）

民事判决农民集体收回已拍卖的四荒地后果严重

案情

1999年6月29日，某市渭江区国土资源局作出批复，同意渭江区石桥镇孙庄村委会以5万元的价格，将其52.5亩四荒地50年使用权拍卖给渭江区绿色工程研究所法人代表赵某进行开发。赵某陆续投资300多万元，对四荒地进行综合开发，建设初见成效，而3年后，赵某却面临着四荒地合同被法院判令解除，四荒地使用权由孙庄收回的境遇。这一切是如何发生的？

2001年12月25日，渭江区法院接到了孙庄村委会（以下简称孙庄村）递来的诉状，请求法院判决解除与赵某的《四荒地拍卖合同》。

原来，在1999年6月，孙庄村与赵某签订了52.5亩四荒地的50年使用权的拍卖合同。拍卖合同约定，对5万元的土地使用权拍卖金“乙方（赵某）应在签订合同后50天内支付完全部金额，逾期未全部支付的，甲方（孙庄村）有权解除合同”。接下来的两年多里，赵某陆续投资300多万元对四荒地进行综合利用开发建设，到2001年11月，才向孙庄村支付拍卖金2万元，同时出具了剩余3万元于2001年12月7日前交清的付款保证条。12月25日，保证期限已过，赵某并没有支付剩余3万元，孙庄村为此向法院提出了上述请求。

渭江区法院审理后，依据原《经济合同法》第6条、第36条第3款、第29条第1款及《土地管理法》第13条的规定作出判决：解除孙庄村与被告渭江区绿色工程开发研究所签订的《四荒地使用权拍卖合同》，由孙庄村委会收回该四荒地使用权，并在土地管理部门及时办理土地变更登记手续；孙庄村在收回土地使用权后5日内，退还赵某的土地使用权出让金12466.40元。

赵某对此不服，遂向市中级人民法院上诉。市中级法院审理认为赵某没有按四荒地拍卖合同约定如期支付拍卖金，村委会有权解除合同，赵某取得的四荒地使用权是基于被告合同违约而取得的非法利益，应予返还。遂于2002年9月28日作出判决：合同解除，孙庄村收回四荒地使用权。

孙庄村根据判决，多次要求渭江区国土局和区法院执行变更四荒地使用证、收回土地使用权。但渭江区国土局认为，根据《行政诉讼法》第44条、第54条之规定，民事判决不能对抗政府行政行为，赵某已取得土地证，在四荒地上投资开发建设的行为是履行合同行为，是受法律保护的。如果土地部门根据判决强行收回该四荒地给孙庄村，在无法定事由，且对赵某四荒地上的开发建设投资没有得到具体合理补偿的情况下，政府将面临被以行政侵权为由起诉并出现行政赔偿的严重局面。

而因为上述判决，赵某开发四荒地的大股投资合伙人郭某向市金山区法院提出退伙并赔偿损失的诉讼请求。金山区法院审理后判决赵某清还郭某投资款51万元。因赵某无力偿还，金山区法院于2003年4月3日作出民事裁定，对赵某在四荒地上开发建设的天木山庄部分地面房屋建筑物通过市通宝拍卖行予以拍卖。拍卖前，赵某多次向金山法院提出：拍卖可以，在自己有《四荒地使用证》的情况下，应根据“房地一致”原则，将房地整体评估拍卖。但金山法院以该四荒地合同已被市中级人民法院判令解除、土地使用权已由孙庄村收回，赵某无土地使用权为由，将地面房屋建筑单独拍卖。竞得人邓某持房屋建筑等财产拍卖所得裁定书，到渭江区国土局申办土地使用权变更登记手续，被渭江区国土局以该房屋建筑拍卖违反“房地一致”原则、四荒地所有人与土地使用权主体法律关系矛盾为由拒绝。

该判决的下达，导致向赵某提供贷款的长山基金会向金山区法院提起追索贷款、保全赵某天木山庄部分房屋建筑的诉讼请求。

2003 年 4 月 7 日，为偿还债务，赵某签订《土地使用权转移协议》，以 10 万元的价格将法院拍卖的天木山庄部分房产所占 5.3 亩四荒地转移给竞得人邓某使用。邓某向渭江区国土局递交了《土地使用权变更登记申请书》。渭江区国土局没有批准。

孙庄村在法院判决下达后，没经渭江区国土局的批准，与郭某签订了新的《四荒地转让合同》。郭某根据判决和转让合同，认为天木山庄的土地使用权已归自己使用，要收取土地使用费，阻止邓某和赵某上山管理天木山庄。

至此，涉案五方各执一词，互不相让，谁拿谁也没辙，原本简单的事情搅成了一锅粥。

评析

法院的判决对吗？在某市，记者见到了赵某的代理律师。

对于两审法院的判决，律师认为，将土地债权债务合同履行法律关系已消灭的《四荒地使用权拍卖合同》判令解除，无合同根据、无法律依据；判令孙庄村收回四荒地使用权，无合同根据和法律依据；判决国土局办理四荒地使用权变更登记，是既越权又违法。

《四荒地拍卖合同》第 8 条作了这样约定：赵某支付完全部出让金后，双方向政府报批，经区政府批准，办理四荒地使用权登记领证手续。因此，双方从民事债权债务合同行为进入政府批准、登记发证行政行为的前提，是四荒地拍卖金全部支付的民事合同行为完毕之后。渭江区国土局的发证行为说明：赵某已履行了全部付款的义务，或者孙庄村在合同约定时效内自动放弃了合同解除权。事实上是孙庄村在四荒地拍卖金未收完的情况下，就向政府报批发证，法律风险应自负。在这里，赵某与孙庄的关系，就仅仅为 3 万元的债权债务关系，孙庄村显然无权向赵某主张四荒地使用权。如果孙庄村想收回该四荒地使用权，就应依法向政府申请处理，或向法院提起行政诉讼。还有一点让人想不通，孙庄村与赵某签订合同是 1999 年 5 月 7 日，而提起诉讼是在 2001 年 12 月，其间已过 2 年有余，是不是已经超过了当时民事合同 2 年的诉讼时效呢？

民事行为的变更，并不能导致行政行为的变更。根据《行政复议法》《行政诉讼法》的有关规定，行政行为一旦确定便具有公定力、执行力和不可变更力，即便有错误，只有经法定程序才能变更。判决将已因行政发证确权行为成就，而民事债权债务合同行为依约定而终结的合同部分重新赋予孙庄村合同解除权、土地收回权及判令国土局作变更登记，是民事、行政行为"一锅煮"，是越权、违法的，是法院当了政府的家。

从本案执行无果、五方当事人之间 5 年来相互对峙、矛盾依旧的后果看，法院三次民事判决在解除合同的同时，判令村委会收回四荒地使用权是失当的。

《四荒地拍卖合同》是平等主体之间的合同，应该说法院依原《经济合同法》判决解除合同于法有据，无可非议，因为赵某的违约事实是清楚的。但也应该看到，土地使用权的取得，不是签份土地使用权转让合同就可以取得的。《土地管理法》第 2 条第 3 款、第 11 条、第 12 条、第 13 条规定，土地使用权的转移，只有经过政府批准并经行政确认，才发生法律效力。这就是说，政府行政审批行为才是合同生效、赵某取得土地使用权的法律前提。《行政诉讼法》规定，行政行为一经确立便具有拘束力、公定力、执行力、不可争力和不可变更力，行政行为即便有错，非经法定程序，不可变更。法院三次在判决解除合同同时，判令村委会收回四荒地使用权的司法行为，使政府对《四荒地拍卖合同》的审批、土地使用权的行政确认成为一张废纸。

根据《土地管理法》第65条：农村集体经济组织收回土地使用权的条件，一是必须报经原批准用地的人民政府批准。二是要符合法定的三个条件：（一）为乡（镇）村公共设施和公益事业建设，需要使用土地的；（二）不按照批准的用途使用土地的；（三）因撤销、迁移等原因而停止使用土地的。

显然，法院在民事判决解除《四荒地合同》法律关系时，判决村委会收回四荒地使用权是越权的。最高人民法院行政审判庭在其编著的《行政诉讼与土地管理法新解》（时事出版社1999年版）一书中，在谈到行政判决收回土地使用权的问题上时特别指出："土地使用权是一种很重要的民事权利，收回这种权利必须严格按照法律规定的程序办理，收回土地使用权必须经原批准用地或有批准权的人民政府批准。"

法理研究

本案难点在于，土地所有权人与申请用地人签订土地使用权转让合同后，土地所有权人交付用地人的是否为土地的使用权？土地使用权转让合同的解除能否直接否定土地行政确权？

1996年6月1日国务院办公厅发布《关于治理开发农村"四荒"资源进一步加强水土保持工作的通知》（国办发〔1996〕23号），初步规定了开发农村"四荒"资源的一些基本原则，1999年12月21日国务院办公厅发布《关于进一步做好治理开发农村"四荒"资源工作的通知》（国办发〔1999〕102号）的规定："（三）承包、租赁或拍卖'四荒'使用权，农村集体经济组织要与对方签订合同或协议。合同或协议的内容应符合国家有关法律法规，并应依法明确双方的权利、义务和违约责任。合同和协议经县级人民政府批准生效后，双方都应认真履行。农村集体经济组织不得因负责人的变动而随意变更合同内容或解除合同。"这个《通知》便是目前农村集体经济组织拍卖四荒地使用权和纠纷处理的原则性法律依据。

一、签订《四荒地使用权拍实合同》并不直接导致取得土地使用权

如何理解《土地使用权出让合同》的签订与取得土地使用权的关系?原国家土地管理局编写的《地产法规释义》(中国农业出版社 1994 年版)中的解释是:"土地使用权出让合同签订后,当事人之间存在着一种债权关系,即一方应当向另一方支付出让金,另一方向对方提供土地使用权。但此时作为物权的土地使用权尚未发生转移。也就是说,受让方取得的是要求他方'交付'土地使用权的权利,而不是已经取得了土地使用权,依照《土地管理法》的规定,土地使用权的转移,只有经过登记,才发生法律效力,才取得土地使用权。本条作这样的规定,是因为在法律上有一个风险问题。如果未交付全部土地出让金即将土地使用权转移给受让人,则受让人此时发生破产,就有可能造成出让方只收取部分出让金而失去全部土地使用权的后果。"

很清楚,此原理同样适用农村集体四荒地使用权的拍卖出让关系。这就是说,从土地使用权出让合同的签订到合同的生效及土地使用权的取得,应由两个环节构成:第一,土地使用权买卖合同的民事债权债务履行阶段;第二,土地使用权交易的行政许可以及土地行政确权阶段。

关于土地使用权的转移审批与登记发证的性质,国土资源部《新土地管理法与土地执法实务全书》(中国环境科学出版社 1998 年版)在"土地行政确认"一节中指出:"土地行政确认的主体是县以上各级人民政府和土地行政主管部门,土地行政确认的性质是土地行政管理主体所为的具体行政行为,其确认权属于国家行政权的组成部分。"

那么,本案中签订《四荒地拍卖合同》显然只是取得土地使用权的前提,就是说,此时,赵某取得的仅为拟占有使用四荒地的资格,而不是取得了土地使用权,土地交易行政许可和土地行政确权才是赵某取得土地使用权的法律体现。但从土地转让的法律程序看,政府给予土地使用权交易行政许可和土地行政确权的前提是土地使用权受让人必须在土地转让合同约定的期限内向土地所有权人支付全部土地使用权出让金。

那么，赵某在取得四荒地使用证、《四荒地拍卖合同》履行2年多后出现出让金的欠费争议，只能说明县政府给赵某颁发土地证的行政行为存在瑕疵。根据《四荒地拍卖合同》中民事债权债务与土地行政确权的不同法律关系性质，法院对村委会以土地被买受人占有使用而拍卖金逾期未付为由提起解除《四荒地拍卖合同》法律关系的民事诉讼判决应该是正确的。

二、解除《四荒地合同》，不能导致当事人可以直接收回土地使用权

因为是有偿使用农村集体四荒地，故其法律原理同国有土地使用权出让法律关系是基本一致的，该合同的解除条件，从该合同的约定看，仅限于土地使用权出让金逾期未全部支付和受让土地使用权存在瑕疵这样两种情况；除此之外涉及的土地使用权出让合同关系的消灭，则只受法律、法规的约束和县以上人民政府的管理，县以上人民政府以外的任何单位和个人对土地使用人的土地使用情况则只有监督检查权、举报权和提请权。

那么，如何看待实践中一方当事人就已取得土地使用证的对方，因土地使用权出让金逾期未付或未全部支付而解除土地使用权出让合同后政府的土地行政确权效力呢？

从该合同第7条、第8条之约定可以看出，本案合同的签订和赵某对四荒地使用权的取得，也的确历经了从四荒地使用权买卖的债权债务民事履行阶段到四荒地使用权交易的行政许可和土地使用权的行政确认阶段。就是说，如果买受方不能依合同约定履行付款义务，县政府是不可能对买受方赵某拟取得的土地使用权予以行政确认的。但本案购买四荒地使用权的付款履行与土地使用权的行政确认程序恰恰相反，那么，这只能有二种可能：一是双方就拍卖金的支付有新的约定；二是县政府土地行政确权违法。

从孙庄村委会2001年12月7日接受赵某支付的2万元土地拍卖金的事实看，《四荒地拍卖合同》签订后，在四荒地拍卖金的支付问题上，赵某关于“与村主任有口头约定，先开发，缓后缴”的说法应该是事实，否则，2001年11月26日，新换届的村领导班子应该不会与赵某再次约定四荒地拍卖金的支付期限，因此，本案属第一种情况，即双方就拍卖金的支付有新约定，那么村委会和赵某应当与县政府三方共同承担因《四荒地拍卖合同》付款期限条款的变更，导致提前颁发土地使用证的责任。

根据原《经济合同法》第 26 条关于“当事人双方经协商同意，允许变更或解除经济合同”的原则，本案当事人协商变更的仅为《四荒地拍卖合同》付款期限约定，其性质是对《四荒地拍卖合同》内容的局部变更，《四荒地拍卖合同》的其他内容并没有变更，仍然有效。虽然《四荒地拍卖合同》债权债务约定的履行是土地行政确权的前提，但其是两个不同层面的法律关系，其债权债务关系的局部变更，因受原《经济合同法》的调整，故其不因土地使用权行政确认行为的出现而消灭。而当双方重新约定四荒地拍卖金的支付期限后，土地受让方违约，若逾期未全部支付四荒地拍卖金，则土地转让方的村委会依据《四荒地拍卖合同》关于合同的解除约定，主张解除《四荒地拍卖合同》法律关系，应该是于法有据的。至于政府对赵某的土地行政确权问题，应当在法院判决解除《四荒地拍卖合同》法律关系后，在村委会依法报请县政府收回四荒地使用权时，由政府根据各方责任的大小和实际情况，作通盘考虑处理。可见，法院直接判决村委会收回四荒地使用权的行为是越权的、错误的，也是本案至今得不到解决的根源所在。

三、政府收回土地使用权时的纠纷处理原则

《土地管理法》第 13 条规定：“依法登记的土地的所有权和使用权受法律保护，任何单位和个人不得侵犯。”根据《行政诉讼法》关于行政行为即便有错，非经法定程序，不可变更和行政行为的废止原则中“授益性行政行为，原则上不允许撤回”的原则，赵某在取得四荒地使用证后，依合同约定对荒地投资开发利用形成的各项建筑物产权，应该受到法律的保护。鉴于此，本案县政府在接到村委会依法报请收回四荒地使用权的请求后，应当依据上述原则并根据村委会在赵某四荒地使用证的报批中所应承担的责任，作出不收回决定，同时责令双方重新签订《四荒地使用权转让合同》，履行四荒地出让金交付义务；或者根据赵某的违约责任，在村委会表示愿意购买赵某四荒地开发形成的各项建筑设施产权时，作出收回四荒地使用权的决定并撤销县政府关于四荒地使用权转让的批复和赵某的四荒地使用证，监督双方依法签订四荒地上附着物及各项产权的补偿协议。

四、法院判决失当的根源

本案法院三次判决失当的根源，在于其认为：签订《四荒地拍卖合同》就必然取得土地使用权，而行政许可和土地行政确认只不过如房屋产权转让关系中的权利登记性质一样，仅是一种对抗法律关系。所以得出了“尽管赵某已经取得了该四荒地的使用证，但该权利的取得，系基于双方签订的《四荒地拍卖合同》取得的利益，因赵某的违约，未按合同约定履行义务违反了诚实信用原则，而使得该合同被解除，赵某取得的四荒地使用权，应予以返还”的错误认识。

土地与房屋同为不动产，但我国的土地所有权制度与房屋所有权制度有着本质的不同，土地的所有权，除农民集体所有的土地可以由国家依法征收转移外，任何单位和个人均不得转让。土地使用实行所有权与使用权分离制度，未经县以上人民政府批准，土地使用权同样不得转让；而房屋所有权和使用权则不一样，公民的房屋产权是可以自由让度的。房屋所有权和使用权转让未依法登记，只要不涉及产权受让第三人，其产权让度的事实还是可以存在的；但土地权利的转让，不论是所有权还是使用权转让只要未经县以上人民政府批准并登记，将会以非法转让或非法占用土地而受到行政处罚。可见，本案法院三次民事判决，在判令解除《四荒地拍卖合同》的同时，判令“村委会收回四荒地使用权，并在土地管理部门及时办理土地变更登记手续”的司法行为，是侵犯行政权的违法行为，是非常失当的。

当然，在判决解除《四荒地拍卖合同》后，用民事判决解决《四荒地拍卖合同》解除后的地面附着物以及土地开发形成的各项产权赔偿问题，不是不可以。但这种可能性的前提，必须是四荒地使用权人赵某，在一审法庭辩论结束之前，通过法庭向村委会提起地面附着物以及土地开发形成的各项产权赔偿的反诉，这样，将会产生与行政收回四荒地使用权时一样的结果。但问题是，在本案一审法庭辩论结束之前，赵某提不提地面附着物和各项户权的赔偿，这是诉讼当事人的权利，是法庭左右不了的。所以，作为严肃的民事法律关系审判：还是应当遵循法律的规定，审理属于自己管辖范围的纠纷，审判超出法律规定的范围，会给当事人造成更大的损失和不便。

原载《陕西国土资源》（2008 年 2—3 月）

林权证可作为土地确权依据吗？

案情

某村村委会与该村第四村民小组因面积约 2000 多亩的沙荒地所有权发生了争议。在处理过程中，第四村民小组拿出了 1982 年县政府颁发给四组几个村民的林权证，以此证明 1982 年政府已将这些林地确权给了他们。该林权证仅写明“权利人王某，林木 9 棵；权利人李某，林木 17 棵”等内容。在处理过程中，县国土资源局认定争议土地为国有土地。理由是，根据《确定土地所有权和使用权的若干规定》（以下简称《确权规定》）第 4 条的规定，凡新中国成立之初土改中没有将土地所有权分配给农民的土地属于国有土地。但村民们认为，根据该《确权规定》第 19 条，实施《六十条》时确定为集体所有的土地，属农民集体所有。因此，该宗地应为集体土地。

案件处理过程中，双方争议的焦点主要有：林权证可作为土地确权的依据吗？处理土地权属纠纷时，必须确定面积与四至方位吗？土地权属处理决定仅有面积，而无土地四至方位，这样的处理决定有没有法律效力？

评析

根据《确权规定》第 4 条的规定，实施 1962 年《六十条》未划入农民集体范围内的土地属于国家所有。如果在土改时，争议土地没有被分给农民的话，认定为国有土地是正确的。

但如果这些没有确权给农民的国有土地，在 1962 年 9 月颁布《六十条》之前已被农民集体实际占有和使用，其归属性质就会发生变化。《确权规定》第 19 条规定，实施《六十条》时确定为集体所有的土地，属农民集体所有。根据国土资源部《关于带地入社土地确权问题的复函》中的规定，经过了带地入社和 1962 年的“四固定”，生产队范围内的土地，无论其是否原为国有，都应确定为集体所有。

可见，争议土地可以确定为农民集体所有的土地，判断的关键在于 1962 年 9 月前是否被农民集体实际占有和使用。

林权证和土地证是有区别的。本案中的林权证颁发于 1982 年。当时，林权证和林地证尚未合一，是两种不同性质的权利凭证。根据国务院 1981 年《关于保护森林发展林业若干问题的决定》，国家所有、集体所有的山林树木，或个人所有的林木和使用的林地，以及其他部门、单位的林木，凡是权属清楚的，都应予以承认，由县或者县以上人民政府颁发林权证，保障所有权不变。因此，这些林权证应该是林木所有权的法律凭证，不是林地所有权的凭证。

而林地证，根据全国人大法工委〔1989〕14 号文件的规定，是县级以上人民政府依《森林法》的有关规定核发的确认林地所有权或者使用权的证书，也就是关于土地所有权或者使用权的证书。因此，林地证是可以作为土地确权的依据的。

原国家土地管理局办公室在《关于林地发证问题的复函》中也明确了这一点。根据该文件，土地管理部门依照《土地管理法》和《森林法》确定土地权属后核发的土地证书与林业部门依照《森林法》颁发的林权证的性质不同，土地证书是土地使用权和土地所有权的法律凭证，林权证是地上林木所有权的法律凭证，各自具有不同的法律效力，二者不能互相代替。土地管理部门办理林业用地土地使用证或所有证时，对林业部门已经颁发了林权证，经审核确属土地权属合法、界址清楚、面积准确的，可以作为颁发土地证书的重要依据。

可见，本案中的林权证，仅记载了林木权属信息，不宜直接作为土地确权依据。

确定土地权属面积必须以四至方位为基础。《土地登记办法》第 9 条规定，申请人申请土地登记，应当提交土地权属来源证明、地籍调查表、宗地图及宗地界址坐标等材料。《土地权属争议调查处理办法》第 31 条规定，生效的处理决定是土地登记的依据。因此，处理土地权属争议，必须先行对争议土地的四至方位作明确界定，而后根据界定的无争议的四至方位确定土地面积。只有这样，作出的土地权属处理决定才有实际意义，才能进行土地登记，否则，仍要回到地籍调查的阶段来重新处理。

原载《陕西国土资源》(2009 年 9 月)

政府撤销土地证再确权引发拆迁赔偿

案情

张某做生意时原住甲县城关镇东沿村，1947 年迁回原籍乙县三关乡张村定居，1960 年其将东沿村的住宅房屋全部拆除，留下一庵间房赠送义亲罗某居住该院。罗某随之在院内新建了房屋，1962 年人民公社化，罗某为东沿大队第五生产队社员，1984 年、1987 年、1991 年甲县政府三次开展“村民宅基地登记”工作，该宅院（门牌为正福街59 号）登记在罗某名下，1993 年县政府为罗某颁发了三集建〔1993〕字第 0101340 号集体建设用地使用证。

1992 年 6 月，张某以 1960 年时是将一间安间房借与罗某居住为由要求罗某返还一间庵间房、返还宅院，被罗某驳回。张某随之向甲县政府提出土地权属主张，甲县政府以其新中国成立前就迁回原籍农村居住，不具备集体土地权属争议主体资格为由劝其息诉，张某不服，1996 年 10 月市政道路拓宽拆除了正福街 59 号的临街庵间房，甲县政府逐以正福街 59 号院土地系东沿村农民集体所有、使用权属于村民罗某为由，作出三地权字〔1996〕第 04 号土地权属争议决定，县城建局随之向罗某颁发了 96154 号建设工程规划许可证，罗某在院内又添建了新房。

张某不服提起诉讼，甲县法院维持县政府处理决定，其上诉，市中级人民法院撤销县法院判决，而罗某又不服再上诉。经如此反复上下数次后，市中级人民法院 1997 年 5 月直接在其（1997）×行终字第 11 号行政判决书（以下简称 97－11 号判决）中称："本院认为，59 号宅院为张某祖业，其地处甲县城区属国有土地，甲县政府认定其为东沿村集体所有，事实不清，适用法律错误。"判决撤销了甲县法院行政判决和甲县政府土地处理决定。

该判决立即引发罗某及其所在的东沿村农民集体的强烈反对，并以法院程序违法、土地侵权为由提起诉讼和再审程序，但市中级人民法院和省高级法院均数次以中级人民法院 97－11 号判决为生效判决、59 号院宅基系张某祖业、土地为国有为由，驳回了罗某及其村农民集体的诉讼。

2004 年为要求罗某拆房腾地，张某以 97－11 号判决为据申请撤销罗某的集体建设用地使用证，甲县政府作出驳回决定，但市政府以"涉案宅基系张某祖业、土地为国有"为由，于 2005 年 6 月以 × 复决字（2005）05 号复议决定直接撤销了罗某的集体建设用地使用证，并令甲县政府 3 个月内重新作出土地确权行为。2008 年 6 月，甲县政府以"59 号院宅基系张某祖业、土地属国有"为由，作出"土地国有，使用权确给张某使用"的地权字（2008）第 04 号处理决定。

2015 年 4 月，罗某在面临被法院强制执行拆房腾地的情况下对甲县政府提起行政赔偿诉讼称，张某是乙县张村村民，其在当地已享有一份农民集体宅基地，将59号院宅基使用权强行确定归张某，张某作为村民就享有两处住宅，自己是甲县东沿村村民，至1992年6月，在59号院居住的32年中，并无任何权属争议。既然甲县政府屈从于市中级人民法院的97-11号的越权判决，违反土地登记程序强行变更土地性质给张某确定土地使用权，其行为当属征收集体土地和收回59号院土地使用权性质，那么，就应当依据《土地管理法》和《城市房屋拆迁管理条例》关于征收和收回土地的规定，为罗某作拆迁安置；罗某所在的村农民集体以本诉第三人身份答辩称，罗某自1962年农村人民公社化起，已享有本集体一处划拨宅基地，法院越权将集体土地认定国有，倒逼政府违法行政将集体土地直接以国有土地确定给乙县农村村民张某，这是严重违反宪法和法律并剥夺本农民集体合法权益和诉权的行为，本农民集体坚决不服并提出抗议，至于给罗某划拨宅基地的问题，因没有法律、法规规定在本农民集体未经依法收回罗某宅基地的情况下，可以为其二次报批划拨宅基地。

评析

罗某对本人所在甲县政府提起的拆迁安置无疑是应该的，而甲县政府要想做好罗某的拆迁安置几乎是不可能的，因为一是没有法律依据，二是得不到东沿村农民集体的支持。本案纠缠了18年终于走到了死胡同，究其原因，很简单，张某1992年6月提出的“安间房赔偿和返还宅院”之两项主张，除安间房赔偿诉求可以争议外，土地权属是不存在争议的。即便土地权属存在争议，从程序上讲，市中级人民法院97-11号终审判决直接认定争议土地为国有、使市政府强行撤销罗某土地证又确权的做法都是错误的。

一、法院无权认定土地争议归属

《土地管理法》第13条规定，“依法登记的土地的所有权和使用权受法律保护，任何单位和个人不得侵犯”。第16条规定，“土地所有权和使用权争议，由当事人协商解决；协商不成的，由人民政府处理”。最高人民法院 1988 年《关于贯彻执行〈中华人民共和国民法通则〉若干问题的意见（试行）》第 96 条：“因土地、山岭、森林、草原、荒地、滩涂、水面等自然资源的所有权或者使用权发生权属争议的，应当由有关行政部门处理。对行政处理不服的，当事人可以依据有关法律和行政法规的规定，向人民法院提起诉讼。”

原国家土地管理局对最高人民法院法经（1997）第 18 号函的国土函字〔1997〕第 96 号复函：“五、对尚未确定土地权属的土地，应先由人民政府确权；对土地权属尚有争议的土地，应先依据《土地管理法》第十三条规定处理后，人民法院再行裁定。”

省高级人民法院《关于人民法院审理宅基地使用权案件应掌握的政策界限》（陕高法〔1992〕32 号）第 1、2、5 条规定：在确认公民对宅基地合法使用权时，一般应以人民政府核发的土地使用证为准，公民只能对历史上合法使用的或者经政府主管部门合法手续审批，允许其使用的宅基地拥有使用权；当事人之间租借宅基地关系不再受国家法律保护，原宅基地所有人要求拆房还地的，人民法院不予支持。

很清楚，在罗某持有县政府颁发的集体建设用地土地证的情况下，市中级人民法院无论如何都不能以“59 号院宅基系张某祖业”为由而直接认定土地属于国有。

二、中级人民法院 97－11 号终审判决适用法律错误

国土资源部办公厅国土资厅函〔2002〕437 号《关于带地入社土地权属问题的复函》：“按照《农村人民公社工作条例修正草案》第二十一条‘生产队范围内的土地都归生产队所有’的规定，经过了带地入社和 1962 年的‘四固定’，生产队范围内的土地，无论其是否原为国有，都应确定为集体所有。”

原国家土地管理局（国土批〔1996〕90 号）对原天津市土地管理局《关于坟地及公用房屋用地登记问题的请示》批复：“一、根据我国现行法律规定，土地属于国家所有或集体所有。因此，解放后颁发的私有土地契证现均已失效，不再具有法律效力。但原私有土地契证认定范围内的土地，目前仍由原所有人合法使用的，可确定其国有或集体土地使用权。依法已由其他人使用或空闲未利用的土地，原土地所有人不再享有土地使用权。”

1982年5月23日原国家农牧渔业部在《中国农民报》答记者问称：“目前有的社员要求以土改时人民政府发给的包括宅基地在内的土地证为据，搞什么宅基地还家、清原耕、继祖业，这种做法是错误的。它违背了我国社会主义土地集体所有制原则，不符合国家现行的政策、法令。”

很清楚，59号院宅基属东沿村农民集体所有无可争辩。

三、市政府撤销罗某土地证程序严重违法

市政府强行撤销罗某土地证始于2005年6月，根据《土地登记规则》第71条和国土资源部对内蒙古自治区国土资源厅《关于注销土地证书程序及有关问题的请示》的批复（国土资源厅函〔2000〕215号）市政府在甲县政府拒不撤证的情况下，直接认定“59号院宅基系张某祖业和土地国有”的认定缺乏事实根据，并违反农村人民公社化“四固定”基本原则，强行撤证剥夺了罗某和其所在村农民集体的抗辩权和诉权，不仅违法而且违反宪法。

四、甲县政府将59号院土地使用权确权给张某违反土地管理法

本案的原始诉讼主体为乙县三关乡张村村民张某，根据《土地管理法》第62条关于“农村村民一户只能拥有一处宅基地，其宅基地的面积不得超过省、自治区、直辖市规定的标准”之规定，张某在乙县三关乡张村享有农村住宅，其无权再享有第二处农村宅基地；而罗某是甲县城关镇东沿村村民，依法当然应享有一处划拨的宅基地，若不想纠正市中级法院97-11号终审判决的越权错误和市政府撤证上的程序错误，那么，甲县政府在将罗某居住使用的集体土地违法强行征收变性为国有并确权给他人之前，当然应当依法也必须提前做好对村民罗某的拆迁安置工作。

原载《陕西律师》（2016年1月）

这个村委会能否与村民小组争土地所有权?

案情

山西省闻喜县桐城镇原第四、第五两个生产队有一处一分为二的东西连片场院。1971年，东社大队无偿占用第四生产队的东场院开办大队农机修配厂。1975年12月，第五生产队的西场院被电业局征用，补偿费归第五生产队。1981年，东社大队农机修配厂与城关供销社成立联营商店。1989年，东社大队将第四、第五两个生产队合并为中社村，并将联营商店交付给中社村。

不久，中社村将原第四生产队划分为第一、第二两个村民小组，将原第五生产队划分为第三、第四两个村民小组。1990年，中社村将联营商店改造为大中市场。2004年6月，中社村委会计划拆除大中市场，遭到第一、第二两个村民小组阻拦，并主张大中市场的土地归这两个村民小组集体共同所有。

在国土资源局的调解中，中社村与第一、第二两个村民小组都承认以下五项事实：(1) 大中市场土地原系第一、第二两个村民小组农民集体所有；(2) 占地时间是1971年；(3) 东社大队占地原因是开办大队农机修配厂；(4) 占用时没有对第一、第二两个村民小组农民集体有过任何补偿；(5) 占用时没有调整过土地。

本案中，中社村认为，自己本身也是一个农民集体经济组织，按照《确定土地所有权和使用权的若干规定》(以下简称《确权规定》)第21条，中社村已经连续使用大中市场土地三十余年，该土地应该属中社村所有。

第一、第二两个村民小组则认为，从农机修配厂到联营商店再到大中市场，都是村办企业，该土地归属的处理应适用《确权规定》第23条。依据该条款，占地时间发生在1962年之后，又无《确权规定》中的四种情况，土地所有权应归第一、第二两个村民小组农民集体共同所有。

评析

本案中，土地争议双方各自选择《确权规定》中的某一条款作为主张土地所有权的依据，这就需要对这两个条款的立法内涵作出区别。笔者认为，本案应该适用《确权规定》第23条。因为适用《确权规定》第21条时，将出现三个方面的对抗：

第一，土地争议双方的主体资格争议，这是最主要的。《确权规定》第21条明确规定了主体争议的资格，即双方都必须是农民集体。本案中，中社村是1989年才从东社村（大队）分出来的，而中社村又分成四个村民小组，其中第一、第二两个村民小组和第三、第四两个村民小组又恰好是1962年公社化时的东社大队第四、第五生产队。那么，这四个村民小组在有各自土地的前提下，就应该各自成为独立的农村集体经济组织。

但这就出现一个问题，依据中共中央中发〔1984〕1号《关于一九八四年农村工作的通知》规定，政社分设以后，农村经济组织应根据生产发展的需要……形式与规模可以多种多样，可以同村民委员会分立，也可以一套班子两块牌子，这说明村民委员会与农村集体经济组织不是一回事。根据《土地管理法》第10条的规定，在本案中，双方均承认大中市场土地原系东社大队第四生产队农民集体所有，且该村是从东社大队分出来的这两个事实，中社村应该不是法律意义上的农村集体经济组织，当然也就不会有相应的农民集体和土地，而是《村民委员会组织法》中规定的基层村级群众性自治组织，其职能仅为村内行政事务管理而已。这就是说，中社村没有资格与第一、第二两个村民小组在本案适用《确权规定》第21条时作抗辩。

中社村只有在适用《确权规定》第23条时，其主体资格才是适当的。依据有：1960 年 11 月 3 日中共中央《关于农村人民公社当前政策问题的紧急指示信》规定，社有经济是应该发展的，但是，社有经济必须依靠自己的经济力量逐步发展起来，决不能削弱队有经济来发展社有经济，更不允许用一平二调的错误办法来发展社有经济。《六十条》第 19 条规定，生产大队职能的规定精神：当村、社不为基本核算单位、而只为管理组织时，是可以直接经营、管理大队（村）和社（乡）办企、事业的。

第二，中社村连续占有、使用该地是否已经达到 20 年的争议。中社村是 1989 年从东社村分出来的，那么，其占有、使用大中市场土地的时间就只能认为达到了 17 年。中社村将东社大队的占用时间计算在自己占用的时间内，不符合《确权规定》第 21 条中要求的“连续二十年”的内涵。笔者认为，“连续二十年”应是指主体不变，占有、使用土地 20 年没有中断。尽管中社村是从东社村分出来的，但从法律上讲，这是两个不同的新主体：中社村是一个新主体，而分出中社村后的东社村也将不是原来的东社村，而是一个新东社村。

第三，第一、第二两个村民小组丧失该地与中社村占有、使用该地的原因是当时大队开办农机修配厂，这是双方都承认的事实，这说明本案土地权属争议的历史原因是很清楚的。对于这类村办企事业单位用地发生争议，有明确的适用条款，即《确权规定》第 23 条。虽然争议土地的事实没有规定在本条第 1 款和第 2 款的四种情况内，但该条第 3 款却规定了上述四种情况以外村社办企事业用地归属争议案件的处理原则。如果适用《确权规定》第 21 条，将出现有针对性条款而不适用的现象。

原载原《中国国土资源报》（2006 年 8 月 24 日）

镇政府无权发包土地

案情

甲县清水河村四组200多户村民4000多亩土地。1983年，包产到户时因为缺水，800多村民只分包其中2800多亩土地，剩余1500亩地虽因缺水没有分给村民，但由村民轮流耕种。1993年镇政府向四组提出修建水库解决这剩余土地灌溉用水问题，得到四组热烈响应，四组争取到修水库的国家投资60万元，村民每人集资60元，并有一些社会捐款，水库第二年便修建成功。1994年镇政府向村民说因欠修水库工程款需将这1500亩土地承包给个人，等还完工程欠款地就退还给村民，1996年镇政府又以工程款没有还完为由收回土地，以每亩50元将这1500亩地承包给了四组两个村民并收取了承包费。此后四年承包费一路上涨到每亩150元时两名村民承受不起只得放弃承包。2000年，镇政府以这1500亩地是镇政府开发的国有荒地为由将这1500亩地以承包期30年75万元（折合每亩每年16.6元）承包给了曾经修水库施工的郝老板，郝老板告诉村民，修水库镇政府欠他70万元，这次承包该地是抵债。镇政府的说法引发四组村民多次上访，2002年5月16日，甲县人民政府下发文件确认这1500亩地属于清水河村农民集体所有。但镇政府坚持说这1500亩地属于国有，2003年11月，双方经过诉讼后，甲县人民法院贴出公告禁止村民耕种该地，从此该块地被撂荒。

评析

清水河村这1500亩土地被镇政府占有、支配并导致清水河村村民不断上访索要。清水河镇政府自恃公权力，在11年里，几次强行发包这块地，已属违法行为。

《土地管理法》第16条规定：土地所有权和使用权争议，由当事人协商解决；协商不成的，由人民政府处理。在土地所有权和使用权争议解决前，任何一方不得改变土地利用现状。国务院办公厅《关于进一步做好治理开发农村“四荒”资源工作的通知》指出：“权属不明确、存在争议的未利用土地，由县级以上人民政府依法确认权属；在问题没有解决前，不得将其作为‘四荒’进行使用权承包、租赁或拍卖。”

对国有荒地的开发使用，法律法规也有明确规定，《土地管理法实施条例》第17条第2款规定：“开发未确定土地使用权的国有荒山、荒地、荒滩从事种植业、林业、畜牧业、渔业生产的，应当向土地所在地的县级以上人民政府土地行政主管部门提出申请，报有批准权的人民政府批准。”第4款规定：“开发未确定土地使用权的国有荒山、荒地、荒滩从事种植业、林业、畜牧业或者渔业生产的，经县级以上人民政府依法批准，可以确定给开发单位或者个人长期使用。”很清楚，清水河镇政府既不应当是国有荒地的开发申请人，也不是国有荒地开发的审批机关，更不是国有荒地使用权的发包主体和确权机关。因此，清水河镇政府三次向社会发包该1500亩土地的行为，均为无效行为。

关于清水河水库的归属问题就更明确了。从报道来看，该水库的建设资金是由村里争取的国家农田水利建设扶持专项资金、村民集资和社会捐款三部分组成，并由清水河村村民出工在自己集体所有的土地上修建而成。水库的产权当然属于清水河村农民集体所有。《确定土地所有权和使用权的若干规定》第22条规定：乡（镇）或村在集体所有的土地上修建并管理的道路、水利设施用地，分别属于乡（镇）或村农民集体所有。《水法》第3条第2款规定：农业集体经济组织所有的水塘、水库中的水，属于集体所有。很明显，清水河镇政府不应该是该水库的产权主体，其依法只能是村或乡（镇）农民集体水库的行政主管和业务指导机关。其将水库卖给私人郝老板的买卖关系应属无效。

原载原《中国国土资源报》（2005年5月26日）

20 世纪 70 年代以前形成的土地管理范围，一律维持现状

案情

20 世纪 50 年代土地改革时，千河镇梁村村民领取了墩江滩 200 多亩土地的土地证。根据 1961 年的档案记载，这 200 亩土地仍在梁村名下。1963 年，千河农场开始使用墩江滩的这 200 多亩土地。1984 年 6 月，根据梁村的请求，千河镇要求千河农场退还所借的 200 多亩土地。县委农工部组成调查组调查此案，原千河农场场长钱某向调查组出具证言称："1960 年时此地归梁生产队，生产队种了 2 年，群众认为这块地不产粮食。1963 年后农场借走了此地。"

1985 年 8 月，县政府在其《关于处理土地管理权限有关问题的通知》中规定："凡七十年代以前形成的土地管理范围，不论国营与集体，集体与集体（包括荒沙、荒地、荒坡、林地、旱地、水地、渠道）等一律维持现状，不得翻腾。"1985 年 9 月，县农业局根据县政府的上述通知，作出关于千河镇梁村与千河农场土地所有权争议问题的处理决定，称"不得为此地再翻腾"。

梁村村民不服，请求重新处理。县政府组成联合调查组，在调查会上，钱某称："上次证明我没说清楚，不是借梁村的地，是村里不要这块地，农场才种的。"1986 年 9 月，县政府再次作出处理决定称，根据国务院《关于批转全国国营农场工作会议纪要的通知》，国营农场的土地、财产，属全民所有，任何单位和个人都不得侵占，梁村村民侵占国营农场所辖 198 亩土地并抢收该地内果树产品是一种直接侵犯国营农场的违法行为。

但梁村村民一直不服。

评析

根据《确定土地所有权和使用权的若干规定》（以下简称《确权规定》）第19条，实施《六十条》时确定为集体所有的土地，属农民集体所有。从案情看，1962年实施《六十条》时，这200多亩地是由梁渠村农民集体占有使用，千河农场自行占有使用或借用该地的时间是在1963年以后。

同时，根据《确权规定》第16条，《六十条》公布时起至1982年5月《国家建设征用土地条例》公布时止，全民所有制单位、城市集体所有制单位使用的原农民集体所有的土地，除6种属于国家所有的情形之外，其他未办理征地手续使用的农民集体土地，由县级以上地方人民政府根据具体情况，按当时规定补办征地手续，或退还农民集体。可见，如果农场是自行使用该宗地的，应由县政府根据具体情况，或补办征地手续，或退还村民集体。

但笔者认为，此处的“使用”不应包括“借用”。

1999年《国土资源部办公厅关于确定土地所有权和使用权有关问题的复函》指出，《确权规定》第35条规定的使用的情形，主要是指原土地使用者所使用的土地已经由现土地使用者使用，除按照国家法律和政策应当退还的外，只要不是强占性质，原则上按使用现状确定土地使用权。但租赁、借用的除外。2005年《国土资源部办公厅关于对农民集体土地确权有关问题的复函》也指出，《确权规定》第21条中的“使用”是指土地使用人直接占用土地，并加以利用的行为，但不包括租用、借用和承包他人土地等形式。因此，根据上述文件确定的精神，《确权规定》中所指的“使用”是不应包括“借用”情形的。如果千河农场当初是从村集体土地借用这200多亩土地的，则不宜直接适用《确权规定》第16条，而应根据1980年国务院《批转海南岛问题座谈会纪要》中关于“正确地解决场社纠纷问题”的规定来处理。根据该规定，农场和社队双方借用的土地，应当有借有还，未经协议占用的土地原则上应退还对方，如已种上作物的，短期作物收获后退还，长期作物可用等量作物交换，或用合营的办法解决。可见，如果当初农场是从村集体借用土地的，原则上应将该宗地还给村集体。

从上述各不同时期国家关于处理土地权属的规定看，本案中，县政府 1985 年《关于处理土地管理权限有关问题的通知》中关于“凡七十年代以前形成的土地管理范围，不论国营与集体，集体与集体（包括荒沙、荒地、荒坡、林地、旱地、水地、渠道）等一律维持现状，不得翻腾”的规定是违法的。因此，依据该通知对土地所有权争议所作出的处理决定也是站不住脚的。

原载原《中国国土资源报》（2011 年 12 月 28 日）

荒地可以流离用地管理之外吗？

案情

2001 年，冯某为修建水电站，与某县李家庄村签订了 20 亩集体“五荒”地使用权出让合同，并领取了县政府颁发的“五荒”资源治理开发使用证。2003 年，冯某又与李家庄村部分村民签订了 65 亩山林的承包合同。双方约定，冯某享有山林的经营权，但不得改变土地用途。但冯某仍将山林地改为水电站建设用地。

2006 年，冯某与罗某签订了水电站资产转让协议。双方约定：冯某将水电站的全部资产以 950 万元的价格转让给罗某；罗某支付全部转让款后，冯某当即交付水电站土地证。合同签订后，冯某向罗某递交了水电站项目建设立项的相关手续及多份土地转让协议书。罗某向冯某支付了

500 万元电站资产转让款后，得知冯某没有取得 85 亩电站用地的建设用地使用证，便停止付款。

2007 年 4 月，县国土局向水电站发出通知，要求其申报建设用地手续。罗某认为，办理该手续的责任和费用应由冯某承担，遂将该通知转给冯某，而冯某则认为该通知只是要求补办手续，并未否定“五荒”资源治理开发使用证的效力，故拒绝接收。

2007 年 7 月，冯某以罗某违约为由诉至市中级人民法院，请求判令罗某支付合同拖欠款 470 万元。同年 9 月，罗某以冯某转让水电站时未取得建设用地使用证和水电站质量未达设计要求、构成合同欺诈为由，提起反诉，请求判令水电站转让协议无效。

市中级人民法院认为，被告冯某所建设的水电站属工业项目，依据土地管理法律法规的相关规定，该项目用地须报县人民政府审查，由省人民政府批准。因冯某违反了上述规定，所以水电站属非法占地项目，其与罗某签订的协议应属无效协议。因此，判决水电站转让协议无效。

冯某不服，提起上诉。

省高级人民法院认为，转让水电站协议是双方真实意思表示，其内容不违反法律和行政法规的禁止性规定。冯某建设的水电站，虽未取得建设用地使用证但具有经拍卖程序获得的县人民政府颁发的“五荒”资源使用证书。该证载明的“五荒”地使用者为水电站，且法律和行政法规并未强行规定在“五荒”地上建设小水电站必须办理建设用地使用权证；根据《省农村集体五荒资源治理开发管理条例》的规定，“五荒”地不属于建设用地，使用该地建设小水电站，无须办理征用手续并报省、自治区、直辖市人民政府审批，故该转让协议合法有效。冯某与罗某签订水电站转让协议时明确约定，冯某收到罗某支付的全部转让款后将电站的土地使用权证交付给罗某，而罗某至今未支付水电站的全部转让款，交付水电站土地使用权证的条件尚未成就。故撤销了一审判决，改判水电站转让协议有效。2009 年 2 月，县国土局向水电站送达了土地行政处罚听证告知书。

评析

我国实行土地用途管制制度，交通水利设施用地属于建设用地。任何单位和个人进行建设，需要使用土地的，必须依法申请使用国有土地。

《土地管理法》第 4 条第 3 款规定，未利用地是指农用地和建设用地以外的土地。第 38 条规定，国家鼓励单位和个人按照土地利用总体规划，在保护和改善生态环境、防止水土流失和土地荒漠化的前提下，开发未利用土地。第 39 条规定，开垦未利用的土地，经依法批准后进行。

国务院办公厅《关于进一步做好治理开发农村“四荒”资源工作的通知》（以下简称《治理“四荒”通知》）第二部分规定，承包、租赁或拍卖“四荒”使用权，农村集体经济组织要与对方签订合同或协议，合同和协议经县级人民政府批准生效后，双方都应认真履行。第五部分规定，水利部门要做好“四荒”治理中的水土保持方面的工作，协调水土流失的综合治理；林业部门要做好以生物措施防治水土流失方面的工作，依法对宜林“四荒”地确权发证；土地部门要会同有关部门进一步依法做好“四荒”的范围、土地类型界定、“四荒”开发利用规划，办理使用“四荒”的土地登记和土地开发审批等有关手续。

本案中，省高级人民法院判决协议有效正确，但其认为水电站无须办理用地手续的认识是错误的：

首先，电站项目建设应补办用地手续。我国实行土地用途管制制度，交通水利设施用地属于建设用地。任何单位和个人进行建设，需要使用土地的，必须依法申请使用国有土地。李家庄村的水电站建设已经相关部门批准立项，故应该依法申报建设用地手续。

其次，应分别办理“五荒”地和林地的用地手续。双方协议转让的土地为两类：一是 20 亩“五荒”地，二是 65 亩山林地。根据《物权法》（2021 年废止）、《农村土地承包法》和《治理“四荒”通知》，“四荒”地使用权和承包地使用权二者的权利凭证并不一样。荒地经依法登记后颁发的是“五荒”土地使用证，而承包的山林地颁发的是土地承包经营权证；集体“五荒”地经当地政府审批可以开发成为建设用地，而山林地必须依法报经省级以上政府按农用地转用程序审批，才能成为建设用地。可见，省高级人民法院以在荒地、林地建设水电站无须报批为由来认定本案协议有效实属不当。

最后，冯某的行为违反了土地管理法律法规，应承担相应责任。冯某未取得“五荒”地使用权证就转让水电站的全部资产，属于非法转让土地的行为；其擅自在30余亩林地上修建电站和附属设施，可能构成破坏农用地的犯罪行为。在该非法用地未经处理，并补办建设用地手续前，原协议约定转让的85亩土地不受法律保护，因电站占用土地的面积和范围处于待定状态，所以，双方当事人应待冯某将手续补办完毕后，再继续履行水电站资产转让协议的相关内容。

综上，省高级人民法院关于水电站资产转让协议有效的判决结论正确，但结论所依据的理由与国家法律、行政法规及政策的强制性规定相违背。双方当事人应继续履行该协议，并由冯某按照法律法规的相关规定完善电站所用85亩土地的建设用地手续。

原载原《中国国土资源报》（2009年3月19日）

继续状态违法行为应如何适用法律?

案情

某村村民陈某于1997年未经批准占用集体土地200平方米建成砖混结构住房。2005年，接到举报，通过调查，认定该户确实未办理用地手续，属违法占地。陈某也承认未批先占的违法事实，但认为已超过《行政处罚法》规定的2年追诉时效，不应处罚。在讨论该案的处罚法律依据时，出现如下分歧：

一、该违法行为已发生8年，是否还应处罚？一种观点认为应处罚。因为最高人民法院行政审判庭《关于如何计算土地违法行为追诉时效的答复》（〔1997〕法行字第26号）规定对非法占用土地的违法行为，在未恢复原状之前，应视为具有继续状态，追诉时效从违法行为终了之日起计算。现在房屋还存在，所以并未超过追诉时效。另一种观点认为不应处罚。因为过了这么多年还要处罚，追诉时效制度就失去了意义。

二、如果处罚，是应适用1987年1月1日施行的原《土地管理法》还是1999年1月1日施行的《土地管理法》？一种观点认为应适用原《土地管理法》。因为该违法行为发生在1997年，应由当时的法律调整。如果要求陈某1997年建房遵守1999年施行的《土地管理法》显然不切实际。另一种观点认为应适用新《土地管理法》，因为陈某的违法行为具有继续状态，新《土地管理法》施行后还处于违法状态，且新法已对原法作了修订，所以应适用新法。

评析

根据土地违法行为的追诉时效理论，只要违法所用土地还未恢复原状，就是处在违法的继续状态，应该依法给予处罚。

《行政处罚法》第29条第1款规定："违法行为在二年内未被发现的，不再给予行政处罚。法律另有规定的除外。"第2款规定："前款规定的期限，从违法行为发生之日起计算；违法行为有连续或者继续状态的，从行为终了之日起计算。"

所谓违法行为的继续状态，是指当事人的违法行为及事实得到确认后，其不法状态在一定时间内处于持续状态。最高人民法院行政审判庭《关于如何计算土地违法行为追诉时效的答复》中解释："对非法占用土地的违法行为，在未恢复原状之前，应视为具有继续状态，其行政处罚的追诉时效，应根据行政处罚法第二十九条第二款的规定，从违法行为终了之日起计算；破坏耕地的违法行为是否具有连续或继续状态，应根据案件的具体情况区别对待。”

关于新《土地管理法》实施前发生的土地违法行为处理适用法律的问题，国土资源部国土资发〔1999〕87 号《关于查处土地违法行为如何适用〈土地管理法〉有关问题的通知》依然采取的是法律法规时效制度的基本原则，即“从旧兼从轻”原则：(1) 根据原《土地管理法》规定，不构成土地违法行为，但根据新法规定构成土地违法行为的，适用原《土地管理法》；(2) 根据原《土地管理法》规定，构成土地违法行为，但根据新法规定不构成土地违法行为的，适用新法；(3) 根据原《土地管理法》和新法规定，均构成土地违法行为的，适用较轻的法律。

对本案的处理，笔者认为，不仅要遵从上述原则，而且要根据目前实际情况，考虑以下几个因素，因为毕竟 8 年了，各种情况都可能发生变化。陈某非法建房所占之地，按现在规划是否属于耕地范围？是否妨碍村镇建设规划的实施？如果是，就应坚决依法予以拆除。如果不是，应考虑陈某目前实际情况作处理，如果陈某目前情况符合申请宅基地的条件或其家庭成员够分户条件，则应对其土地违法行为予以批评教育后，准予补办手续；如果不符合申请宅基地条件，则应依原《土地管理法》的规定，对在违法占地所建的房屋作没收处理。

原载原《中国国土资源报》(2005 年 7 月 7 日)

未利用地管理遭遇法律盲区

案情

2005 年，某村为了筹措资金，解决村公益事业欠款问题，召开村民代表会及领导班子会议，决定在本村一处荒坡地进行房地产开发。

2006年3月9日，村委会与房地产公司签订了联合开发荒坡地的协议。村里负责提供土地，房地产公司负责资金费用和施工建设，村里至少按每亩2.8万元取得开发收益。

2006年5月，在没有任何用地批准手续的情况下，房地产公司开始施工建设。经群众举报，县国土资源局于6月30日开始立案调查。7月4日，县国土资源局下达《停止违法行为通知书》，同日对现场进行勘验。该项目计划建30栋别墅，目前已开槽16栋，进行主体建设的10栋，已经停止施工。经测量，该违法占地南北长193.6米，东西宽191.3米，共计55.6亩。通过查看该县《土地利用总体规划图》，此宗违法占地的地类为未利用土地，未在县土地利用总体规划确定的建设用地区内，违反了土地利用总体规划。

2006年8月9日，县国土资源局对村委会下达了《国土资源违法案件行政处罚决定书》，责令村委会限期拆除违法占地上的建筑物和其他设施，恢复土地原状，并处罚款55.6万元。

案件虽然得到了处理，但却引发了一场争议。

按照《土地管理法》第76条规定，对未经批准违法用地的处罚是“责令退还非法占用土地”。但该条对如何处置违法占地上的建筑物和其他设施上，分了两种情况：一是对违反土地利用总体规划，擅自将农用地改为建设用地的，限期拆除在非法占用的土地上新建的建筑物和其他设施，恢复土地原状；二是对符合土地利用总体规划的，没收在非法占用的土地上新建的建筑物和其他设施。这就是说，“拆除”要符合两个条件，一是违反土地利用总体规划，二是擅自将农用地改为建设用地。本案中违法用地属于未利用土地，且不在规划建设用地区内，存在着既不能“拆除”又不能“没收”的法律盲区。对此案的处置方式，国土资源局内部认识也未统一，同时也引发了更深层次的思考。

评析

本案中可适用处理土地违法行为的规定有两个条款可供选择，即《土地管理法》第73条和第81条。

笔者认为，解决本案中所遇到的问题关键在于正确理解和适用上述条款。《土地管理法》第73条和第81条规定的相同点是土地非法转让处理的规定；不同点是前者是针对非法转让土地双方的处理规定，后者则是对非法转让土地转让一方的处理规定。在土地性质上，前者管理的土地性质既包含国有土地，也包括集体土地，而后者管理的只限于农民集体土地。

在对土地转让违法行为处罚的法律适用上，这两条的区别就在于：转让土地的双方是否有将转让土地用于非农业建设的目的和后果。就是说，如果土地转让方转让土地的目的只是单纯的转让，且受让方并无在受让土地上开发建设的后果，则此非法转让土地的行为就适用第73条规定的作出处罚。之所以这样理解，是因为该条第一层意思是：买卖或者以其他形式非法转让土地的，由县级以上人民政府土地行政主管部门没收违法所得。很清楚，对违法行为的处罚，只限于没收转让方的违法所得，行政处罚便可结束。而只有当受让方进行了开发建设，才能给予没收或拆除的处罚，这是该条第二层意思。可见，《土地管理法》第73条规定的非法转让土地的处罚，应该是对两个不同阶段的两个不同违法行为的处罚，并非针对一个违法行为同时处罚双方。

但第81条规定的非法转让土地行为的处罚则只限于转让土地的双方在共同使农村土地用于非农业建设目的的情况下。只有在这时，才能对转让方的违法行为予以没收，并处罚款，责令转让方限期改正。这是《土地管理法》上对土地转让的两个不同角度的管理规定。

就本案，某村与房地产公司签订农村土地转让合同，成交后，房地产公司在该块地原址经营。此时，国土部门对其违法行为的认定就只现于确定双方的行为为非法转让土地，没收某村的违法所得；而只有当房地产公司在该地上建房时，方能对其新建的房屋处以拆除或没收。但是，当某村与房地产公司签订土地转让合同，双方明确转让土地的目的是供房地产公司开发非农业建设，并且房地产公司也依合同对所受让土地进行了开发或办工厂。此时，双方土地转让行为就应依《土地管理法》第63条、第81条的规定给某村单方定性为擅自将农村集体土地使用权转让（或出租）用于非农业建设并处罚。此时，为什么不能对双方按非法转让土地进行定性处罚呢？首先，在受让地上开发建房是双方签订合同的目的和结果，并非房地产公司单方目的和行为。其次，房地产公司在该地上开发建房，依据的是双方的土地转让合同，该行为是民事法律关系，该民事法律关系不属于土地行政管理的调整范围。最后，《土地管理法》第63条明确规定，农村集体土地不得擅自转让出租用于非农业建设，土地行政管理有法可依。所以，如果要对双方以非法转让土地定性处罚，则房地产公司可能提出抗辩意见。土地是某村的，某村同意我房地产公司开发该地，如果某村不同意，房地产公司也不会与之签订土地转让合同，所以直接处罚房地产公司在法律关系上是有障碍的。

对双方土地转让用于非农业建设的行为只能适用第81条，对转让方进行单独处罚。但按第81条处罚并不等于说同样土地转让行为适用第73条处罚就重。因为，第81条的责令限期改正虽是针对转让方而言，但令转让方自我纠正违法行为的规定应该包括拆除建筑物的内容，否则何为改正？而由此产生的民事赔偿关系当然只能由双方自行解决。可见查处类似案件的关键在于正确区分双方的法律责任。

原载原《中国国土资源报》（2006年12月7日）

具体行政行为申请执行，法院该不该受理？

案情

为了加快城市建设，我市根据公共利益的需要，通告收回了某一范围内的国有土地使用权，并由中介评估机构对地上的附着物及土地价值进行了评估，出具了评估报告。但有个别土地使用者认为补偿太低，拒不交出土地。国土资源局根据《土地管理法》第80条的规定作出“责令限期交还土地”的行政处罚决定。但当事人在法定期限内既没有履行也没有提起行政复议或向人民法院提起诉讼。

国土资源局向人民法院申请强制执行，法院以不符合立案条件为由不予立案，其理由是，如果是罚款可以执行，但收回国有土地不属于《行政处罚法》第8条所规定的行政处罚的种类，无法执行。我们认为收回国有土地使用权应属于“法律、行政法规规定的其他行政处罚”，应由法院受理，如果没有法院的强制执行作为保障，《土地管理法》第80条就没有实际意义了。

目前该问题亟待解决。请问，该案件法院是否应该受理？政府和国土资源部门应该如何处理？其他地区有没有好的经验？

评析

笔者认为，国土资源局在本案的处理上存在两个方面的失误：

一是《土地管理法》第80条规定，依法收回国有土地使用权当事人拒不交出土地的，由县以上人民政府土地行政主管部门责令交还土地，处以罚款。国土资源局单纯作出“责令交还土地”的行政处罚，适用法律不当。依据《行政处罚法》第23条规定，责令交还土地不是对违法行为人的法律制裁，而是要求行为人履行应当履行的义务，不具行政处罚性质。而“处以罚款”才是针对当事人拒不交出土地的“拒不”这一违法行为给予的行政处罚，具有制裁性质。因此，适用《土地管理法》第80条时，一定要做到“责令交还土地”与“罚款”同时适用，不能“好心”不罚款，而造成行政行为被动的局面。

二是政府通告收回土地使用权时，必须完成收回土地使用权所必须的行政手续。《土地管理法》第13条规定：“依法登记的土地的所有权和使用权受法律保护，任何单位和个人不得侵犯。”所以，在通告收回土地使用权的同时，还应根据《土地登记规则》第54条规定，注销当事人原土地证，对收回范围的土地与原宗地作分割变更登记，并送达未收回部分的土地证书。在完善上述两项行政行为后，国土局应当根据《最高人民法院关于执行〈中华人民共和国行政诉讼法〉若干问题的解释》第91条规定，备好申请执行书和据以执行的行政处罚决定书、注销的土地证、变更的土地证、土地及地上附着物补偿费（当事人认为补偿太低，可另行起诉）提存证明等，依据《行政诉讼法》第66条规定，向法院申请强制执行。法院的执行措施应当与《民事诉讼法》第229条规定相同。

原载原《中国国土资源报》（2005年3月24日）

如何保障“提前收回”合法公正

案情

M公司和T公司于2000年12月通过一系列程序，以出让方式取得了这40多亩土地的国有土地使用权，拟用于开发房地产，计划2001年开工。

不久，该市政府下发文件将新区土地冻结，没有动工的不准动工，尚未报建的也不再准许报建。

2003 年，市政府下发了 117 号文件，117 号文件作出了五点规定：一、同意收回 22 宗土地的国有土地使用权；二、收回的土地行政划拨给金水公司作为金山大道道路及排水工程建设用地；三、要求开发区管委会按照有关规定做好补偿及被收土地单位的稳定工作；四、依法解除原出让合同，注销被收土地单位的国有土地使用权证；五、未经有权机关批准，用地单位不得改变土地的使用性质、用途。行政划拨的土地不得擅自转让、出租、抵押或用于其他未经允许的经济活动。

文件中提到的 22 宗土地面积累计 849.45 亩。M 公司和 T 公司的 40 多亩土地即包含在其中。

2003 年 9 月 23 日，陈某与重庆开发区土地储备整治中心签订了交地协议，M 公司和 T 公司除得到了之前支付给北区的 40 多亩土地的综合价金，另外按照协议规定的每亩 2.5 万元的补偿标准得到了 100 万余元的补偿。

2003 年 11 月，包括 M 公司和 T 公司 40 多亩土地在内的 200 多亩已收回国有土地，经公开拍卖，以 1.29 亿元的价格出让给另一公司进行房地产开发，折合单价为每亩 45 万元。

2006 年 4 月 28 日，M 公司和 T 公司向市北区人民法院提起行政诉讼，要求撤销开发区管理委员会办公室作出的复函。此案经市北区法院审理，北部新区管委会败诉。一审法院认为，开发区管理委员会在相关土地未被批准改变使用用途之前对土地进行拍卖，程序违法，且该行政行为本身违反了法律法规的规定，亦未执行市政府 117 号文件的规定，故开发区管理委员会办公室作出的复函无证据支持。判决如下：确认北部新区管委会的受委托人开发区管理委员会的内设机构办公室作出的复函违法；责令北部新区管委会采取相应的补救措施。

北部新区管委会不服判决，向市第一中级人民法院提起上诉。市第一中级人民法院认为，市人民政府 117 号文同意收回土地，是要用于金山大道道路建设及排水工程。基于被收回的土地是用于公益事业建设，出于对行政机关的信赖，被上诉人同意并接受了补偿。但实际收回土地中用于公益事业建设的仅占M公司（被上诉人）和T公司享有土地使用权的43.3亩土地中约2亩地，其余部分土地使用权进行公开拍卖转让他人，损害了被上诉人的信赖利益和既得利益，违背诚信原则，且与市117号文件以公益为目的规定不符。被诉复函的事实基础缺乏支撑。2006年10月27日，市第一中级人民法院作出终审判决，维持一审判决。

截至目前，北部新区管委会及开发区未表露出执行判决的迹象。开发区法制局工作人员告诉笔者，开发区正在为下一步司法诉讼作准备。

评析

一、正确理解“社会公共利益”

根据有关法律法规，在特殊情况下为了社会公共利益的需要，可以依照法律程序提前收回国有土地使用权。那么，如何理解“特殊情况”和“社会公共利益”这两个概念？

对于“特殊情况”和“社会公共利益”，目前相关法律对此未作立法解释，并且至今也未见行政、司法方面的解释。笔者认为，根据法理的一般原则，“特殊情况”是相对于一般情况而言的，是指事先无法预见，其内容也难以准确概括和列举全面，通常是指发生了特别事件，或是到了万不得已的情形。如果仅仅是发生了特殊情况，还不足以构成提前收回土地使用权的条件，还必须根据社会公共利益的需要，决定是否收回土地使用权。

所谓“社会公共利益”不是指哪一家的局部利益，而是指人民的利益或国家的利益，是全社会的利益，并且是整体的、全局的、长远的利益。社会公共利益的需要，通常是指签订土地出让合同时无法预见的重大事件或新的城市建设规划的急需，以及涉及社会公众的生活、工作稳定与安全的需要。如果只发生了特殊情况，而不是根据社会公共利益的需要，或者只是为了满足社会公共利益的需要，而并没有发生特殊情况，都不能提前收回土地使用权。因为土地使用权出让方案是土地主管部门会同若干部门共同拟定的，并且报有批准权的人民政府批准的，这本身就充分考虑到了社会公共利益。土地使用权出让合同一经签字生效，其合同的正常履行，不仅符合土地使用者的利益，当然也符合社会公共利益。所以说，对土地出让合同，不是合同当事人的哪一方想解除就可以随便解除的。

二、必须强化对土地行政行为的监督约束

从管理角度看，规范行政行为是关键。从本案披露的事实来看，该市开发区管理委员会依职权在对已出让的国有土地向上级政府提出修路和建设排水工程的公益建设新设想时，并未考虑收回土地后对老百姓的合法权益的影响。对他们来说这可能并不重要，重要的是要有一个“社会公共利益”的合法名义，并借增加“国家收益”之名避开上级政府的批复文件，把刚刚收回的用于公益建设的土地擅自改变用途，转手高价卖出，其法治意识之淡薄可见一斑。

本案民告官赢了，这得益于《行政诉讼法》对民事合法权益的救济保护。但我们也清楚地看到，仅靠这种事后的外部监督是远远不够的，而且民告官的成本无疑是巨大和得不偿失的。该市开发区之所以敢拿人民政府的公信力开如此大的玩笑，就在于对土地行政权力缺乏严格有效的监督制约。以往的经验告诉我们，在强大的经济利益诱惑下，对土地行政行为监督约束的关键，是建立一系列强有力的、行之有效的行政管理内部监督约束机制。

原载原《中国国土资源报》（2007 年 3 月 1 日）

祖遗宅基地纠纷如何处理？

案情

王某与其两个儿子均为非农业户口，其大儿子1977年结婚，大儿媳为农业户口。1981年，父子三人在其祖传老宅原址上建造了三间瓦房、两间平房，共同居住。1982年，相关部门在发放宅基地使用证时，按照当地政府规定，1982年以前有房屋的宅基地，保留不超过6分的宅基地。于是，土地登记机构为王某确权了0.599亩的宅基地，登记在唯一的有农业户口的大儿媳名下。

1985年，王某的二儿子结婚，二儿媳也为农业户口。由于地方政府规定，有两个儿子的农户，且宅基地超过四分的，不再新划宅基地。所以，二儿子要求将登记在大儿媳名下的0.599亩宅基地划出一份给他。可是，大儿媳却说0.599亩的宅基地在自己名下，符合政府规定。结果，二儿子没有宅基地，兄弟反目。

那么，在此案中，如果依照下法不得与上法冲突的原则，为兄弟俩平分0.599亩宅基地，那么当地其他村民的0.599亩宅基地该如何处理？如果把0.599亩宅基地确权给大儿媳，是否重新给二儿媳划一份宅基地？

评析

本案不属于宅基地使用权争议纠纷。

从案情所述事实看，1982年，当地政府在该父子三人没有分家析产的情况下，将0.599亩宅基地登记确权在大儿媳名下的做法，是符合登记确权原则的，也符合《确定土地所有权和使用权的若干规定》第45条和

第 47 条的规定。

1985 年，王某的二儿子结了婚，属于农业户口的二儿媳提出的要求，其性质实际上属于家庭共有房屋产权的分割。因为《确定土地所有权和使用权的若干规定》规定得很清楚，不论国有划拨土地的确权还是农村集体划拨宅基地的确权，其原则都是“地随房走”，即有房就有地，无房则无地。

从这个意义上讲，大儿媳只是这 0.599 亩宅基地使用权的主体代表而已。所以，从理论上说，登记在大儿媳名下的 0.599 亩宅基地，应该有二儿媳家的一半。但是，这一半宅基地因受地上五间房屋产权归属的制约而无法等分，也就是说，在该五间房屋产权归属并不具体、明确的情况下，二儿媳提出宅基地分割申请，国土资源部门受理并进行实质性分割或对半分割处理的做法，是违背确权原则的，当然，也是不会有结果的。

五间房屋的分割，其性质属于民法中的私权范畴，所以，在该父子之间或兄弟之间还没有对涉案地上的五间房屋产权归属于作出家庭析产分割协议之前，国土资源部门不能受理二儿媳的宅基地分割申请。此外，如果在析产协议中二儿子两口将属于自己的那一份房屋卖给或赠与其兄，国土资源部门就应根据《土地管理法》第 62 条“农村村民出卖、出租住房后，再申请宅基地的，不予批准”的规定，驳回出卖房屋或宅地一方的宅基地申请。

此外，根据《确定土地所有权和使用权的若干规定》第 51 条可知，对《土地管理法》颁布以前的房屋占用的宅基地，只要房屋没有坍塌或拆除，一般是给予登记确权的。对这类大面积用地住宅的管理和规范控制，是在其今后的拆迁、改建、翻建或旧村庄规划改造中逐步实现缩减的。

原载原《中国国土资源报》（2010 年 5 月 10 日）

是破坏耕地还是地力改造？

案情

村民李某认为旱耕地粮食产量太低，将自己承包地下挖准备改造成水田，在地头下挖一个 7 米深的蓄水坑时，因相邻地承包人认为该蓄水坑威胁到自家耕地的安全，反映到土地局，请求予以制止。

经查，李某认为自己改低产旱耕地为高产水田没有什么不妥，已将承包地表层土壤铲挖下十多厘米，并将土壤卖掉，面积达 5 亩余，所挖蓄水坑深 7 米，口径面积 15 平方米。

对李某擅自改造旱耕地的行为，在讨论中形成四种意见：

第一，根据法无禁止即可为原则，李某改低产旱耕地为高产水田是好事，应予以鼓励。

第二，将低产旱耕地改高产水地是好事，但这是动土的大动作大行为，会带来多方面影响，李某不能擅自进行，对其行为应当立即制止，但缺乏直接明确的法律依据。

第三，李某将 5 亩承包地表层土壤出卖获利、挖 7 米深 15 平方米大坑已构成毁坏耕地嫌疑，应对这两种行为作出处理。

第四，对李某出卖 5 亩承包地表层土壤的行为，应按对其旱地改水田行为的最终定性来认定，即若旱地改水田行为定性违法，则出卖 5 亩耕地土让和挖蓄水坑的行为应定性破坏耕地；若旱地改水田行为定性不违法，但应停止个人改造耕地行为，则应责令其限期恢复旱耕地原状，回填蓄水坑即可。

请问，对李某的行为究竟应当怎样认定？法律依据是什么？

评析

《土地管理法》第 35 条规定："各级人民政府应当采取措施，维护排灌工程设施，改良土壤，提高地力……" 可见，土壤改良、防治受损土地是纳入各级政府统一组织和管理范围的。原因很简单，土壤出现问题，不是局部的，成因也不是单一的，应该是气候、水文、地质和人文活动等影响的结果。那么，对田地的改良和治理，就需要全面了解、通盘考虑，需要由政府统一组织指导进行。

纵观《土地管理法》"耕地保护"一章的相关条款，无不体现这一原则：第 32 条规定，由县以上政府要求用地单位将所用地耕作层土壤剥离用于劣质地的土壤改良；第 38 条规定，开发未利用地，要按照土地利用总体规划在保护和改善生态环境、防止水土流失和土地荒漠化的前提下进行；第 39 条规定开垦未利用地，必须经过科学论证和评估，并经批准；第 41 条规定，农村集体经济组织对田、水、路、林、村的综合整治，耕地质量的提高，农业生产条件和生态环境的改善工作，应当由县、乡（镇）政府组织。

所谓个人对地力的提高，在通常意义上是指深耕细作、建设小排灌设施、少施化肥、多施农家有机肥等不损害耕地的行为。就本案，在"改良"后的 5 亩地未经实践证明小麦、玉米的年产量达到 500 公斤时，不能认为此地的肥力就是得到了提高而认定其做法属于土地改良。

李某擅自将自家 5 亩耕地挖低十多厘米，关于该行为是否构成毁损耕地的问题，应从三个方面分析判断：

第一，改旱耕地为水田是否科学。5 亩地所处位置和地形是否适宜作水田？口径 15 平方米、7 米深的蓄水坑对周围土地和地下水是否构成影响？

第二，是否将耕作层土壤剥离留用？虽然原耕地挖下十多厘米后依然是耕地，但此耕地非彼耕地，因为生地变熟地的过程是很缓慢的。目前我国耕地开发中往往缺少熟化土而影响耕地的质量。所以，李某将 5 亩地耕作层土壤剥离出卖，已有损坏耕地嫌疑。

第三，对改良后的5亩“水田”的耕作利用前景作出评估。从《土地管理法》第35条关于保护耕地的规定看，耕地保护是一个系统工程，耕地的利用和整治与周边的地形和环境密切相关，如果改造后的土地与周边地形形成反差，影响这块地和周边土地今后平整、排灌、土壤改良，造成耕种条件难以恢复的话，应当结合其对承包地耕作层土壤的剥离，认定其行为已构成毁坏耕地。

因此，应报市国土资源管理部门对李某承包地的毁坏程度依法作出鉴定，依据鉴定，根据《土地管理法》对其违法行为作出处理。

原载原《中国国土资源报》(2011年2月28日)

标注面积与实际不符，以何为准？

案情

近日，记者来到某县南山坡村。当记者提出要看看村民郄某家房子的宅基地证时，他拿出的是1987年的老宅基地证。他说，前几年镇上给他发了新的宅基地证，但因为标注的宅基地使用面积远远小于老宅基地证上记载的面积，也远远小于实际占地面积，被他拒收了。

他说，自己的房子是30年前盖的，当时房子和院落占地近一亩。记者看到，这份1987年发的宅基地使用证上，记载的面积是660平方米(0.99亩)，但宅基地的四至边长却分别是14.55米和16米。宅基地现状图是14.55米乘以16米的长方形。按照宅基地使用证记载四至边长算出面积只有232.8平方米，远远小于宅基地使用证上所写的660平方米的面积。后来更换新的宅基地使用证时，采用的是较小的数据，即232.8平方米。房子没变，宅基地使用证上的面积无缘无故少了，所以郄某没有领证。

郄某回忆说，当时村干部将宅基地使用证发到他手上的时候，他也发现了这个不一致的地方。但是，当时的村干部告诉他，反正房子在你这儿跑不了，总面积也没错，至于四至长度无所谓，所以后来就没有更改这个错误。

现在郄某最希望的是，撤销上次他拒收的新宅基地使用证，按照他房子的现状（实际上也是历史状态）和老宅基地使用证上记载的总面积，重新办证，做到四至与总面积统一。他说，他已经多次找过镇上和村里的领导了，但这个事情一直没能办下来。

评析

根据《确定土地所有权和使用权的若干规定》，对农村宅基地确权是以现状的、权属无争议的、封闭的宗地为基本根据的。

根据郄某关于“房子是30年前盖的”说法，可以肯定，该宅基地上的房屋建造于1980年前后。那么，对其“当时房子和院落占地近一亩”的说法，应根据《村镇建房用地管理条例》来衡量，其第9条规定，社员建房用地，由省级人民政府根据不同情况，分别规定用地限额，县级人民政府结合当地情况，规定宅基地面积标准。1982年5月，农牧渔业部在其《关于农村宅基地使用权和转让等问题》中的“怎么理解社员宅基地的使用权”一节中解释：“宅基地使用权不是永久不变的。如果国家建设需要征用土地……或者社员宅基地的实际使用面积过多，远远超过了当地的规定标准，经社员代表大会或社员大会讨论通过，报请县级以上土地管理机关审查、同意，基本核算单位有权调剂或重新安排。”

郄某所持1987年的老宅基地证上，之所以记载的面积为660平方米，而现状图却是232.8平方米，其原因应当是当时的县、乡、村三级土地管理部门依据上述规定，在私有房产应予以保护的前提条件下，将其未建房占用的空置部分依法收归农民集体后的结果。232.8平方米的四至现状，应当是郄某本人与县、乡、村三级土地管理工作人员一起，对经核减其多余土地面积后宅基地现状共同认定、发证的结果。在当前的土地登记发证中，郄某以老证所记660平方米为据，要求发（换）证，是毫无根据的。

应当使其明白：现行的土地管理原则与1982年时的土地管理原则是一致的。根据《确定土地所有权和使用权的若干规定》，对村民宅基地确权发证的基本原则是“地随房走”，即有房就有地，无房则无地，对多占少用、占而不用的闲置部分不予确权，并应退还集体。在其今后的原基改建、翻建，甚至异地拆迁中，还将依法受村庄新规划和现行宅基地标准的约束。

原载原《中国国土资源报》（2010年6月14日）

“借法执法”大家谈

案情

近日记者在县某镇采访时，当地正在开展卫片执法行动。镇国土所所长告诉记者，有一户可能需要镇政府组织国土、城建、公安等部门联合执法，现在每次拆除都是以镇政府的名义，依据《城乡规划法》进行，因为乡镇政府可以强制拆除不符合规划的建筑。

之所以“借法执法”，是因为以前镇国土所强制拆除了一处违法占地建筑，结果被法院判为程序违法，败诉不说还并被罚款5000元。

现在我们处理非法占地的违法建筑时学“乖”了，每次在下达停建通知书时就说自己是镇政府工作人员，而不说自己是国土所工作人员。否则，可能涉及执法主体瑕疵，导致败诉。或者，在申请法院强制拆除时，法院经常找个借口就把申请驳回到国土局了。即使法院受理了，等判决下来的时候，花费二十来万元的房子早建起来了，到时候拆除的难度就更大了。另外，如果发现违法占地行为不及时制止，很容易引起周围的人效仿，使非法占地成风。

《土地管理法》没有授权强制拆除，作为国土管理人员每次组织强制拆除，总是申请镇政府开展联合执法，并让城建方面开出证明，国土部门借人家城建上的法律，进行强制拆除。什么时候能够依据《土地管理法》理直气壮地进行强制性拆除而不再尴尬呢？

评析

之所以出现“借法执法”现象，笔者分析，问题出在两个方面：一是对未经批准的非法占地行为，没有厘清具体非法占地行为的性质，法条适用把握不准；二是在处理未经批准非法占用村内空闲地的行为时，执法主体把握不当。

应该认识到，法律法规对公民权利义务的设置还是很科学的。所以，在执法实践中，我们不能一遇到不顺，就想到是法律法规不健全，想要修改，这是很不现实的想法。应当做的，是尽量利用现行法律法规及其法理和政策，来解决面临的每一个具体问题。国土部门更不必有大包大揽的想法，该由其他部门处理的，应通过各种渠道建议其他部门处理；可联合执法处理的，就积极主动地联系其他部门一起执法。

例如，单由国土资源部门执法难以处理的村庄空闲地建房案件、超占案件，就应当根据《村镇建设管理条例》第 37 条的规定，或移交建设行政主管部门和乡镇政府单方处理，或与其联合执法处理。这样，于法有据，宽严相济，公平公正，何乐而不为？

另外，还有一点需要说明，就是关于土地执法中的制止权问题。

《土地管理法》第 83 条规定中的制止权究竟是什么？对违法建筑，国土部门究竟有无强制拆除权？此问题，自《土地管理法》正式实施不久，就开始争论，至今仍无定论。

笔者认为，不能简单、机械地认定制止权中就不含强制拆除权。理由如下：

在实践中，发现违法占地建房行为后，执法人员以口头制止、下发书面通知的方式进行制止，很少成功。不少基层国土部门正是因为这样，才采取对违法占地初期的建筑直接推倒的做法，却也未曾见到有应该由土地执法部门承担照价赔偿的法律后果的报道（来信中，关于平山镇国土所强制拆除违法占地建筑，被法院判罚款5000元之事，不知是初期建筑，还是已建成的房屋？如果拆的是已建成的房屋，从法理上讲，法院是有正确一面的）。

笔者认为，不仅不可能有这样的案例和报道，也不会有这样的事实，因为依民事或行政赔偿法律关系而言，没有用地手续和建设手续的建筑，是无论如何也不可能得到法律的保护、支持和赔偿的。所以，从法律规定上看，《土地管理法》赋予国土部门的制止权，是在下达了责令停止土地违法行为通知后，对继续违法建筑行为的制止。笔者相信，法律赋予的这个制止权，绝不可能只是一句用来吓人的空话。《刑法》上的制止，是指国家机关或者法律法规授权的组织及公民个人，为了预防或责令正在发生或可能发生的违法行为、危险状态以及不利后果而作出的，对违法行为人履行法律、停止违法行为、消除不良后果或恢复原状的具有强制性的管束。这一基本原理，应该是通用的。

我国尚未制定统一的《行政强制法》，所以，对行政制止权，我们不能简单地下结论，认定国土部门对违法占地初期的建筑采取直接推倒的行为就是违法行为。

原载原《中国国土资源报》（2010年7月26日）

第3编

咨询答疑

一

国有土地问题答疑

无建筑物的划拨土地不能抵押

问：最近我公司取得一个经济适用房的开发项目，使用的土地属于划拨类型。由于资金紧缺，我公司打算用该宗土地向银行抵押贷款。我省实施《土地管理法》办法规定："以划拨方式取得的土地使用权需要抵押的，应当先进行地价评估，由县级以上人民政府土地行政主管部门核定土地使用权出让金，抵押所担保的债务金额不得超过扣除出让金后的土地价值。"按该规定办理比较简单。但是，按照《城镇国有土地使用权出让和转让暂行条例》第45条规定，既要签订出让合同，又要以抵押所获收益抵缴出让金，既麻烦又不利于融资。请问，我公司可否按我省的规定办理抵押贷款？经济适用房使用的划拨土地用于抵押贷款有什么特别规定吗？

答：我国现行的土地管理法律法规对地上无建筑物的划拨土地使用权没有规定可以设定抵押。《城市房地产管理法》第50条规定中的划拨土地使用权不包括无地上建筑物的土地使用权。建设部1997年6月1日根据《城市房地产管理法》和《担保法》（2021年废止）制定、施行的《城市房地产抵押管理办法》第2条第2款规定："地上无房屋（包括建筑物、构筑物及在建工程）的国有土地使用权设定抵押的，不适用本办法。”

信中你对你省实施办法中关于划拨土地使用权抵押规定的理解是片面的，引用肯定不完整，而且根据地方立法原则，你省现行的实施办法不可能与《城市房地产管理法》相抵触；信中对《暂行条例》第45条的理解，也有原则性偏差，该条没有规定无建筑物的划拨土地使用权可以抵押。正确的理解应当是规定中的四个条件同时具备的划拨土地使用权才可以抵押。

经济适用住房建设贷款，国家有专门的规定：1994年12月15日建设部制定了《城镇经济适用住房建设管理办法》，其规定经济适用住房建设资金的筹集来源是，地方政府用于住宅建设的资金；政策性贷款；其他资金。1994年4月6日中国人民银行又专门制定了银发〔1999〕129号《经济适用住房开发贷款管理暂行规定》，对经济适用住房建设贷款的基本原则、条件、期限、利率、程序、担保、管理以及责任等，均作了具体详尽的规定。

原载原《中国国土资源报》（2006年3月9日）

亡妻的划拨土地能否变更至丈夫名下？

问：浙江台州市某镇陈某原有房屋一间，1998年取得国有划拨土地使用证。2005年5月陈某擅自将房屋拆除后发现房产证登记在自己名下，土地使用证登记在其妻林某名下，由于其妻已亡故，陈某遂向国土所提出土地使用权变更登记申请。对这件事形成了两种意见：一种意见认为房屋已拆除，界址消失，土地使用权随之消失，应办理注销登记；另一种意见认为《土地登记规则》关于注销土地使用权的条款中没有列举房屋拆除这一要件，因此可以办理土地使用权变更。究竟这本证该不该办理变更？怎样办？

答：该不该给陈某予以更名登记的关键不在于房屋是否拆除、界址是否已消失，而在于陈某的房屋重建能否得到城建部门的批准。这由三个因素决定：一是按当地城镇建设规划，陈某的私人房屋如果已纳入旧城改造拆迁计划，不予以批准重建；二是城建部门坚持，如果陈某没有与房产证主体名字一致的土地证，就不予以批准重建；三是城建部门在陈某有房产证的情况下，如果陈某不能提供与已去世的妻子原是一户的证明，就不批准重建。这三种情况的城市私人建房审批限制条件，各地不尽一致，但普遍存在。除上述第一种情况外，如果陈某按第二种情况到土地部门申请对土地证更名登记，土地部门审查的主要内容将与城建部门审查的第三个条件的内容相一致。那么，只要陈某能出具户口本、居委会或夫妻双方单位证明，证明两人原为一户，土地部门就应该给陈某申请的土地证予以更名登记。

第一种意见认为房屋已拆除、界址就消失，土地使用权也随之消失的根据从何而来笔者不知。但即便实际界址消失，土地登记资料还在，土地证附图上的各种数据、参照地物还在，重新定界也不是什么难办的事。

原载原《中国国土资源报》(2006 年 1 月 12 日)

政府不能忽视土地优先购买权中的程序问题

问：《城镇国有土地使用权出让和转让暂行条例》第 26 条规定“土地使用权转让价格明显低于市场价格的，市、县人民政府有优先购买权”；《关于加强国有土地资产管理的通知》规定国有土地使用权转让，转让双方必须如实申报成交价格。土地行政主管部门要根据基准地价、标定地价对申报价格进行审核和登记。申报土地转让价格比标定地价低20%以上的，市、县人民政府可行使优先购买权。

尽管行使优先购买权有相关的政策法规支持，但因其缺乏程序性的规定，故各地鲜有行使优先购买权的先例。

有关市、县级土地行政主管部门如何依法行使优先购买权问题提问如下：

1. 土地优先购买权的行使主体。行政法规规定是市、县人民政府，在实际操作中，土地行政主管部门是否可以直接代表政府行使优先购买权，还是必须经过政府授权？

2. 国有土地使用权转让一般可以区分为两种情况：一种是随地上建筑物、构筑物一并转让，另一种是单独的土地使用权转让。在前一种情况下，是否有可能行使政府优先购买权？

3. 土地行政主管部门是否具有认定转让价格明显低于市场价格的主体资格？

4. 政府如何行使土地优先购买权才能保证程序合法？

5. 是否有必要配套完善程序性规定，以何种形式才有合法效力，地方政府规章、行政规定，或者土地行政主管部门的规范性文件？

答：1. 国家在土地有偿使用中实施优先购买权的作用有二：一是对转移土地使用权的宗地，当政府实施土地利用规划，为公共福利等建设需要此宗地时，可以采取优先购买权，以保证建设需要的土地为政府得到；二是防止土地使用权交易双方采取虚假、瞒报地价，逃避或少缴土地交易税费，以维护和稳定土地市场秩序，并不在于政府尽量多的低价购买土地。

根据土地管理法关于政府行使国有土地所有权权能、土地管理部门行使土地管理权权能的原则规定，因土地优先购买权的性质属于征收，故土地行政主管部门不能直接代表政府行使土地优先购买权。

根据《土地管理法》第5条第2款“县级以上地方人民政府土地行政主管部门的设置及其职责，由省、自治区、直辖市人民政府根据国务院有关规定确定”的“授权法定”原则，在国务院没有授权省、自治区、直辖市人民政府可以授权市、县人民政府土地行政主管部门直接行使土地优先购买权的情况下，同级人民政府无权授权本级土地行政管理部门行使土地优先购买权。关于这一原则，可参阅最高人民法院〔1992〕法行字第16号《对广西高院〈关于土地管理部门以自己的名义对土地权属争议作出处理决定是否合法的请示〉的答复》指出“梧州市和苍梧县人民政府分别下达授权土地管理部门处理土地所有权和使用权争议的文件，没有法律依据。当事人不服土地管理部门依据政府授权以自己名义作出处理决定，向人民法院提起行政诉讼，人民法院应以土地管理部门超越职权为由予以撤销”。

2. 根据《城市房地产管理法》第38条、《城镇国有土地使用权出让和转让暂行条例》第19条的规定，一般情况下，不存在无建筑物（不包括已建基础设施的成片开发土地）的空地允许转让的情况。从这个原则上说，凡允许转让的土地，一定是地上有符合法定条件的建筑物的土地。但因依法取得房屋产权的房地关系，其性质属于房地产，而不是单纯的土地，所以，原则上，对房地产转让关系应不存在政府可以行使土地优先购买权的问题。那么，反过来就可以说，凡未建成有房屋的土地的转让，则属单纯土地使用权转让，就是说，对还未建成有房屋的土地，或者对已建成房屋以外的空地的分割转让，若出现转让价低于标定地价20%以上的，市、县人民政府就可以根据具体情况，行使优先购买权。

3. 国务院在通知中规定：“土地行政主管部门要根据基准地价、标定地价对申报价格进行审核和登记。”这里，国务院赋予国土管理部门的是审核土地转让价格是否明显低于市场价格的资格，而不是认定土地转让价格是否明显低于市场价格的资格。“审核”与“认定”二词的概念是不同的，“审核”是审查核实之意，无行政确认的意思；而如果用“认定”一词，则其既具有认可之意，还具有行政确定程序之意，容易引起误导。就是说，政府行使土地优先购买权之前，土地部门对当事人申报的土地转让价格当审查核实，其明显低于市场价格时根据需要，依优先购买权和国家征收权的法律原则，报政府优先购买，而不必经行政确认程序。因为当事人拟登记的土地转让价格是一种事实，土地部门无须对双方当事人的土地转让价格进行行政确认。

4. 关于政府如何行使土地优先购买权才能保证程序合法的问题，笔者认为，因为土地优先购买权是一种国家强制行为，故根据“立法先行管理随后”的法律原则，首先，市、县人民政府的优先购买权应当是透明的，以防止失去监督而滥用优先购买权，侵犯土地交易双方的正常交易行为。具体来说，应先行公布优先购买权实施的价格标准和政策规定。优先购买权的标准，应以基准地价为准，作出相关时段的标定地价，按国务院通知，规定以不高于或不低于标定地价20%为交易双方申报交易地价的变动范围。高出的进行干预平拟，低于的优先购买。条件具备的城市，也可以以宗地价作为优先购买实施的标准，对一些属政策规定需实施的优先购买权，则应有优先购买权的实施范围。其次，结合《土地登记规则》的相关规定，规定出让土地使用权交易双方向土地登记部门申报的时间和成交价格。最后，政府行使优先购买权。交易双方申报的成交价格明显低于正常市场价格，且低于政府规定的标定地价20%以上的政府就可以实施优先购买，并宣布交易双方的土地转移合同等无效，由政府按原合同交易价支付给土地转让方资金后，收回土地使用权。对属于建设需要实行的优先购买权，则应向双方说明原因，出具必要的证明材料。

5. 关于是否有必要配套完善程序性规定，以何种形式才有合法效力的问题。笔者认为，很有必要。在国务院已作出政府可以实施土地优先购买权的实体性规定的情况下，因地方各城镇情况各异，地价不一，所以，市、县人民政府应是可以制定本市、县的土地优先购买权的程序性规定的。当然，该规定的每一条款都应以不与现行法律、法规以及国土资源部颁布的有关规章的基本原则相违背为原则，并以报请上一级省、市人大、政府批准或备案，作为实施该程序性规定的必要前提。

原载《国土资源》（2009年9月）

土地违法制止权的行使，关键在合理、适度

问：按照处理土地违法案件的合法程序（接案→调查→取证→下处罚决定书→申请法院强制执行）办案，在办案中出现了新问题，让违法者有了空当可钻。因为在强制执行前，要给当事人留足起诉期，而一般中小型违法建筑，都会在上诉期内抢时间完工，这样监察大队失去了制止违法行为的有利时机，也失去了处理案件的主动权，大大降低了监察大队在百姓心目中的威严。

根据《土地管理法》第 83 条中“对继续施工的，作出处罚决定的机关有权制止”的规定，如果试着改变一下办案程序，对正在建设的违法建筑进行现场拆除，新发生的违法占地，先由国土所调查取证处理，国土所处理有难度的，上报监察大队，监察大队接案后，要 24 小时内到达现场，进一步调查取证，进行现场拆除。及时制止了违法占地，使违法者没有了空当可钻，更会有利地震慑违法占地者。这样不但避免了通过法院，也降低了人力、物力、财力的消耗。不知这样执法是否可行？

答：我国尚未制定统一的《行政强制法》，对行政制止权，不能简单地下结论认定其对与否。制止权的行使应当合理、适度。最高人民法院行政审判庭编《行政诉讼法与土地管理法新解》（时事出版社 1999 年版）一书对制止权的理解指出，根据《土地管理法》第 67 条的相关解释，责令非法占用土地的单位或者个人停止违反土地管理法律、法规的行为之规定，是本法赋予县级以上人民政府土地行政主管部门在履行监督检查职责时，对土地违法行为及时实施制止权的依据，是防止土地违法行为蔓延，消除违法后果的一项非常重要的措施。在土地违法行为初期，责令当事人停止违法行为，既可以及时消除违法后果，又可以避免违法当事人遭受更大的经济损失。根据《行政处罚法》第 23 条规定，“责令改

正”“责令停止”等，是行政机关责成、命令违法行为人改正错误、自觉履行法律、法规规定的义务的行为，不具有行政处罚性质。可见，土地管理，如果不伴随一些相应的强制措施，就不可能有使违法行为立即停止的客观效果。所以说，现行《土地管理法》第67条赋予土地管理部门对土地违法行为的“责令停止”权，应该是一种行政强制权。但根据这些年来的执法实践，这种行政强制权的行使，应该遵循一定的原则：①必须是在向当事人下达责令立即停止土地违法行为通知后；②必须是针对非法占用土地行为本身；③必须是针对非法占用土地后实施的违法行为；④因为是带有强制力的措施，一般都应在同级政府的协调下，由当地公安机关配合行动，这样，在有关人员拒绝和阻碍时，可由公安机关按《治安管理处罚法》第50条第2项规定，以妨碍公务行为论处，情节严重的，构成妨碍公务罪。

原载《国土资源》（2007年6月）

这份土地出让金由谁缴纳？

问：我县某单位未经批准，擅自以集资建房方式对该单位划拨土地使用权进行商住综合楼开发，并将富余房屋向外出售。在具体处理过程中，我们认为其违反了《城市房地产管理法》第39条的规定，并依据该法第66条，对这个单位作出了如下处罚：责令缴纳土地使用权出让金，没收违法所得并处罚款。在申请法院强制执行时，法院认为：《城市房地产管理法》第39条规定是由受让方办理土地使用权出让手续，并依照国家有关规定缴纳土地使用权出让金，如果我们责令该单位缴纳土地使用权出让金，则表示准许转让，应该由受让方缴纳而不是转让方；责令缴纳土地使用权出让金不属于行政处罚范围。对此，我们认为由受让方缴纳出让金的前提是转让房地产的行为必须经有批准权的人民政府准予，否则，应按《城市房地产管理法》第66条的规定办理，但该条款对是由转让方还是受让方缴纳出让金未作规定，请对这两个条款的适用问题作出解释。

答：根据立法原理和法律规范的制定原则，《城市房地产管理法》第39条是命令性法律规范，即不允许民事法律关系主体改变或违反，如不履行，就要受到法律的一定制裁；而第66条则是制裁性法律规范，即违反了命令性法律规范的民事主体应承担的法律责任后果。现实中，规避划拨土地使用权房地产交易条件的主观恶意，一般都在转让方。因为对受让方来说“给谁都是交”。在这种交易中，转让方向受让方索要房地产价额时，已包含了本应归国家收取的土地出让金，有些甚至大大超出了市场价格，如果要求这种已经违法转让成交的房地产受让方再重新缴纳一笔这样的巨额出让金，是不公平、不切实际的。这一点，在《国有土地使用权出让和转让暂行条例》第45条、《契税暂行条例规则》第11条中都有规定，即由转让方补缴土地出让金。人民法院出版社的《房地产法及配套规定新释新解》（1998年版）对第66条的解释为：本条规定对以划拨方式取得土地使用权的单位不按照法定条件转让房地产的行为给予一定的行政处罚，由县级以上人民政府责令转让方缴纳土地出让金。

原载原《中国国土资源报》（2004年2月13日）

法院向谁诉讼？

问：我在实际工作中，查处了县法院非法占地一案，在下达处罚决定书时，要告知其诉权，根据《行政处罚法》规定，被处罚人向同级人民法院可以提起行政诉讼，可此案中被处罚的就是县法院，我们应该怎么告知其诉权，不能让法院向自己行政诉讼吧。请指教！

答：遇到此类问题，不必拘泥于习惯，你局可以根据《行政诉讼法》第 47 条规定的回避原则和《最高人民法院关于执行〈中华人民共和国行政诉讼法〉若干问题的解释》第 8 条的原则精神，告知县法院。如果对土地行政处罚决定不服，可以向当地中级人民法院提起行政诉讼。

原载原《中国国土资源报》（2005 年 1 月 27 日）

处理土地闲置有区别

问：我县城区有一宗房占地 50 多亩，原是旧教育楼区，其中有一幢 10 套是职工住宅楼。2002 年 1 月两家房地产开发公司参与拍卖，取得地块，交付出让金后作为房地产开发项目。后因该两家公司对开发的具体项目发生纠纷，双方提起民事诉讼拖至今日还未动工开发利用。请问，因为民事诉讼原因延迟开发利用土地是否属于闲置范围，如何处理？

答：国土资源部《闲置土地处置办法》第 2 条对“闲置土地”定义为：土地使用者依法取得土地使用权后，未经原批准用地的人民政府同意，超过规定的期限未动工开发建设的建设用地。并对批准用地后的动工期限作了进一步界定：“国有土地有偿使用合同或者建设用地批准书未规定动工开发建设日期，自国有土地有偿使用合同生效或者土地行政主管部门建设用地批准书颁发之日起满 1 年未动工开发建设的。”该办法第 4 条第 2 款又规定了闲置土地的免责事由：因不可抗力或者政府、政府有关部门的行为或者动工开发必需的前期工作造成动工开发迟延的除外。

根据上述规定，应负闲置土地的责任关键是除造成土地闲置的客观事实外，还要看责任人有无违反出让合同约定和法定时限的主观故意。

如果不存在主观故意，那么，因民事诉讼原因延迟开发的土地不宜归属到闲置范围。

原载原《中国国土资源报》（2005 年 5 月 12 日）

镇政府无权批准用地

问：甲镇人民政府与李某签订了协议书，约定：李某承担全部建设费用建设育才路公共停车场，镇政府将公共停车场西侧的一块 1296 平方米的土地划给李某用于建设。2003 年 12 月，李某投资 8 万元建成公共停车场，2004 年 3 月 18 日，李某在未办理土地审批手续的情况下，开始占用公共停车场西侧的土地进行非农业建设，2004 年 3 月 20 日，县国土资源局根据群众举报赴现场下发了《责令停止土地违法行为通知书》，并进行了调查取证。在调查取证中，李某始终强调是根据镇政府与其签订的协议书进行建设的。请问该宗土地案件如何定性？

答：本案应按无权批准使用土地行为定性。

何谓“无权批准使用土地行为”？根据相关解释，不属于《土地管理法》规定的有审批土地征用事宜权力的机关，都属于无权审批；包括审批机关的上级机关和领导机关、以及国家权力机关、国家司法机关等，都无权审批征用、使用土地的申请。

甲镇人民政府与李某签订的协议内容是以李某负担公共停车场的建设费用为代价，取得停车场西侧 1296 平方米土地的。在停车场的建设上，镇政府与李某之间是建设方与施工方的关系。李某建设停车场垫资 8 万元和劳务费本应由建设方的镇政府来出，但镇政府并没有出这些钱，而是以“划给”李某 1296 平方米土地作为对李某所垫资金和劳务费的偿付。但对 1296 平方米土地，镇政府并没有取得使用权，就不存在以非法买卖或非法转让土地行为定性的问题。将自己没有土地使用权的未利用地“划给”他人搞非农业建设，无疑是一种无权批准用地的行为。因此，镇政府构成《土地管理法》第78条规定的“无权批准使用土地”的违法行为，只不过这种批准行为是通过签订合同的形式来实现的。

原载原《中国国土资源报》（2005年3月17日）

划拨用地租赁做经营，怎么处理？

问：某行政单位将其以划拨方式取得土地使用权的房屋分别租赁给白某和刘某使用，其中白某租赁后用于经营美容美发，租期为20年，房租均是一次性付清。请问这种行为是否违反了土地管理法律法规？如违反，应如何处罚？是否对三方均应处罚？

答：对国有划拨用地房地产租赁是否应给予行政处罚，争议已久，故所述观点仅供参考。

国务院55号令《城镇国有土地使用权出让和转让暂行条例》（以下简称《条例》）第44条、第45条规定：划拨土地使用权和地上建筑物所属单位，非为生产经济组织和个人并办理或补办土地出让手续，不得转让、出租、抵押。1994年7月《城市房地产管理法》第55条规定，以营利为目的，房屋所有权人将以划拨方式取得使用权的国有土地上建成的房屋出租的，应当将租金中所含土地收益上缴国家。很明显，这两条规定是有区别的：《条例》对划拨用地房地产的出租是与转让、抵押同等对待，持严格的强制性约束；而《城市房地产管理法》对划拨用地房地产的转让、抵押、租赁是按其性质的不同，分别作规定，对划拨用地房地产租赁经营持允许、宽泛的原则。

目前城镇中，国有划拨用地的单位，几乎不分单位性质，普遍存在对所用房地产的租赁经营。如何适用上述法律法规进行管理，争论较大。

一种意见认为，《行政诉讼法》第44条、《合同法》（2021年废止）第52条是将“行政法规”与“法律”按同等效力适用，而且《城市房地产管理法》颁布后，原国家土地管理局作出的国土批〔1996〕89号《关于执行〈城市房地产管理法〉和国务院55号令有关问题的批复》第6条规定：“根据《城市房地产管理法》第五十五条的规定，房屋所有人以营利为目的，将以划拨方式取得使用权的国有土地上的房屋出租的，应当上缴租金中所含的土地收益，实施该条的具体办法由国务院制定。”目前，国务院尚未制定具体办法，应暂按国务院55号令第44条、第45条的规定执行，国务院关于实施第55条的具体办法出台后，按该办法执行，当事人未经批准擅自将划拨土地使用权连同地上建筑物出租的，应当认定其租赁行为违反了国务院55号令第44条、第45条的规定，应按国务院第55号令第46条的规定给予行政处罚”，所以，对国有划拨用地房地产的租赁经营行为，应当给予行政处罚。

第二种意见认为：《条例》发布于1990年5月，且属行政法规，而《城市房地产管理法》颁布于1994年7月，属国家法律，尽管《行政诉讼法》、《合同法》（2021年废止）规定行政法规与法律适用效力相同，但两条规定的区别是明显的。而且应该看到，《条例》的制定和发布的背景是有局限性的，而《城市房地产管理法》对国有划拨用地的房与地的法律关系的调整、对划拨用地房地产的租赁经营管理规定，是改革开放发展现实的产物。根据“法律”效力高于“行政法规”效力的原则看，对租赁经营划拨用地房地产行为的管理，应当按照《城市房地产管理法》的规定，以征缴管理其土地收益为妥，而不应当按《条例》规定对其按非法出租进行行政处罚管理，这是符合城镇国有用地房地产当前使用现状实际的。并且，这种征缴划拨用地房地产租赁经营中土地收益的管理与《民法通则》（2017年废止）第58条第5项规定中“违反法律（并未规定违反行政法规）或者社会公共利益的行为为无效民事行为”的原则是一致的，即民事行为只要不违反法律和社会公共利益，就是合法有效的。再根据“从旧兼从轻”的法律适用原则，依照《城市房地产管理法》

第55条对划拨用地房地产租赁经营中的土地收益征缴管理也是现实情况的需要。因此，笔者同意第二种意见。认为根据《合同法》（2021年废止）第214条，本案中某行政单位出租本单位划拨用地房地产20年的行为不违法，但要依法办理土地租赁登记。

原载原《中国国土资源报》（2006年7月20日）

收回破产企业划拨地，要给予适当补偿

问：我县原水泥制品厂是1971年征用新兴万寒坪村集体土地从事砖瓦制造的企业，占地面积11967平方米，1991年已办理国有土地使用证，原有职工24户46人，1996年以来因经营不善停业至今。1999年，该厂职工代表大会宣布企业破产，未经政府及有关部门清产核资，擅自将国有土地（闲置）分配到户作为宅基地。

现在由于扩建岑巩中学，需要占用该水泥制品厂闲置土地6000平方米。收回土地符合《土地管理法》第58条第1款规定，但就如何补偿的问题，多次协商未果，导致学校扩建工作受阻，矛盾激化。那么，为公共利益需要依法收回原水泥制品厂的部分划拨用地，是否需要进行评估，对其土地资产由县政府按经营性用地依法进行招、拍、挂后，再对下岗职工进行安置补偿？

集体企业划拨用地处置可否参照《国有企业改革中划拨土地使用权管理暂行规定》执行？原集体企业破产后下岗职工使用划拨国有土地（厂区土地）作为宅基地，应按什么方式取得？

依法收回原水泥制品厂划拨用地作为公益事业建设应按什么规定、何种标准进行补偿？

答：根据国家的企业改制政策，对于原水泥厂自1999年宣布破产至

今，职工未依法安置补偿的问题，政府不论以何种原因收回划拨土地使用权，都应该把职工安置补偿作为首要问题考虑。收回土地是否需要评估，招、拍、挂所得与职工安置费用如何分配，都必须依法进行。

国土资源部国土资发〔2001〕44号文件《关于改革土地估价结果确认和土地资产处置审批办法的通知》规定，为支持和促进企业改革，在企业改制时，可依据划拨土地的平均取得和开发成本，评定划拨土地使用权价格，作为原土地使用者的权益，计入企业资产。也就是说，原水泥厂依法占有、使用的划拨土地属于原水泥厂集体企业资产。根据《土地管理法》第58条规定，县政府依法收回该土地用于公益事业建设，就应给予原水泥厂适当补偿。

至于什么是“适当补偿”，原国家土地管理局国土的字〔1996〕18号文件指出：“根据《土地管理法》第三十四条、《城镇国有土地使用权出让和转让暂行条例》第四十七条规定，‘适当补偿’是指因国家建设和城市建设的需要，当地政府在无偿收回原使用者的划拨国有土地使用权时，对拆迁其地上建筑物、其他附着物以及安置等给原土地使用者造成损失的，市、县人民政府应当根据《城市房屋拆迁管理条例》的规定，结合实际给予适当补偿。”对于土地补偿，依照原国家土地管理局1992年出台的《划拨土地使用权管理暂行办法》（2019年废止）第26条规定的原则，应当按当地土地市场行情作评估，依法扣除标定地价中当地政府确定的出让金（一般为标定地价的1/3）部分后，标定地价中剩余部分为划拨土地资产，应当补偿给原水泥厂；若采取招、拍、挂，则应从招、拍、挂总收入中提出标定地价中划拨土地资产部分补偿给原水泥厂，其余为政府所有。至于原水泥厂得到这笔划拨土地资产如何运用、职工安置如何分配，应在与国家体改委、国家计委、财政部、国家国有资产管理局1989年出台的《关于企业兼并的暂行办法》不冲突的原则下，结合当地企业改制政策处置。

那种认为“适当补偿”就是象征性补偿的理解是错误的。因为，假如收回土地时只作象征性补偿，看似政府省了钱，但当改制企业职工安置费用不足、无法清偿债务、企业改制无法进行而再次成为政府的包袱时，政府又得拿出钱来补贴，或许需要解决的问题比原来还多，这是得不偿失的。

关于原水泥厂下岗职工利用本厂剩余的划拨土地修建住房的问题，根据国家住房制度改革政策和《城镇住宅合作社管理暂行办法》的规定，下岗职工可以先向当地规划部门咨询原厂区剩余土地的规划用途，在确定为住宅用地时，可以以职工集资建房名义向当地房改部门和房管部门提出申请，经批准后，可以享受经济适用住房的各项优惠政策建设房屋；若剩余土地因规划不能作为住宅用地，县国土资源局可协助该厂对剩余土地进行置换。

原载原《中国国土资源报》(2006 年 8 月 31 日)

已出让土地若改变用途，国土局同意算数吗？

问：2001 年 8 月初，我县居民俞某等四人以出让方式取得面积为 1325.3 平方米的工业用地一宗。同月，俞某四人向我局及县城乡规划局提出申请，要求将该土地用途由工业用地调整为住宅用地。2001 年 8 月 22 日三门县城乡规划局批复同意该宗地用途调整为住宅用地。2001 年 12 月 25 日，我局与俞某四人重新签订了土地使用权出让合同，调整并收取了土地使用权出让金。

我们的问题是：如果依据《城镇国有土地使用权出让和转让暂行条例》第 18 条的规定，该合同应合法有效。但 2001 年 5 月 9 日国务院国发〔2001〕15 号文件规定“土地使用者需要改变原批准的土地用途、容积率等，必须依法报经市、县人民政府批准”。鉴于国发〔2001〕15 号文件下发时间在我局与俞某四人签订合同之前，请问，该合同是否仍合法有效？

答：所提问题，是你局对《城镇国有土地使用权出让和转让暂行条例》（以下简称《条例》）第18条规定中，已出让土地若改变用途只须城市规划部门和土地管理部门同意即可，无须政府审批的片面理解所致。

《条例》第18条究竟有没有出让的土地改变用途时应当由政府审批的内容？笔者认为是有的，本条之所以会造成理解上的偏差，是这一段话中并列出现了“出让方”和“土地管理部门”这样两个既相同又不相同的概念。因为《条例》第11条规定：以下条款中的市、县人民政府土地管理部门简称出让方。关于第18条这段话中的概念构成是否得当，可与《土地管理法》第56条、《城市房地产管理法》第17条规定对比作理解。

笔者认为，对《条例》第18条的理解不必局限于出让方和土地管理部门这两个概念，因为法律法规对国有划拨土地使用权出让，从来就没有赋予土地管理部门以审批权。尽管土地管理部门作为市、县人民政府土地出让工作的实施机构，参与着当地土地使用权出让方案的审查、制定和审批，具体实施着土地出让合同的签订以及土地登记等工作，但因土地公有制的特殊性质，法律规定了这些工作由土地部门实施并作实质性审查，但责任主体是人民政府。所以，《条例》第18条中规定的“应征得出让方同意”的“出让方”，应当理解为市、县人民政府。如果说这样理解仍有些牵强的话，那么，按该条中“依照本章的有关规定重新签订土地出让合同”之规定，出让土地若改变用途，就应当毫无疑义地根据《条例》第10条的规定操作，在土地部门和规划部门同意后，土地部门应当报经政府同意后，以政府名义（土地审批专用章一般由国土资源部门掌管）下达关于同意改变原土地用途的政府土地审批件（俗称土地批复），然后土地部门才能依法以自己的名义（盖国土局公章）与俞某等四人签订新的土地出让合同。可见，《条例》第18条规定中应当是包含政府审批这一层关系的。

《土地登记规则》第50条规定：国有土地的用途发生变更的，土地使用者应持批准文件，和原《国有土地使用证》申请土地用途变更登记。以出让方式取得国有土地使用权的用途发生变更的，还应当提交签订的土地使用权出让合同变更协议或者重新签订的土地使用权出让合同。这就是说，重新签订的土地出让合同如果没有批准文件，或者说有政府批准文件但其内容与新出让合同不一致，则土地出让合同成立，但不生效，是不能办理土地登记的。

综上所述，笔者认为，你局与俞某等四人重新签订土地出让合同时，如果没有同时向俞某等四人依法下达关于同意将原工业用地改变为住宅用地的加盖有政府土地审批专用章的批准文件，则重新与俞某四人签订的土地出让合同是成立的，但不生效，反之才生效。因此，《条例》第18条与国务院国发〔2001〕15号文件规定不矛盾。

原载原《中国国土资源报》(2006年9月7日)

这笔土地抵押款向谁追讨?

联营公司用其划拨地和房产向银行抵押贷款，抵押双方都未到土地管理部门办理任何抵押登记手续。后来，市政府依法收回这块划拨土地公开拍卖，银行这时向政府提出了赔偿，这笔土地抵押款该向谁追讨?

辽宁省某联营公司是一家国有公司，其2200多平方米土地使用权为划拨土地，后来由个人承包经营。1988年，联营公司在没有办理任何土地登记手续的情况下，用土地使用证和房屋产权证在银行办理了抵押贷款，土地使用权贷款近360万元，其抵押合同进行了公证。2000年，联营公司与银行因还贷纠纷引起诉讼，经市中级人民法院审理，并于同年3月作出民事裁定（不是判决），裁定其经公证的抵押合同具有法律效力，联营公司应立即办理土地移交手续还贷。

2004年11月，市人民政府依法收回了这块土地使用权，并在报纸上公告，向社会公开招标、拍卖该土地使用权。在此之前，土地抵押双方没有到市政府土地管理部门办理任何土地抵押手续，直到土地拍卖成功，银行才聘请律师向市人民政府提出赔偿要求。他们提出索赔的法律依据主要是《土地管理法》第58条规定，法院早在2000年3月就已经把这块土地的使用权判给了银行，政府收回划拨土地使用权时没给银行土地补偿，使银行受到巨大损失，要求政府给予不少于355万元的补偿。

问：银行的要求合理吗？土地的权属确定可以由法院裁定吗？怎样看待这起划拨土地使用权抵押？国土资源部门该怎么办？

答：我国的城镇国有土地使用权流转和有偿使用制度是以1990年5月国务院发布的《城镇国有土地使用权出让和转让暂行条例》（以下简称《条例》）为标志开始的。根据《条例》第44条、第45条和1987年1月1日实施的《土地管理法》第2条第2款的规定，国有划拨土地使用权未经依法批准，是不能擅自以土地使用权为标的物作抵押贷款的，但本案的实际情况是联营公司与银行以土地证和房产证为标的物进行抵押贷款。因此，1988年双方签订的抵押贷款合同不论从实体法上还是从程序法上讲，其认为的抵押标的物并没有涉及联营公司的划拨土地使用权，故该抵押贷款行为是无法律效力的。

《公证暂行条例》第18条规定公证员必须审查当事人申请公证的事实和文书以及有关文件是否真实、合法；第25条规定公证处对不真实、不合法的事实与文书应拒绝公证。可见本案的公证文书是违法的。《民事诉讼法》规定人民法院受理具有强制执行力的公证债权文书申请后，经审查债权人提供的事实、证据，对债权债务关系明确、合法的，应当在受理之日起15日内向债权人发出支付令，申请不成立的，裁定予以驳回；公证债权文书有错误的，人民法院裁定不予执行，并将裁定书送达双方当事人和公证机关。最高人民法院《关于适用〈中华人民共和国民事诉讼法〉若干问题的意见》规定人民法院在执行中需要变卖被执行人财产的，可以交有关单位变卖，也可以由人民法院直接变卖。可见，铁岭市中级人民法院在下达强制执行裁定书之前，根本就没有依法履行审查之责，未依法履行变卖程序，直接裁定联营公司办理土地移交手续更是错上加错。

但错误的判决、裁定未必就不能强制执行，因为这其中存在一个利害关系人是否放弃执行程序中的异议权问题，如果利害关系人放弃异议权，则判决、裁定即便存在错误，法院也可以根据《民事诉讼法》相关规定和最高人民法院、国土资源部、建设部法发〔2004〕5号《关于依法规范人民法院执行和国土资源房地产管理部门协助执行若干问题的通知》的规定，强制执行自认为应当执行的诉讼标的。

但本案中并不涉及铁岭市人民政府需要行使异议权的问题。因为，铁岭市中级人民法院的强制执行裁定和银行的债权主张在诉讼中，存在五个方面的法律障碍：（一）铁岭市人民政府与联营公司之间在土地上是行政划拨法律关系，未经政府批准，联营公司对所使用的土地无法律意义上的处分权；（二）银行以联营公司的土地使用证和房产证为标的物抵押贷款，并不涉及联营公司的划拨土地使用权，铁岭市人民政府依法收回联营公司划拨土地使用权的行政行为法律依据充分有效；（三）强制执行裁定书，是发给联营公司的，并没有向铁岭市人民政府土地管理部门发出协助执行令；（四）银行和联营公司双方即便到土地管理部门申请办理土地变更登记，土地管理部门根据《城市房地产管理法》第39条规定，有权拒绝办理，所以，联营公司的划拨土地使用权在未强制被变更前，依然受法律保护；（五）联营公司与银行之间是债权债务法律关系，而不是土地权属争议关系，银行根据法院强制联营公司立即办理土地移交手续裁定书向政府主张土地补偿是概念不清、法律关系混乱。很清楚，法院的强制执行裁定和银行的债权主张与铁岭市人民政府收回联营公司划拨土地使用权的行政行为之间没有法律意义上的权利和义务关系。

总之，银行的法制意识淡薄，其将土地证和房产证扣押向联营公司贷款的行为，犯了法理上的“事实认识错误”，在诉讼过程中不断错过有利时机，风险当然自负。根据本案目前的具体情况，笔者建议，银行可以联营公司“不当得利”为由向法院提起民事诉讼来追讨。来信中说政府是依法收回了联营公司的土地，但没有说明联营公司这个单位是如何被处置的。是撤销了？还是改制了？如果是撤销，可按“谁撤销谁承担责任”的原则，依法向其行政主管部门主张债权；如果是改制，应在清产核资的债权债务公告阶段，向其企业改制领导小组主张债权；如果联营公司目前已改制完毕，就只有向联营公司的国有资产主管上级主张债权了。

原载原《中国国土资源报》（2006 年 9 月 14 日）

企业法人资格灭失，其非法占地法律责任谁担？

问：我市某单位（现具备法人资格）非法占用土地事实清楚、证据确凿充分，市国土资源局已依法对该单位作出行政处罚决定，并将行政处罚决定书送达当事人。但该单位最近将参与其系统内部的机构改革，改革后该单位不再具备法人资格。若出现这种情况，此案应如何处理？

答：这就要看处罚决定送达后，在法定时间内，谁对处罚决定不服而提起复议或者诉讼。如果有人提起，按“谁提起谁承担责任”的原则处理；如果无人提起，则处罚决定生效。如果被行政处罚的单位撤销，可根据《民法通则》（2017 年废止）第 44 条第 2 款的规定，要求权利承继单位承担其责任。为便于表述，我们将来信提到的违法单位称为 A 单位，将吸收 A 单位的那家单位称为 B 单位。

对非法占用土地的行政处罚，主要是限期拆除或者没收在非法占用的土地上新建的建筑物和其他设施，并处罚款。所以，不论是拆除、处罚还是罚款，在 B 单位不履行主动拆除等义务时，则只涉及申请法院强制执行的相关费用的问题。笔者认为，可依上述规定，在 B 单位办理 A 单位的土地使用权变更登记时，责令 B 单位缴纳，或者通过诉讼解决。

原载原《中国国土资源报》（2006 年 9 月 21 日）

出让手续不规范，出让合同无效

问：某县城一小区原属居民住宅区，共有居民8户，用地居民均办理了土地登记手续，并颁发了国有土地使用证，其中属划拨土地使用权的7户，出让土地使用权的1户，出让年限为70年（2003年11月—2073年11月）。上述8户居民在自己使用的土地上，修建砖土木结构平房，房屋使用年限在20年以上，与周围新建楼房相比，显得破旧不堪。2006年2月，该区被发展改革和城市规划部门批准用地规划，由某房地产公司实施拆迁并开发商住楼一栋。开发公司向国土局提出了办理建设用地审批手续的申请。

按照《城市房屋拆迁管理条例》的规定，在拆迁人取得房屋拆迁许可证前，必须取得国有土地使用权批准文件，为此，国土资源管理部门要依照《土地管理法》第58条第1款、第2款的规定收回上述8户居民的土地使用权（含1户出让国有土地使用权）后再给开发公司办理用地手续。

请问，上述由发展改革和规划部门批准的建设项目和规划用地是否属于旧城改建和公共利益项目？能否依照《土地管理法》第58条第1款、第2款的规定收回上述8户居民的国有土地使用权？若能够收回的话，是否与《城市房地产管理法》第19条、《城镇国有土地使用权出让和转让暂行条例》第42条以及国办发〔2004〕46号《国务院办公厅关于控制城镇房屋拆迁规模严格拆迁管理的通知》第5条的规定相互矛盾？

答：我国地少人多，逐步改城乡居民平房居住为楼房居住是国家早已确定的方向，你区发展改革和城市规划部门确定该八户居民住宅区域为商住楼建设项目规划用地，当属旧城改建。

信中所提问题的核心是关于8户居民中已办土地使用权出让手续的这一户能否也因这次旧城改建，收回其国有土地出让使用权？这个问题涉及国有土地使用权出让行为的规范问题。《城市房地产管理法》第9条规定，土地使用权出让，必须符合土地利用总体规划、城市规划和年度建设用地计划；第11条规定：土地使用权出让，由市、县人民政府有计划、有步骤地进行。出让的每幅地块、用途、年限和其他条件，由市、县人民政府土地管理部门会同城市规划、建设、房产管理部门共同拟订方案，按照国务院规定，报经有批准权的人民政府批准后，由市、县人民政府土地管理部门实施。

从上述规定可知，国有土地使用权出让是有条件的：一是要符合城市规划和年度建设用地计划；二是出让的地块、用途、年限和其他条件，要符合当地市、县人民政府土地管理部门与相关部门共同拟订的土地利用方案。在实践中，这两个条件的具体操作程序是：申请出让土地的建设单位先向相关计委申请建设项目立项及项目用地计划任务，再到规划部门申办建设项目用地规划定点许可，根据这两个法定文件，土地管理部门才能与用地申请人签订土地使用权出让合同。

从上述土地出让程序看，你县土地管理部门为这8户居民中的一户所办的宅基地出让手续，显然是不规范的，因该户没有建设项目和用地计划任务书，不属土地开发的出让对象。对类似的不规范土地出让行为，1993年7月21日全国土地管理厅局长会议上，邹家华副总理就贯彻中央六号文件，加快土地使用制度改革、加强地产市场宏观管理时指出：要严格执行国务院55号令，土地使用权出让时一定要有建设项目；《〈城市房地产管理法〉立法草案说明》第10条指出：土地使用权出让，必须符合土地利用总体规划、城市规划和年度建设用地计划，并同建设项目相结合。

目前，这种不规范地将国有划拨用地中的私宅地出让的行为，在全国不少城镇都不同程度地存在，已给旧城改建和公益建设造成了干扰。各地对该问题的处理，一般都是在退还相应土地出让金后，再按划拨用地给予适当补偿；也有以违法出让土地，按无效出让合同处置的，总的原则是不能干扰旧城改建和公益建设。

原载原《中国国土资源报》（2006年6月8日）

客货运场能享受划拨用地吗？

问：我县立项了一客货运站场建设项目。承办单位为非国有客货运企业，主要运行县内部分短途客运车辆。在《划拨用地目录》中，公共交通车辆停车场属于公共交通设施。《停车场建设和管理暂行规定》中界定：公共停车场是指主要为社会车辆提供服务的停车场所。公共停车场可以收取停车管理费，有条件为社会车辆提供服务的专用停车场也可以收取停车管理费。鼓励单位、个人投资兴建公共停车场，建设者可按当地人民政府有关规定收取停车管理费。

请问，对该客货运企业应以何种方式供地？

答：从来信所述可知，你局之所以对客货运站场项目用地的供地方式拿不定主意，主要是将客货运站场与城市公共交通设施混为一谈所致。

从《划拨用地目录》的用地项目类别性质看，公共交通设施属城市基础设施范围。所谓城市基础设施是指城市功能必备的组成部分。客货运站场虽然也是客货车辆运输站场及停车场，但其并不直接服务于城市公共交通，而是一个独立于城市公共交通之外、自成体系，从事长、短途客货运输经营的法人企业。所以，其项目建设不能享受划拨用地的待遇。

这里有必要强调的是，即便一个建设项目属于划拨用地范围，也并不是都可以按划拨方式供地。《城市房地产管理法》第23条规定，下列建设用地的土地使用权，确属必需的，可以由县以上人民政府依法批准划拨：（一）国家机关用地和军事用地；（二）城市基础设施用地和公益事业用地；（三）国家重点扶持的能源、交通、水利等项目用地；（四）法律、行政法规规定的其他用地。

因此，该条规定本身就已经表明，条款所列的四类建设项目用地的土地使用权，只有在“确属必需”时，才可按划拨方式供地。如果不是“确属必需”，则应以出让或其他有偿使用方式供地。

之所以这样规定，立法时的考虑是：一方面，从我国实际出发，同时借鉴国外一些国家或地区的做法，对所有建设用地一律采取出让方式供地，不切合现阶段土地使用实际，应当考虑对某些建设用地以划拨方式供地；另一方面，从发展我国社会主义市场经济，大力推进土地使用制度改革，培育和发展房地产市场出发，应当逐步缩小土地使用权划拨范围，扩大土地出让范围。对能够采取市场机制配置土地的，就应当尽可能地采取市场机制配置土地；不能采取市场机制配置的，才采取划拨方式配置土地。这样有利于发挥市场在配置土地资源这一生产要素中的作用，保证国家在土地资产方面的收益。至于“确属必需的”条件或者尺度应当如何把握，则应由县级以上人民政府根据具体情况加以运用。总体来讲，应把握的原则是：对《城市房地产管理法》第23条所规定的四类建设项目用地，如果确属国家投资项目或者其他投资者的建设项目，并且是用于非经营或非营利性目的的，县级以上人民政府应当依照该规定依法批准以划拨方式供地；对于不属于国家投资的建设项目而又用于经营或营利性目的的，则应依法采取出让或其他有偿使用方式供地。

原载原《中国国土资源报》(2007年8月23日)

铁路报废，用地怎样收回？

问：江西省新余市城区的“一通道”是为建设新余钢铁厂、江西第二化肥厂、新余电厂而于1959年修建的铁路专用线。由于该专用线对浙赣正线构成影响，江西省发展和改革委员会于2004年8月批准“同意建设替代现有专用线的新余铁路二通道工程”。该工程已于 2006 年 2 月建成通车，并将“一通道”驶入浙赣正线的相切线拆除。新余市人民政府从城市建设和安全因素出发，根据《土地管理法》第 58 条规定，拟收回“一通道”国有土地使用权。请问，收回废弃铁路国有土地使用权应如何履行手续？铁路报废要经哪个部门核准？是否要报铁道部？

答：解决本案的关键在于弄清“铁路专用线”由谁来管的问题。《铁路法》第 2 条规定：“国家铁路是指由国务院铁路主管部门管理的铁路。地方铁路是指由地方人民政府管理的铁路。专用铁路是指由企业或者其他单位管理，专为本企业或者本单位内部提供运输服务的铁路。铁路专用线是指由企业或者其他单位管理的与国家铁路或者其他铁路线路接轨的岔线。”

很清楚，“一通道”铁路专用线的管理权属于新余钢铁厂、江西第二化肥厂和新余电厂，其所有权应归属这三个厂的行政隶属主管部门所在地人民政府。因为这三个厂始建于 1959 年，按国家关于企事业单位的建设程序，其设立和建设存在两个不同性质的审批，即建设项目行政主管审批和建设用地行政主管审批。那么，反过来说，收回一个单位的土地使用权同样存在着须经这两个行政主管部门审批的问题。

《土地管理法》第 58 条第 5 项规定的土地使用权收回程序是：公路、铁路、机场、矿场等经核准报废的，土地行政主管部门报经原批准用地的人民政府或者有批准权的人民政府批准，可以收回国有土地使用权。可见，能否收回“一通道”铁路专用线用地的前置性程序是这三个厂的行政主管部门是否核准“一通道”铁路专用线报废。但根据《铁路法》第 34 条“地方铁路、专用铁路、铁路专用线的建设计划必须符合全国铁路发展规划，并征得国务院铁路主管部门或者国务院铁路主管部门授权的机构的同意”规定的精神，这三个厂的行政主管部门在根据需要对“一通道”铁路专用线作处置时，还应与铁道部或其在地方的授权机构取得联系，待处置意见统一后才能对“一通道”铁路专用线作出是否报废的决定。

国土资源管理部门只有在接到关于“一通道”铁路专用线的报废通

知后，才可以依法行使对其用地的收回权。否则，是不能行使土地收回权的。

原载原《中国国土资源报》(2008 年 1 月 3 日)

土地相邻关系纠纷宜通过民事诉讼解决

问：2002 年 4 月，因村办小学迁建，前丰村村委会将 3 间教室卖给村民杨某作住房。杨某购房后便将房檐下滴水内通道堵死拟建新房基脚，给一直从此通行的田某家造成通行困难。为此，双方发生争执。杨某认为购房后在其滴水之内均有房屋所有权，而田某却认为历史形成的通道应依法予以保护。两者各有道理，到底该如何处理？

答：不论以物权处置关系看，还是以善意买受关系定性，杨某对所买三间旧教室及对合理占用范围土地的使用权都是合法有效的。

杨某与田某的道路通行之争，属于物权关系中的民事相邻关系纠纷。根据《物权法》(2021 年废止) 第 87 条的规定及《民法通则》(2017 年废止) 第 83 条以及《最高人民法院关于贯彻执行〈中华人民共和国民法通则〉若干问题的意见（试行)》(2021 年已废止) 第 101 条规定，你局应当告知杨某或田某直接向当地人民法院提起道路通行权相邻关系民事诉讼解决，而不应当参与本案的调解或处理。

原载原《中国国土资源报》(2007 年 10 月 18 日)

国土资源分局有权出租国有土地吗？

问：我是新疆维吾尔自治区某国土资源分局的一名工作人员，我区国土资源分局与某村民小组、某农场签订了国有土地租赁合同，现这些单位未按合同约定向我分局缴纳土地租赁金，我分局是否可以向法院提起民事诉讼，要求对方支付土地租赁金及利息？这类国有土地租赁合同是民事合同，还是行政合同？如果作为民事合同起诉，是否具有相关法律依据？

我分局是自治州国土资源局的派出机构，有自己的公章和组织机构代码证，有固定的办公场所，但没有独立的财产。同时，我分局又隶属于国家农业科技园区管委会，该园区管委会属正县级建制，属政府的派出机构，是事业单位法人。我分局所需经费均由园区拨付，所收款项也均缴纳给园区。现在如果起诉，我分局是否有主体资格？是以分局的名义起诉？还是以园区的名义或自治州国土资源局的名义起诉？

答：笔者认为，国有土地出让合同属于民事合同。

对于该合同的性质，最高人民法院曾请示全国人大常委会法工委，全国人大常委会法工委在其答复中指出："现行法律中没有关于行政合同的规定，在国有土地使用权出让合同履行过程中，因土地管理部门接触国有土地使用权出让合同而发生的争议，宜作为民事争议处理。"2004 年 11 月 23 日最高人民法院审判委员会第 1334 次会议通过的《关于审理涉及国有土地使用权合同纠纷案件适用法律问题的解释》（法释〔2005〕5 号）指出："根据《中华人民共和国民法通则》、《中华人民共和国合同法》、《中华人民共和国土地管理法》、《中华人民共和国城市房地产管理法》等法律规定，结合民事审判实践，就审理涉及国有土地使用权合同纠纷案件适用法律的问题，制定本解释。"

关于你分局是否有权出让土地的问题，1991 年 5 月 13 日原国家土地管理局曾针对山东省原土地管理局的请示作出答复："《城市国有土地使用权出让和转让暂行条例》第九条、第十条、第十一条、第十七条、第二十五条、第二十六条、第四十五条、第四十六条、第四十七条中的市、县人民政府所指'市'，包括全国各级市，所指'县'，不包括市辖区。"

关于你分局与村民小组、农场签订的国有土地租赁合同是否有效的问题，根据《土地管理法》第5条第2款的规定，这不仅涉及你分局的级别，而且涉及新疆维吾尔自治区关于县以上人民政府土地行政主管部门的设置及对职责分工的确定。从信中反映的情况看，你分局应是乡镇级国土资源管理所。如果笔者的这个判断是正确的，则根据土地出让权由县以上国土局行使的原则，你分局与村民小组、农场等签订的国有土地租赁（租赁土地是出让方式的补充）合同应是无效的，当然也就不存在可以变通灵活处理的问题；如果你所说的这个分局的级别是市辖区的县级分局，则根据国有土地出让的实践，当上级政府或国土资源局不直接干涉、否定分局出租国有土地行为的情况下，分局出租国有土地的行为可以认定为地市级政府国土资源局内部的分工问题，应当是合法有效的（尽管分局没有独立的财产，但根据与上级局的行政隶属关系，法律责任应当由上级局承担）。那么，按国有土地出让合同属于民事合同的性质，分局可以以签订合同的一方主体起诉。

原载原《中国国土资源报》（2008年3月27日）

应从违法主体名称入手

问：我县食品厂停产停业多年，为盘活资产安置职工，经厂职工大会通过开发利用东厂土地开发房地产。请问，该行为是否构成违法？若是，该怎么处理？占地面积该怎么界定？

答：本案不属未经批准非法占地案件，而属于未经批准擅自改变土地用途。所以，违法改变土地用途面积的认定，应从违法主体的名称入手，理由如下：

如果认定是食品厂未经批准，擅自改变土地用途进行房地产开发建设，应根据其当前实际改变土地用途开发建设占用的面积，实事求是地按客观现状来认定。因为食品厂是其原划拨工业用地的使用权人，只是无资格对自己所用的划拨工业用地在未经批准的情况下进行房地产开发建设，违反的是《土地管理法》第 4 条。但对这种改变建设用地原用途的行为应承担何种责任，该法第 82 条也仅规定：不依照本法规定办理土地变更登记的，由县级以上人民政府土地行政主管部门责令其限期办理。很清楚，本法并无对此类土地违法行为明确具体的法律责任。

如果认定为食品厂变更的房地产开发公司为本案的违法主体，因其能公开出示本单位的新名称——某房地产开发公司，则应根据《城市房地产管理法》第 29 条的规定，查其在工商部门是否登记和在相关部门的备案资料。若这些手续齐全，则其未经批准擅自改变土地用途的面积，根据《城乡规划法》第 31 条、第 38 条和《城市房地产管理法》第 9 条、第 10 条、第 11 条的规定，应按当地发改委为其项目立项批准的用地指标或规划部门批准的建设用地定点面积来确定。

原载原《中国国土资源报》（2008 年 9 月 8 日）

农转非后直接转为国有地的，应按国有地主张权利

问：我们村民小组随国家征地，原农村户口已经转为非农业户口，原村民小组也改为了居民小组，最近我们发现离我们居住地不远的原村

办企业无人进出，经了解才知企业解散了，因为这个企业所用土地原为我们村民小组土地，因征地时该企业还在正常经营，我们也就没有过多过问，现在突然解散，村上也无人告知我们厂和土地是怎么处理的，请问，我们该怎么主张该地的权利？

答：《确定土地所有权和使用权的若干规定》第14条规定：“因国家建设征用土地，农民集体建制被撤销或其人口全部转为非农业人口，其未征用的土地，归国家所有。继续使用原有土地的原农民集体及其成员享有国有土地使用权。”

根据《划拨土地使用权管理暂行办法》（2019年废止）第2条之规定，这个由农转非后的原农民集体在按城镇建制，被编列为一个新居委会或为某个居委会的一个小组后，如果原村民居住的宅基地、该新居委会或为某个居委会的一个小组所有的企、事单位的用地，依城市规划被批准为某个建设项目的用地时，由国土资源管理部门和拆迁部门依据《土地管理法》第58条和《城市房屋拆迁管理条例》的规定，从该建设项目用地单位收取的有偿使用土地价款中，在扣除国家应得的标定地价40%以上的纯土地出让金或土地收益后，将其标定地价60%以下土地价款部分支付被拆迁的住户和企、事单位所属的该特定“新居委会、小组”，由其在该特定的“新居委会、小组”范围内集体决定使用或分配。

原载《国土资源百题问答》（2010年陕西省国土资源厅）

谁有权确认这几种土地使用权合同？

问：县级以上人民政府土地行政主管部门是否有权确认个人与个人、单位与单位、单位与个人之间就土地所有权和使用权签订的承包合同、租赁合同、抵押合同等合同或协议的法律效力？是否必须经司法部门或仲裁机构先行确认其有效或无效？

答：原则上，县级以上人民政府土地管理部门无权确认当事人之间就土地使用权（不存在土地所有权合同）签订的承包、租赁、抵押等合同或协议的法律效力。因为这类合同，不论是个人与个人之间、单位与单位之间还是单位与个人之间，都必须经县级以上人民政府土地管理部门审批或登记，这是由土地使用权这种特殊的财产权在流转过程中的特殊性所决定的。行政行为有一个显著的法定特点：一经作出，就具有公定力、执行力和不可变更力。但行政行为还具有一定的自由裁量权，存在着对政策和法规理解的差别。所以行政行为对合同的审批、登记与否及审批与登记的正确与否，就必须得到监督，给合同当事人一个法律救济的程序。

关于这类合同的法律效力是否必须经司法部门或仲裁机构先行确认，可以肯定地说不存在这种程序。根据《行政诉讼法》第 44 条、第 54 条的规定，行政行为即便有错误，非经法定程序，不得变更。只有在当事人履行合同或与该合同履行有利害关系的第三人产生了争议诉至法院，才会产生对合同法律效力的确认问题。

原载原《中国国土资源报》（2003 年 12 月 12 日）

土地闲置　该咋处罚？

问：随着国家对房地产业政策的宏观调整与房地产信贷门槛的抬高，致一些“财不大、气不粗”的房地产企业，因开发资金匮乏无力开发建设，土地闲置的情况不可避免。何谓闲置土地？根据《闲置土地处置办法》第 2 条的规定，闲置土地是指土地使用者依法取得土地使用权后，未经原批准用地的人民政府同意，超过规定的期限未动工开发建设的建设用地。但是，闲置土地的类型很多，对于不同类型的土地闲置情况应按什么标准处理呢？

答：原国家土地管理局〔1997〕国土［法］字第153号《关于认定收回土地使用权行政决定法律性质的意见》中对闲置土地的收回处置性质作了区分：原《土地管理法》第19条（新法第58条），《城市房地产管理法》第19条、第21条第2款，《城镇国有土地使用权出让和转让暂行条例》第40条、第47条第1款和第2款，《基本农田保护条例》第21条、《土地复垦规定》第17条规定的闲置土地处置，其性质为行政处理；而原《土地管理法》第33条（新法第57条、第80条），《城市房地产管理法》第25条，《城镇国有土地使用权出让和转让暂行条例》第17条规定的闲置土地处置，其性质为行政处罚。本文涉及的只是应给予行政处罚的闲置土地处置方式。

笔者认为，土地闲置是否应给予行政处罚，要从三个方面考虑：

第一，没有按照合同约定的动工开发期限开发土地。《城市房地产管理法》第25条规定，以出让方式取得土地使用权进行房地产开发的，必须按照土地使用权出让合同约定的土地用途、动工开发期限开发土地。这是土地使用权出让合同效力的体现。土地使用权出让合同依法成立、生效后，即具有法律约束力，双方当事人均应遵守，我国土地使用权出让合同多对投资开发期限作了规定。投资开发期限包括具体的动工开发期限和竣工日期等。城市房地产开发企业不按照土地使用权出让合同约定的土地用途和动工开发期限开发土地，是一种违约行为，需要承担相应的违约责任。对土地使用权受让方的这些要求都是必要的，因为从民事法律角度看，通过出让方式取得的土地使用权具有相对独立性，在土地使用权存续期间，土地使用权人对土地有直接的占有、使用、收益、处分的权利，即具有一定的物权性。因此，作为国有土地所有者代表的出让方，为了保证国有土地的合理、有效地利用，必然需要通过土地使用权出让合同对土地受让人的权利范围进行设定，并依法对土地受让方违反土地使用权出让合同约定的行为进行必要的法律制裁。

除上述法定闲置土地的情形外，国土资源部1999年4月发布施行的

《闲置土地处置办法》还列举了三项闲置土地的情况：一是国有土地有偿使用合同或者建设用地批准书未规定动工开发建设日期，自国有土地有偿使用合同生效或者土地行政主管部门建设用地批准书颁发之日起满1年未动工开发建设的；二是已动工开发建设但开发建设的面积占应动工开发建设总面积不足1/3或者已投资额占总投资额不足25%且未经批准中止开发建设连续满1年的；三是法律、行政法规规定的其他情形。

第二，有逾期开发土地的违约行为。未按合同约定的动工开发期限开发土地，应承担违约责任。《城市房地产管理法》第25条中规定，超过出让合同约定的动工开发日期满1年未动工开发的，可以征收相当于土地使用权出让金20%以下的土地闲置费用；满2年未动工开发的，可以无偿收回土地使用权。

所谓超过出让合同约定的动工开发日期满1年或者满2年未动工开发的，是指土地使用权出让合同中约定的动工开发日期之后1年之内或者2年之内未动工开发的情况。一个房地产开发企业取得土地使用权后，往往还不能马上进行动工开发，还有大量的前期工作要做。因此，动工开发日期与合同订立的日期是不同的，土地使用权出让合同约定的动工开发日期往往是合同订立日期之后的某一日，这段准备工作期间或长或短由双方协商约定。但合同约定的动工开发日期已到，满1年仍未动工开发的，土地使用权出让方就可以依照本条规定征收相当于土地使用权出让金20%以下的土地闲置费；满2年仍未动工开发的，土地使用权出让方就可以无偿收回土地使用权。本条对违约责任规定的立法目的是避免土地闲置，抑制投机行为。

第三，逾期开发土地的违约责任的免除。因不可归责于逾期履行者的原因造成合同不能履行的，逾期履行者不负责任。对于不是由于土地使用权受让方原因而造成的动工开发迟延，就不应承担违约责任。这种情况有三种免责事由，即不可抗力、政府或者政府有关部门的行为、动工开发必需的前期工作带来的土地闲置。

综上所述，对于那些故意闲置土地，并企图通过囤积来炒卖地皮谋利的土地使用权受让方应当加以制裁以外，对其他正常进行房地产开发的企业要注意分析具体情况定性，实事求是地进行处理。

原载原《中国国土资源报》(2006年11月30日)

提前收回出让土地使用权应按市场价补偿

问：1999年12月，我局依据县建设部门批准的建设用地规划许可，依法向申请人出让了国有土地使用权。2001年县建设部门调整了县城建设规划，不再允许受让人动工建设，县政府也没有授权我局收回国有土地使用权，导致受让人既不能用地，也得不到补偿。前不久，受让人联名申请县建设局批准动工建设，县建设局以调整城建规划为由仍不许可动工。据此，受让人提请县人民政府行政复议，强烈要求尽快解决这个问题。根据《土地管理法》第58条的规定，为公共利益需要，为实施城市规划进行旧城区改建需要调整使用土地的，可以收回国有土地使用权，对土地使用权人应当给予适当补偿。但法律规定的“适当补偿”很原则，不便于操作。请问对这宗提前收回的土地，应当怎样给予补偿？

答：解决这个问题应严格把握两个法律原则：一是严格把握“特殊情况下的社会公共利益需要”的标准；二是严格遵守提前收回土地使用权的法律程序。只有这两个问题解决好了，提前收回土地的补偿问题就可避免许多争议。

关于“特殊情况”“社会公共利益”的含义，《土地管理法》和《城市房地产管理法》均未作立法解释，也未见行政解释、司法解释。但从法理和司法实践看，“特殊情况”应是事先无法预见、其内容也难以准确概括和列举全面的情况，通常是指发生了特别的事件，或到了万不得已的情形。所谓“社会公共利益”，通常指签订出让合同时无法预见的重大事件或新的城市建设规划急需，以及涉及社会公众的生活、工作稳定与安全的需要。如果只发生了特殊情况，而不是根据社会公共利益的需要，或者说只是为了满足社会公共利益的需要，而并没有发生特殊情况，都不能提前收回土地使用权。土地使用权出让方案是土地主管部门会同若干部门共同拟订的，并且报经有批准权限的人民政府批准的，这本身就充分考虑到了社会公共利益。土地使用权出让合同一经签字生效，其合同的履行，除非发生社会公共利益的特殊需要，应当受到法律的保护。

由此看来，本案中县建设部门对本县城市规划的确定和调整，是很不慎重的，土地使用权出让才 1 年多，就调整了县城建设规划，不允许受让人动工建设一停就是 7 年。有必要在此提出的问题是，本次县城规划的调整是否经过了原审批规划的人民政府的批准？是否为社会公共利益的特殊需要？

关于收回土地使用权的程序问题，根据《土地管理法》第 58 条的规定，土地使用权收回，由土地主管部门报原批准土地出让的人民政府批准，由土地主管部门具体实施。土地主管部门应在收回土地使用权之前的合理期限内，将收回土地使用权的理由、地块坐落、四至范围、收回日期、补偿办法决定书送达土地使用权人，并在所涉及的范围内公告。很明显，土地使用权收回，是土地主管部门的职责，有严格的行政程序。县建设部门以调整建设规划为由不允许受让人动工建设是行政侵权行为，应当承担相应法律责任。

根据上述法律内涵和《城市房地产管理法》第 19 条的原则，即便这次行政复议，政府有证据表明本县城的规划调整已经法定程序确定并被批准，那么，该宗出让土地使用权的收回，还是应当按当前土地使用权剩余使用年限的土地市场价格予以补偿。

原载原《中国国土资源报》（2007 年 2 月 15 日）

法院查封的闲置地，使用权不能收回

问：有一宗1995年出让的工业用地，至今未进行开发建设。土地主管部门早就打算收回该宗地的土地使用权。但因为土地受让方债务原因，先后有3家法院对该宗地进行了查封，且目前仍处在查封中。然而，《城市房地产管理法》第25条规定，以出让方式取得土地使用权进行房地产开发的，满2年未动工开发的，可以无偿收回土地使用权。

在这种情况下，土地主管部门可否按上述规定收回该宗地土地使用权？

答：处在法院查封状态下的闲置土地，国土部门不能收回其使用权。

1998年12月18日国土资源部（国土资函〔1998〕403号）《关于对收回被司法机关查封国有土地使用权问题的批复》指出，司法机关因债权债务纠纷而查封国有土地使用权，应当依法进行，被查封的土地也必须是诉讼当事人拥有合法使用权的土地。对于司法机关依法进行的查封，在查封期限内，人民政府不能收回国有土地使用权；查封期限结束后，则可以依法收回国有土地使用权。

另外，根据最高人民法院、国土资源部、建设部《关于依法规范人民法院执行和国土资源房地产管理部门协助执行若干问题的通知》（法发〔2004〕5号）第11条的规定，人民法院对土地使用权、房屋的查封期限不得超过2年。期限届满可以续封1次，续封时应当重新制作查封裁定书和协助执行通知书，续封的期限不得超过1年。确有特殊情况需要再续封的，应当经过所属高级人民法院批准，且每次再续封的期限不得超过1年。查封期限届满，人民法院未办理继续查封手续的，查封的效力消灭。

原载原《中国国土资源报》（2007年2月15日）

二

集体土地管理法律问题答疑

单身可以申请宅基地吗？

问：农户陈某，妻邵某，生有一儿一女，现有住房4间，占地面积140多平方米，已达到当地宅基地最高限额。2004年夫妻因感情不和，在达成财产分割协议后，经法院判决离婚，子女由陈某抚养，房产全部由邵某所有。2005年11月，陈某以没有住房为由向村委会及当地政府申请审批宅基地，请问他能否再批准使用村集体宅基地。

答：《土地管理法》第62条第1款规定，农村村民一户只能拥有一处宅基地，其宅基地的面积不得超过省、自治区、直辖市规定的标准。第4款规定，农村村民出卖、出租住宅后，再申请宅基地的，不予批准。根据这个原则，在审查陈某离婚后携儿女再申请宅基地的问题上，还必须结合《婚姻法》（2021年废止）的相关规定作判断。最高人民法院法发〔1993〕第32号《关于人民法院审理离婚案件处理财产分割问题的若干具体意见》（以下简称《意见》）第8条规定，夫妻共同财产，原则上应均等分割；第13条规定，分得房屋的一方对另一方应给予相当于该房屋一半价值的补偿。根据上述原则，陈某与妻子离婚时协议分割房屋的行为，应视为陈某将依法属于自己的两间房屋转让给了原配偶。那么，根据农村村民出卖、出租住宅后，再申请宅基地的不予批准之原则，在陈某还未再婚组成新家庭前，是不能批准陈某对宅基地的再申请的。

那么，如何解决单身陈某的居住问题呢？根据《意见》第 14 条，婚姻存续期间居住的房屋属于一方所有，另一方以离婚后无房居住为由，要求暂住的，经查实可据情予以支持，但一般不超过 2 年。因此，在陈某未再婚组成新家庭前，陈某的单身居住问题应由双方协商解决，或租赁解决。因为本案陈某无房的实际是，陈某将依法属于自己的两间房屋协议转让给了原配偶。

关于陈某直接抚养的两个子女的居住问题，《婚姻法》（2021 年废止）第 56 条规定，父母与子女的关系不因父母离婚而消除，离婚后，子女无论由父或母直接抚养，仍是父母双方的子女。根据这条规定，陈某对孩子负有的直接抚养（承担生活费）之义务，并不影响两个子女随父随母的居住问题，孩子即便暂住母亲处，也应该是情理中事。所以，陈某以携一双儿女无房居住为由的宅基地申请是不成立的。

原载《国土资源案例分析》（中国大地出版社 2007 年）

在校大学生无权申请宅基地

问：近年来党的政策好，农民的生活条件有了明显提高，日子富裕了，对住房条件要求高了，有的农村居民要求以在校大学生已成年需要另立门户为由申请宅基地，请问对此问题应该怎么办？

答：《土地管理法》第 62 条规定，农村村民一户只能拥有一处符合规定面积的宅基地。很清楚，法律规定的在农村拥有宅基地的权利主体只能是农村村民。

何谓农村村民？根据相关解释，是指具有农业人口户籍，参加一个农村集体经济组织，从事农业劳动生产的人。而在校大学生的身份，与此定义相差甚远，显然不是农村村民，当然也就不能在农村享有宅基地了。

信中说，由于党的政策好，农民生活条件有了明显提高，想给已成年需要另立门户的在校大学生申请一处宅基地，这种心情可以理解，也不奇怪。问题是，想法可以有，关键要看这种想法符不符合法律规定。对于从事土地管理工作的人来说，依法办事是其工作的基本原则，不能群众一要求，我们就给予满足，那还要法律法规干什么呢？所以，对不符合法律法规规定的额外要求，应该向群众作好解释宣传工作，对违法行为应该依法处理。当然，如果在校大学生已结婚，并且其妻（夫）为本村村民，则可参照国务院国发〔1990〕4 号《批转国家土地管理局〈关于加强农村宅基地管理工作请示〉的通知》中“干部可随其直系亲属申请宅基地建房”的规定，以在农村的妻（夫）的名义审批规定面积的宅基地。

原载原《中国国土资源报》（2005 年 5 月 12 日）

居民在农村的宅基地能否批准建房，应把握三原则

问：《确定土地所有权和使用权的若干规定》第 48 条规定，非农业户口居民（含华侨）原在农村的宅基地，房屋产权没有变化的，可依法确定其集体土地建设用地使用权。房屋拆除后没有批准重建的，土地使用权由集体收回。其中“房屋拆除后没有批准重建的”如何理解？居民（非农户口）原在农村集体土地上的房屋可否批准重建？我局在实际操作中有批准其重建情况，请问是否妥当？

答：正确理解《确定土地所有权和使用权的若干规定》第 48 条应与

新、旧《土地管理法》相结合。新《土地管理法》取消了旧法中（第41条）有关城镇非农业人口可以使用集体土地建住宅的规定，根据国务院和国土资源部1999年以来颁布的一系列配套性政策的规定看，正确理解“房屋拆除后没有批准重建的”应把握三个原则：一是城镇非农业户口不得使用集体土地建住宅；二是对户口已“农转非”人员，适时核减宅基地面积；三是特殊情况，实行“双重审批”。

之所以对“农转非”人员原在农村集体土地上的房屋占用的宅基地规定“适时核减”，而不实行立即收回，是因为房屋作为公民的私有财产，是受我国宪法保护的，房地不可分。而当该房屋被其所有权人拆除，该房屋的财产权性质也随之消失。原宅基地也不再是该房屋的载体。在农村宅基地实行申请人资格审查、规划建设审批、无偿划拨使用的前提下，非本农业集体经济组织成员，尤其是已“农转非”的城镇户口人员，在丧失了该农业集体经济组织成员资格后，就无权再申请使用集体土地建住宅了。当然，不排除个别“特殊情况”，但该情况特殊到什么程度才可以得到批准？根据1990年《国务院批准国家土地管理局关于加强农村宅基地管理工作的请示的通知》非农业户口人员申请农村集体土地建住宅，应按其行政管理权限，报其行政主管部门或县级以上人民政府认定批准，再向拟建房的土地所在地的土地管理部门申请办理用地手续。

来信称你局在实际操作中，有批准重建情况，这要看该批准重建的申请人的重建申请是否按上述国务院规定，得到了县级以上人民政府或其行政主管部门的审查同意，如果有审查同意建房证明，你局则可以批准重建；否则你局的批准就是违法的。应当注意的是，县级以上人民政府土地行政主管部门的用地审批不能代表申请人所在单位的行政主管部门的特殊情况审批。

原载《国土资源案例分析》（中国大地出版社2007年）

对宅基地超占部分不能以罚代法

问：《土地管理法》第62条规定："农村村民一户只能拥有一处宅基地，其宅基地的面积不得超过省、自治区、直辖市规定的标准。"事实上，由于历史等原因，农村村民宅基地超过当地地区规定的标准还相当普遍。

对超占的宅基地如何处置？有人认为，应依据原国家土地管理局《关于认真贯彻全国减轻农民负担工作电话会议精神的通知》第4点，"对未批先占、少批多占等非法占用土地问题，无论什么时间发生的，都要坚决依照《土地管理法》等有关法律、法规处理，该收的收，该罚的罚，切实防止乱占滥用土地的问题重新抬头"。

但我认为，对超占宅基地不能收取超占费，国务院及有关部委多次发文已明确规定。但"该收的收，该罚的罚"，特别是"罚"则法律依据不充分。现行《土地管理法》第77条规定："农村村民未经批准或者采取欺骗手段骗取批准，非法占用土地建住宅的，由县级以上人民政府土地行政主管部门责令退还非法占用土地，限期拆除非法占用的土地上新建的房屋。超过省、自治区、直辖市规定的标准，多占的土地以非法占用土地论处。"

请问：对农村村民超过省、自治区、直辖市规定的标准使用宅基地的处罚有无法律依据？如何处置？

答：来信认为原国家土地管理局1993年7月向全国土地管理系统颁发的具有普遍约束力的政策性文件《关于认真贯彻全国减轻农民负担工作电话会议精神的通知》（以下简称《通知》）中，关于对农村居民未批先占、少批多占等非法占地行为"该收的收，该罚的罚"，尤其是"该罚的罚"提法的法律依据不充分的问题。笔者认为，如果单从法律依据上讲，所提问题是正确的。但从《通知》在作"该收的收，该罚的罚"之规定时，并没有只从法律上考虑。《通知》的原文是："……都要坚决依照《土地管理法》等有关法律、法规处理，该收的收，该罚的罚。"这就是说，此提法除了依据法律外，还依据了行政法规。国务院 1993 年 6 月颁布的《村庄和集镇规划建设管理条例》第 37 条规定："在村庄、集镇规划区内，未按规划审批程序批准或者违反规划的规定进行建设，……影响村庄、集镇规划，尚可采取改正措施的，由县级人民政府建设行政主管部门责令限期改正，处以罚款。农村居民未经批准或者违反规划的规定建住宅的，乡级人民政府可以依照前款规定处罚。"可见，国务院制定的《条例》（属于行政法规）中，对农村居民违法占地建住宅的行为，除了要求改正外，是规定了罚款的。对 1993 年以前的村民违反规划占地建住宅行为的处罚，还可以追溯到国务院 1982 年 2 月颁布的《村镇建房用地管理条例》的法规上。可见，《通知》中"该罚的罚"之提法的法规依据是充分的。

另外，对《通知》中"该收的收，该罚的罚"之提法，还可以从其概念区别上作理解："该收的收"可以理解为是指依法该收回土地使用权的，要收回，而不能理解为是没收；对"该罚的罚"，应该理解为该处罚的处罚，而不应理解为该罚款的罚款。这样理解，要比单纯理解为"没收、罚款"要确切。因为"没收"的法律概念在土地管理上，一般用在对非法占用的土地上所建的房屋设施的处置，但不能包含没收土地（全国人大法工委 1990 年 7 月《关于如何理解和执行法律若干问题的解答》）。可以设想，一个土地违法案件的处理或处罚决定中，只作出没收房屋的处罚，那土地，尤其是集体土地该如何处置呢？根据对非法占用集体土地建住宅在作没收建筑物的处罚时，应对集体土地作征收处置的解释，显然，"没收"农村土地的提法是不规范的。可见《通知》中"该收的收"应作广义理解为"收回"土地使用权；而"该罚的罚"，从土地管理角度讲，对农村村民违法占地建住宅是不能处罚款的。所以，只能理解为"该处罚的处罚"。这个处罚当然既包括土地管理意义上的行政处罚，也包括村镇建设行政管理上的行政处罚。在案件的具体处理上，应由哪个行政部门负责，那是基层行政管理部门的职权。

最后，对农村村民超过省、自治区、直辖市规定的标准，使用宅基地的处罚有无法律依据的问题，回答是否定的。根据《行政处罚法》第23条的规定，《土地管理法》第77条对农村村民非法占用土地所建住宅的拆除处置为行政处理规定，而非行政处罚规定。因为责令拆除在违法占地上的建筑物，退还违法所占的土地是在要求违法主体履行法定义务，并没有增加经济制裁。但能否从村镇规划建设管理角度作罚款，那是另一个法律关系，此处不作赘述。

原载《国土资源》（2006年6月）

破坏耕地的认定，应以鉴定结论为依据

问：一农民将自己的10亩旱田承包田挖深80厘米将土出卖，然后该农民在取土后的洼地里栽种上了水稻。另一农民的10亩旱田承包田在一条公路旁，该农民外运土将承包田垫高与公路持平，平均垫高土层达1米，然后该农民在垫高的地面上又重新种植了旱田作物。接到群众举报后我们及时出现场进行实地调查和勘验，但在如何处理问题上意见产生了分歧。

一种意见认为：挖地农民的行为属于《土地管理法》第74条规定的破坏种植条件的违法行为，应责令其恢复土地原貌并处罚款；垫高耕地农民的行为属于《土地管理法》第42条规定的压占造成土地破坏的违法行为，同样应给与处罚。另一种意见认为：第一，《土地管理法》第74条规定的违法行为是以破坏种植条件为特征，但该农民在取土后的洼地里种植了水稻，通过培肥地力，效益要超过原来的旱田。此种情况下适用该条款对该农民进行处罚依据并不充分。第二，《土地管理法》第42条规定的对压占造成土地破坏行为的处罚是以土地复垦为唯一原则，但垫高耕地农民的行为并未造成耕地面积减少及耕作条件恶化，而且耕地

垫高后该农民又重新进行了种植，显然也不存在复垦问题。因此，适用该条款对该农民进行处罚依据显然不足。

请问：两名农民的行为是否构成违法？如违法如何处理？依据哪个具体法律、法规规定的条款处理？

答：两名农民的行为是否构成违法，应从以下两个方面分析判断。

1. 是否将耕作层的“熟土”一并出卖和压埋

《土地管理法》第32条之所以规定“县级以上地方人民政府可以要求占用耕地的单位将所占用耕地耕作层的土壤用于新开垦耕地、劣质地或者其他耕地的土壤改良”，是因为耕地耕作层是经过多年耕种形成的，是农业生产中的宝贵资源。一个好的土壤结构（即生地变熟地）要经过很长时间的耕作、施肥和培养，良好的土壤结构对农业生产非常重要。目前我国耕地开发中往往缺少熟化土而影响耕地的质量。所以，两位农民对本户承包的耕地在这次私自整治中，未将耕作层的土壤剥离留用的话，则其是存在以卖土为目的破坏耕地的嫌疑的。但对其违法行为的认定，还应结合目前该“耕地”的质量与耕作利用前景进一步考虑。

2. 对私自整治后的“耕地”的质量与耕作利用前景作出评估

虽然对原耕地深挖、垫高后依然是耕地，但此耕地并非彼耕地，因为生地变熟地的过程是很缓慢的。《土地管理法》第35条规定：“各级人民政府应当采取措施，维护排灌工程设施，改良土壤，提高地力，防止土地荒漠化、盐渍化、水土流失和污染土地。”根据这一原则，耕地的保护措施是一个系统工程，耕地的利用和整治，与周边的地形和环境密切相关。如果两位农民对承包地深挖、垫高后，对他人对耕地的利用并与周边地形形成反差，对耕地目前和今后的平整、排灌、土壤改良、水土流失等系统工程的建立、治理造成难以恢复的现状的话，则应当结合其对承包地耕作层土壤的破坏，认定其已构成破坏耕地行为。

但因对耕地的损坏有程度之分，是否构成法律意义上的破坏耕地行为，不仅是个法律问题，而且是一个技术问题，故认定行为人是否构成破坏耕地行为，就必须得有损坏耕地达到法律意义上的证据来支持。1992年12月29日，国土资源部、农业部发布的《关于搞好农用地管理促进农业生产结构调整工作的通知》中规定："在农业生产结构调整过程中由耕地改为其他农用地，经土地和农业行政主管部门共同认定土壤耕作层未被破坏或轻度破坏易于恢复的耕地，不作为减少耕地考核，但要及时进行土地变更调查，注明实际地类。"根据这一原则精神，两名农民的行为是否构成破坏耕地行为，应由国土部门与农业部门共同作出鉴定，而后国土部门才能以此鉴定结论为据，根据《土地管理法》第 36 条定性，依第 74 条规定作出土地违法行为行政处罚决定。

原载《国土资源》(2007 年 11 月)

耕地毁坏鉴定谁出？

问：在土地执法中，我们遇到这样一个问题，现在向您请教：一违法者堆放砂石占用基本农田 28 亩，根据《刑法》第 342 条的规定，违反土地管理法规，非法占用耕地改作他用，数量较大，造成耕地大量毁坏的，处五年以下有期徒刑或者拘役，并处或者单处罚金。再根据《最高人民法院关于审理破坏土地资源刑事案件具体应用法律若干问题的解释》第 3 条，我们应将责任人移送公安机关。可是，公安机关提出在移送材料中应提供造成耕地大量毁坏的鉴定报告。这里有两个问题：鉴定报告由谁出？移送公安机关后是否还继续行政处罚？

答：根据 1999 年 12 月 29 日国土资源部、农业部发布的《关于搞好农用地管理促进农业生产结构调整工作的通知》第 4 点，土壤耕作层的破坏程度，由土地和农业行政主管部门共同认定；从《土地管理法》第 71 条"土地违法行为构成犯罪的，应当将案件移送有关机关，依法追究刑事责任；尚不构成犯罪的，应当依法给予行政处罚"的规定看，刑事责任和行政责任是两个不同性质的法律责任，该条规定中没有表明这两种不同性质的法律责任可以同时适用。

另外，笔者想就本案中违法者在基本农田堆放砂土的行为是否构成毁坏耕地罪谈点看法。所谓毁坏耕地，根据有关解释，应仅限于耕地的种植条件严重毁坏或严重污染而不容易恢复耕作的情况。本案中的违法者，在耕地堆放砂石是否已使耕地不容易恢复耕种条件，应视具体情况，慎重对待。

《土地管理法》第 36 条第 2 款规定：禁止占用耕地建窑、建坟或者擅自在耕地上建房、挖砂、采石、采矿、取土等。第 74 条规定：违反本法规定，占用耕地建窑、建坟或者擅自在耕地上建房、挖砂、采石、采矿、取土等，破坏种植条件的，或者因开发土地造成土地荒漠化、盐渍化的，由县级以上人民政府土地行政主管部门责令限期改正或者治理，可以并处罚款；构成犯罪的，依法追究刑事责任。

可见，在耕地上建窑、建坟或者擅自在耕地上建房、挖砂、采石、采矿、取土等，对耕地种植条件的损坏有程度之分，损坏程度轻微的可予以罚款处理；损坏程度严重的，则构成破坏耕地罪，应追究刑事责任。

所以，对耕地损坏是应给予行政处罚，还是应追究刑事责任，就应该有一个程度的鉴别，这样才能正确适用法律。

原载原《中国国土资源报》（2005 年 1 月 6 日）

如何处理非法转让集体建设用地行为？

问：我辖区某村小学于 1996 年 9 月 27 日获批一宗集体土地，其用途是教育用地。该小学按政府批准的用途使用部分获批土地，剩余部分由村委会承包给了本村村民王某使用。王某在所承包的土地上建起了浴池和停车场后将其承包给宏兴公司从事经营性活动。此案的违法主体是谁？

应如何处罚？

答：村小学的用地已由政府批准，这说明，村小学的农村集体建设用地使用权已从村集体农用地所有权和使用权的权能中分离了出来。具体用途为教育用地，使用权主体是村小学。该案的非法转让行为主体表现为村委会，但如果有证据证明村委会签订承包合同的行为是村小学同意或是委托了的，或是村小学已收取或表示要收取承包（转让）金的，则非法转让行为的主体就是村小学，反之就是村委会。

在本案非法转让土地关系中，可以肯定王某不是善意受让人，因他是本村村民，知道该地的用途和使用权主体。王某非法承包（受让）后，自筹资金，未经批准，在该地上建设浴池和停车场，已构成在非法转让的土地上建设的违法行为，应承担法律责任。

《土地管理法》第63条、第81条规定所指的土地使用权，是还没有从农民集体土地所有权和使用权的权能中分离出来的非法出让、转让或者出租用于非农业建设的违法用地，这两条规定与本案无关。本案应根据《土地管理法》第2条第3款规定定性为“以其他形式非法转让土地”，处罚应适用《土地管理法》第73条、《土地管理法实施条例》第38条规定。

原载原《中国国土资源报》（2003年9月5日）

村民房地产能否抵押？

问：某村村民A因借款私下将集体土地使用证抵押给同村村民B开办的公司，后B因无法追回A欠款，将A诉至法院。法院将A的集体土地使用证裁决给B的公司。现该公司处于倒闭状态，B想将土地使用证权利主体由A变更到B。请问，法院裁决是否有司法权干预行政权之嫌？法院将A的房产裁决给B后，国土部门是否可凭裁决书作变更登记？

答：法院的裁决没有法律依据。《担保法》（2021 年废止）第 37 条规定，农村村民宅基地使用权不得抵押；第 63 条和第 75 条规定，土地使用证不能成为质押标的物。该裁决不存在司法权干预行政权之嫌，因为法院是将土地使用证裁决给了村民 B，而不是将土地使用权裁决给了村民 B，国土部门不必理会该裁决。

关于来信中提出法院可否裁决 A 的房产给 B，并由国土部门办理土地变更登记的处理方式，是可以考虑的。因为《担保法》（2021 年废止）第 34 条规定，农村村民的房产是可以抵押的。但我国农村大部分地方到目前还没有开展村民房屋产权的登记工作，所以，对农村村民而言，只要有了宅基地使用证和建房施工许可证，房屋产权就是合法财产。本案中村民 A 将宅基地使用证抵押给 B，可以视为 A 对自己房产的抵押，因为涉及房产登记并非唯一合法的问题，所以，在没有第三人异议的情况下，根据《合同法》（2021 年废止）第 8 条、第 44 条的规定，此抵押合同可以成立、可以有效。在 A 不能清偿欠 B 的债务时，根据《担保法》（2021 年废止）第 53 条的规定，首先应经双方协商或通过诉讼，以该房产的折价款或拍卖款清偿欠 B 的债务。而只有在该房产经此程序后仍无法变现的情况下，再结合《确定土地所有权和使用权的若干规定》第 49 条、第 51 条规定的原则，决定能否将 A 的房产权裁定给 B，并由国土部门根据《土地登记规则》第 37 条的规定，办理土地使用权变更登记。

原载原《中国国土资源报》（2004 年 5 月 28 日）

养子也可以继承房地产

问：某村村民，无父母，无亲生儿女，有一养子（依当地风俗认定）照顾其起居。该村民生前立下遗嘱（未到公证处公证），死后将住房（本市集体土地统一没有办理房产证）赠与养子。该村民死后，养子想凭遗嘱办理集体土地使用权变更手续，将集体土地使用证的权利人名称变更为自己的名字。村民小组认为养子不是本集体成员，拒绝办理相关手续。国土部门能否直接办理变更登记？

答：从来信可以看出，该村民不是“五保”户，其生前自食其力。根据《继承法》（2021 年废止）第 3 条、第 5 条、第 16 条第 3 款的规定，该村民遗嘱将自己所有的房产遗赠给照顾自己起居的养子，养子接受该房产遗赠的行为，是合法的，应当得到保护。根据《土地管理法》第 12 条第 1 款，《确定土地所有权和使用权的若干规定》第 48 条、第 49 条、第 51 条，以及《土地登记规则》第 46 条的规定，国土管理部门可以直接办理土地使用权变更登记手续。至于继承人（受遗赠人）需要由村民小组出具的有关证明文件（应注意不是批准文件），可依据《村民委员会组织法》第 5 条第 3 款、第 20 条第 2 款的规定，向有关村民委员会提出。

原载原《中国国土资源报》（2004 年 7 月 2 日）

行政责令改正不属一事二罚

问：2000 年，我局对一户超面积建房的村民进行了处理，下发了行政处罚决定书。后因种种原因（非不可抗力），使我局的行政处罚决定书未能在法定期限内送到法院申请强制执行，也使送到行政相对人手中的行政处罚决定没得到执行。现在该村村民一再要求对这一户村民进行处理。我局申请法院强制执行，法院说是超过了法定期限不予受理。鉴于此，我局想对此案重新进行处理，然后送法院强制执行。那么，我们重新处理的过程是否违反行政违法案件一事不再罚原则？

答：对土地违法案件重新处理的过程，不违反行政违法案一事不再罚的原则。因为公民提起行政诉讼的事实根据必须是具体行政行为对自己的合法权益造成了侵害。根据《土地违法案件查处办法》规定，土地违法案件的处理过程由多个环节构成，包括现场勘查、询问当事人、下达责令停止违法行为通知、取证、权利告知、听证等，这些环节中，除责令停止违法行为通知仍有争议外，均不构成对行政管理相对人合法权益的侵害。因为，在这个过程之后，视相对人的行为将出现三种结果：不构成违法，撤销立案；构成违法，作出责令改正处理；构成违法，作出行政处罚。而就该结果的后两种情况，行政管理相对人才有权提起行政复议或诉讼。

从反映的问题看，相对人行为已构成违法，管理部门已作出行政处理。出现处理不能落实的现象，笔者认为，不是执法遇到了阻力，而是我们对《土地管理法》第 7 章法律责任诸条款的立法内涵理解不够，影响了我们的执法质量。

《土地管理法》第 75 条、第 77 条、第 82 条规定的土地违法行为的行政处理，不具有行政处罚性质。因为这三条规定的处理原则分别是：由土地管理部门责令限期改正、责令限期退还土地、责令限期办理。根据《行政处罚法》第 23 条，行政法规规定的应当履行的义务的行为，并没有给违法行为以制裁，而是一种补救措施。因此，你局对该村民超占土地的违法行为可以再作出行政处理。应该提醒的是，今后凡遇适用这三条处理的土地违法行为，应当直接作出责令改正之类的行政处理法律文书（适用第 75 条时不要作罚款），就不会再因一事不再罚犯愁了。

原载原《中国国土资源报》（2004 年 8 月 20 日）

空闲集体土地不能乱占

问：在农村宅基地规划中，村内空闲宅基地往往被一些村民强占栽树、堆放杂物，不愿退还集体进行统一安排。这种情况下，集体经济组织可以采取什么措施收回土地，清理地上附着物？土地部门是否有权处理？怎样处理？

答：这种现象在农村相当普遍，应当指出，这是不符合村庄管理规定的。在实施旧村庄规划改造建设过程中，集体经济组织可以通过村民委员会，根据《村民委员会组织法》第4条第3款的规定，以村民事务管理主体的名义，向村民发出通知，要求村民群众予以配合。相信广大村民是通情达理的，会给予配合的。对个别不予配合的村民，集体经济组织或村委会可请求乡镇政府根据该《村庄和集镇规划建设管理条例》第39条、第40条的规定作出行政处罚；对于树木，由集体经济组织或村委会根据《森林法》第32条第1款、原林业部1979年12月《关于个人种植的林木所有权问题的答复》的原则处理。对上述问题，土地管理部门无权处理，但可配合乡镇政府的工作。

原载原《中国国土资源报》(2004年5月14日)

村民再买住宅参照继承房屋原则处理

问：我县某村甲某原有宅基地一处，使用面积符合宅基地规定的标准。2003年购买本村村民乙某房屋一处获得房产所有权证后要求国土资源局为其办理集体土地使用权证。县国土资源局认为，按照《土地管理法》第2条第3款、第62条第1款规定，甲某不符合使用该土地的条件。甲某以法院民事裁定房屋归买方所有和房屋所有权证为据。请问，该宗土地使用权能否确定给甲某？对农村村民购买房屋所使用的土地应该怎样确定土地使用权？

答：甲某已有一处符合规定标准的宅基地，购买本村乙某出卖的房屋后形成的一户两宅，违不违反《土地管理法》第62条规定的一户只能拥有一处宅基地的原则？笔者认为，不违反。理由如下：

《宪法》第13条规定："公民的合法的私有财产不受侵犯。国家依照法律规定保护公民的私有财产权和继承权。"农村中，因继承关系不断发生，一户多宅现象比比皆是，另外，还可因赠与、借用、抵押等民事法律关系形成一户多宅。这就说明在私有财产受法律保护、公民合法的民事权利受法律保护的原则下，农村中，房屋买卖关系是不应该受到质疑的，这一点《土地管理法》第62条第4款也规定得很明确：农村村民出卖、出租住房后，再申请宅基地的，不予批准。国务院办公厅国办发〔1999〕39号《关于加强土地转让管理 严禁炒卖土地的通知》第2项指出农民的住宅不得向城市居民出售；国土资源部（国土资发〔2004〕234号）制定的《关于加强农村宅基地管理的意见》第13点指出：严禁城镇居民在农村购置宅基地，严禁为城镇居民在农村购买和违法建造的住宅发放土地使用证。可见，法律法规并没有禁止农业人口之间的房屋买卖。

既然私有房屋买卖作为民事权利是合法的，那么，在房地一体原则下，通过合法的民事权利形成的一户多宅也是不违法的。关于村民间房屋买卖要履行审批手续这一提法，只散见于各类关于《土地管理法》第62条的解释等理论书籍中，但从法理上说，并没有什么法律效力。本案中，法院之所以能作出房屋归买方甲某所有，并且甲某还能办理到房屋所有权证，其缘由可能正是如此。所以笔者认为，在当前不允许加收宅基地超占费的大环境下，可参照对继承房屋的管理原则处置：对由于房产继承等原因形成的多处住宅，原则上不作处理，村民可以以出卖方式处理，也可以维持现状，但房屋不能翻建，房屋损坏后，退出多余的宅基地。

原载原《中国国土资源报》(2005 年 4 月 21 日)

转包耕地制砖合同无效，各自承担损失

问：2004 年 4 月，邻村赖某将 2 亩承包的责任田私下转包给我，作为取土制砖之用。我们双方议定：第一年采土前，由我给付赖某 5000 元定金及 1000 元青苗损失费；第一年结束之后，由我每年付给赖某 1000 公斤水稻。合同签订后，我按合同约定给付了定金及青苗损失费。2004 年 6 月，该村村委会认为赖某无权转让、改变耕地用途，对我们之间的转包予以制止。我找到赖某要求返还定金，青苗损失费及赔偿制砖工棚设施等损失。他却称损失是我造成的，与他无关。请问损失到底应谁负？

答：你们的土地承包合同纠纷，应按无效合同、返还财产、各自承担损失的原则处理。

因为你与赖某签订的以承包地转包用于取土制砖为目的的合同，违反了《土地承包法》第 8 条和第 37 条的禁止性规定。根据《合同法》(2021 年废止) 第 52 条第 5 款和第 58 条的规定，赖某应当将你履行合同付给他的定金返还给你，青苗费因是青苗的实际损失，可按相抵处理。关于你要求赖某赔偿你的制砖工棚设施等损失没有法律依据。根据无效合同返还财产原则，双方当事人都有过错的，各自承担相应的责任，在这个责任中，你们双方的违法行为均属故意行为，所以，也就不存在谁的责任大、谁的责任小的问题。赖某作为承包人，你作为农民和承包地受让方，同时还违反了《土地管理法》。

原载原《中国国土资源报》(2005 年 3 月 17 日)

宅基地不能收取超占费

问：《土地管理法》第 10 条规定“农民集体所有的土地依法属于村农民集体所有的，由村集体经济组织或者村民委员会经营、管理；已经分别属于村内两个以上农村集体经济组织的农民集体所有的，由村内各该农村集体经济组织或者村民小组经营、管理；已经属于乡（镇）农民集体所有的，由乡（镇）农村集体经济组织经营、管理”，第 54 条规定“建设单位使用国有土地，应当以出让等有偿使用方式取得”。

请问，对农村宅基地使用中出现的多占超占现象，本集体能否实行有偿使用？有无法律根据？

另外，农村村民住宅普遍存在超占情况：有历史遗留的老庄基超占，有新建桩基的逐步扩展占用，搞得原本就不整齐的村庄越发脏乱差，一家管不住的后果，就是全村管不住，群众私下抱怨声不断，让谁带个头拆除超占地方，却都不愿意，要不就是干部先带头，而干部带头拆了，下面的话就是谁谁占的最多，他拆我就拆。作为土地和乡村管理工作人员认为，唯一的办法就是对超占部分有偿使用就肯定管住了。

请问，对农村宅基地使用中出现的多占、乱占、超占现象，能否实行有偿使用？有无法律根据？

答：信中所提问题，可以肯定地答复，农村村民宅基地超占部分不能实行有偿使用。原国家土地管理局《关于认真贯彻全国减轻农民负担工作电话会议精神的通知》（以下简称《通知》）指出，党中央、国务院就减轻农民负担问题，作出了一系列重要部署。1993 年 6 月 20 日，国务院召开了全国减轻农民负担工作电话会议，会上宣布取消 37 项中央国家机关涉及农民负担的集资、基金和收费。切实减轻农民负担是党中央、国务院从当前整个农村形势出发作出的一项重大决策。《通知》说，党中央、国务院之所以采取目前这样一项断然措施，是因为农民负担问题已相当严峻，解决不好，不仅会影响整个国民经济的发展，而且会影响全国的政治稳定。国务院在电话会议上宣布取消农村宅基地有偿使用费、农村宅基地超占费和土地登记费等。

《通知》说，我们应该把减轻农民负担工作当作一项政治任务来完成，做到小道理服从大道理，小局服从大局。但这是否表示我们可以放任宅基地使用中的多占、超占现象呢？当然不是，《通知》第 4 点指出：对未批先占、少批多占等非法占用土地问题，无论什么时间发生的，都要坚决依照《土地管理法》等有关法律、法规处理，该收的收，该罚的罚，切实防止乱占滥用土地的问题重新抬头。

对农民减负问题，国务院及有关部委多次联合发文，强调减轻农民负担的重要意义。因此从事土地管理工作的，应该从大局出发，严格执行农民减负政策，为国家的整体经济发展作贡献。

原载原《中国国土资源报》（2005 年 5 月 12 日）

村民翻建房屋谁来管？

问：我们在农村的宅基地管理中遇到以下情况：一是农民保持自己房子基础原位不动，将基础之上的墙体部分或全部拆除重建；二是农民将自己的房子从基础开始重建，但是重建的范围没有超过土地使用证所确定的范围。以上两种情况，不管是否符合村镇规划，农民认为都是土地使用证给予他们的权利，不用经过任何审批。而我们认为农民这样的行为是未批先建，应当按照《土地管理法》第 62 条和第 77 条之规定给予处理。请问上述看法哪方正确？

答：笔者认为你所和村民的认识都有失偏颇。根据《土地管理法》

第11条第2款和第62条的规定，农村村民住宅建设能否供地、供多少地，由政府审批；根据《村庄和集镇规划建设管理条例》第18条、第26条第2款、第36条和第37条的规定，村民住宅应建在什么位置、如何建设和施工，则由村镇建设行政主管部门审批。因此，不论村民有无土地使用证，只要未经村镇建设行政主管部门批准，旧宅院内或是在原房屋地基基础上进行的翻新、重建的行为，都属于“未批先建”。这类违法行为，应由村镇建设行政主管部门依法进行处理。因为这其中有个旧庄基的规划改造问题，也有个相临关系之类的法律问题。《土地管理法》第62条是对无住宅的村民在申请住宅建设用地（该土地使用权还未从集体土地所有权中分离出来）时的原则规定，第77条则是对违反第62条规定的村民非法占用土地应如何处理的规定，这类依法定性为“未批先占”的行为应由国土管理部门进行处理。

原载原《中国国土资源报》(2004年7月23日)

“插花”地上建房如何审批？

问：我县原来有一宗土地是20世纪知识青年上山下乡留下的居住点，今年这个居住点所在村村民要建房。我查阅有关文件，这块土地是属于乡（镇）所有。《土地管理法》和《浙江省实施〈中华人民共和国土地管理法〉的办法》对本集体经济组织内农村个人建房有明确审批和规定，而对乡（镇）集体所在土地审批没有具体规定，我们无法操作和审查该宗建房用地。对这起属于乡（镇）集体所有土地，如何办理有关审批手续？

答：从信中反映情况看，这块地属于“插花”在村集体土地间的乡（镇）集体土地。笔者认为，从村庄建设统一规划原则出发，使用该块地给村民建房的报批程序应与使用村组集体土地的报批程序基本一致。应该考虑的问题是，村组集体的村民申请使用该块地时，村委会应首先征求乡（镇）集体对该地的处置意见。即使乡（镇）集体自己有安排，而如何使用、位置如何定、建设有何要求等，还要根据村庄整体建设规划，征求村委会的意见，这不是乡（镇）集体单方面能决定的事。

再从村民建房用地的报批程序上看，村委会对建房用地申请人的审查，仅限于对申请人基本情况和是否需要供地、村民大会是否通过等予以证明，起一个“情况属实”的确认作用。而乡（镇）政府的审核同样也只起一个进一步审查、核实和知情的作用，根据《土地管理法》第 62 条第 3 款的规定，能否供地、供什么地、供多少地的批准权在县级人民政府。

原载原《中国国土资源报》(2005 年 1 月 27 日)

谁垦荒谁受益

问：几十年前，广西壮族自治区那坡县弄内村小组几户农户深入云南富宁县坡顶、板桥两个村小组界线内开荒造田数十亩，由于当时两村村民土地权益意识淡薄，没有就此事去讨个说法。现在，富宁县这两个村的群众想把这数十亩农田收回来，但是广西弄内村小组的几户群众却说：“这农田已由我们耕种多年，现在你们想拿回去，没有道理。”双方就此事发生了争议。请问此事应该如何处理较好?

答：从国家农村土地法规政策沿革分析，本案开荒事件应发生于 1962 年 9 月《农村人民公社工作条例修正草案》颁布以后，否则，该开荒出来的耕地权属应在“四固定”中就得到了解决。根据国家历来实行的“农用地开发优先”和“谁垦荒谁受益”之原则，结合《民法通则》

（2017年废止）第137条、《确定土地所有权和使用权的若干规定》第21条之规定，云南省富宁县坡顶、板桥两个村小组已无权对广西那坡县弄内村小组农民开荒并已耕种了几十年的土地主张权利。具体处理操作中，应按照《土地登记规则》第5条第4款的规定和1980年5月23日《国务院批转广西壮族自治区关于处理土地山林水利纠纷的情况报告》中确定的原则，关于涉及县界的问题，既要承认界线又要从实际出发，有什么矛盾解决什么矛盾。讲清楚处理纠纷，不是重新划界线，只能根据双方群众历来生产管理的习惯，经过协商，合理划分生产管区。如有超县界的地方，作“插花”处理。

原载原《中国国土资源报》（2005年1月6日）

正确区分土地“租赁”与“借用”

问：我所接到一起申请调处的土地权属纠纷，因年代久远及无任何凭据，感到难下定论。

情况是这样的：当事人甲方（现年65岁）称其祖父在世时，在村庄中挖土坡整理出一块平地，约0.3亩。约在1932年，借予乙方当事人之祖父使用，未立有字据，直到现在，现争议地仍由乙方当事人经营。现甲方以争议地为过去其祖父投工所开为由，向乙方要回争议地使用权，乙方不同意，双方于是就争议地的使用权归属产生纠纷。请问，此起纠纷该如何处理才正确？

答：1985年11月21日《最高人民法院关于解放前劳动人民之间宅基地租赁契约是否承认和保护问题的批复》（现已废止）已作了原则性解释。

批复涉及对解放前劳动人民之间的宅基地契约是否承认和保护的问

题。根据1950年《土地改革法》和1954年《宪法》的规定，国家依法保护农民的土地所有权，允许出租、买卖土地，所以宅基地租赁关系在当时是受国家政策法律保护的。农业社会主义改造完成后，农村土地属于集体所有。中共中央1962年9月公布的《农村人民公社工作条例修正草案》第21条明确规定："生产队范围内的土地，都归生产队所有。生产队所有的土地，包括社员的自留地、自留山、宅基地等等，一律不准出租和买卖。"1982年《宪法》第10条明确规定："农村和城市郊区的土地，除由法律规定属于国家所有的以外，属于集体所有；宅基地和自留地、自留山，也属于集体所有……任何组织或个人不得侵占、买卖、出租或者以其他形式非法转让土地。"因此，村镇土地自《农村人民公社工作条例修正草案》公布后，社员对宅基地只有使用权，没有所有权。

根据上述原则，甲方与乙方的土地借用关系的保护期在1962年9月《农村人民公社工作条例修正草案》实施前就结束了。也就是说，甲方未在1962年9月前向乙方主张收回该土地权利的话，就不能再向乙方主张收回该土地的权利了。笔者认为，甲方也无权向乙方主张此补偿。因为双方是借用关系，而非租赁关系。除非乙方自愿对甲方予以补偿。

原载原《中国国土资源报》(2005年4月7日)

行政行为可依职权纠正

问：我镇有村民金某一家人2001年仍住着20世纪70年代建的两间64.6平方米的老屋。为了建房完婚，金某向村委会申请安排宅基地。经村委研究，允许按政策规定上报一间，占地43.6平方米，房子建成不久，金某便携妻外出打工，一直未申请地籍发证。

最近，国土所在清理拆旧过程中，发现金某老屋未拆，遂下了拆除通知，可金某却否认要拆老屋。无奈，只好到档案室查阅《农村私人建房呈报表》，表格上明白写着拆除两间老屋。据他的父亲回忆，由于一家人也不识几个字，当年建房报批手续都是村委会代办的，他只是在表格上摁过手印，至于拆除老屋，根本没提过，所以既不承认也不愿拆除。

村干部分析认为，金某老屋是在规划区内，建新房时，两兄弟还没分户，按当初我市规定的农村私人建房限额标准，6 个人可享受住房面积 110 平方米，金某新旧 3 间屋加在一起也不超过限额，论理都是不该拆的。村文书也一再解释当年报批建房一共 11 户，三户拆除两间，有可能是粗心大意导致张冠李戴。可是《农村私人建房呈报表》是经市政府批准的，具有一定法律效力。面对法与理、拆与留，我们该如何处理？

答：从来信反映的内容看，关于村民金某“自愿”拆除两间老屋的记载，正如信中分析的，是村委会在审查全村 11 户建房报表时，粗心大意，张冠李戴了。

不损害群众合法权益，这是我们搞管理工作的人，任何时候都应该首先考虑的事，对错误报批金某建新拆旧，村委会应当将情况如实向上级报告，请求市政府撤销关于金某建一间新房拆除两间老房的批准行为。信中说，市政府的批准行为具有一定的法律效力，言外之意是担心不好撤销，其实大可不必。行政行为尽管一经作出就具有法律效力，但其毕竟不像法律法规那样具有稳定性，《行政诉讼法》第 2 条、第 11 条规定，公民认为行政机关的具体行为侵害了自己的合法权益，可以依法提起行政诉讼，要求行政机关改变或撤销自己的行政行为。这是被动纠错。行政机关对自己的有瑕疵的行政行为，也可以依职权主动纠正，《新土地管理法与土地执法实务全书》（中国环境科学出版社 1998 年版）在“有瑕疵的行政行为的撤销及变更”一节中指出：“尤其是侵益行政行为，无论是否超过争讼期限和有无明文规定，行政机关均可依职权予以撤销。这种撤销可以纠正行政行为的瑕疵，又不损害相对人的利益，符合行政合法性原则。”

原载原《中国国土资源报》(2005 年 4 月 21 日)

办饲养场用耕地必须备案

问：我镇有个别村民在自己的庄稼地里发展养鸡业（未办理任何用地手续)，并得到领导的支持。在土地管理人员对其进行制止时，他们不但不接受处理，执法人员还受到了饲养户及村委会的暴力阻拦，并将执法人员扣留数小时。后来一新闻单位又以《大棚养鸡富了山里人》为题进行了报道。请问这样的发展是否可以推广，在庄稼地里是否可以搞饲养?

答：国土资源部国土资发〔1999〕511 号《关于搞好农用地管理促进农业生产结构调整工作的通知》(以下简称《通知》) 指出：以市场需求为导向，引导农民调整农业生产结构。在符合土地利用总体规划前提下，农民可以在耕地包括在基本农田上调整种植业生产格局，发展油料、瓜菜、花木、桑茶、特产品和其他经济作物；可以将生产能力低、生产条件差的一般耕地改为草场，种植牧草和饲料作物，建造临时性畜牧场和饲养场，发展畜牧业；可以在基本农田保护区外的农用地挖塘发展水产养殖和种植多年生木本果树等经济作物，逐步形成农林牧渔全面发展，适应市场，优质高效的农业生产结构。调整农业生产结构要因地制宜，保护和合理利用土地资源，促进农业可持续发展。

在农业生产结构调整的管理上，《通知》要求：“建造温室大棚和临时性畜牧场、饲养场及塘底未经固化的简易水产养殖场，发展高效农业，确需占用耕地的，须到县级土地行政主管部门进行备案，并签订复耕保证书，届时按要求恢复成耕地。但建造永久性农业生产设施和配套设施，如畜禽饲养场、塘底已经固化的水产养殖场、农副产品仓库、加工厂、集贸市场等，占用耕地的，要依法办理农用地转用审批手续，并做到耕地‘占一补一’。”

原载原《中国国土资源报》(2005年6月9日)

子女宅基地不能申报在父母名下

问：我市在审查和调查新划宅基用地过程中，发现符合分户条件的申请人，大部分以父母的姓名作为申请人申报，这样就会出现“一户多宅”现象。如果以子女作为申请人，父母有后顾之忧，担心以后会出现因年老无人赡养等问题。请问类似这种问题怎么解决？

答：《土地管理法》第62条规定了农村村民一户只能拥有一处宅基地。这里的“村民”，根据相关解释是指具有分户条件的“本人”。只有这个具有分户条件的本人才是申请宅基地的民事权利主体。你市在宅基地审批过程中，把应审批给具有分户条件的村民的宅基地审批给具有分户条件村民的父母，没有法律依据，是违反依法行政的基本原则的，应当改正。当然，不排除当地习惯做法或其父母在因儿女的宅基地没有批到自己名下而上访的压力，但这恰恰是我们应该做土地使用制度宣传工作的时候。实际上，为保障老有所养、老有所依，各省、自治区、直辖市以及地、市、县人民政府，甚至乡规民约中，在贯彻一户一宅的原则时，都不同程度地考虑到了这一问题。《河北省土地管理条例》就规定，农村居民分户申请宅基地，身边需留一子女共同生活。这种操作性的规定或规矩，是符合《土地管理法》一户一宅的基本原则和老有所养、老有所依的精神的，如此一来，比起把所有子女的宅基地都批在父母名下的做法，可节约一处宅基地。

根据目前具体情况，笔者认为，你市国土资源局在审查和调查新划宅基地工作中，根据一户一宅原则，应依法明确各宅基地的权利主体，并根据国土资源部国土资发〔2004〕234 号《关于加强农村宅基地管理的意见》和当地省、市、县人民政府关于父母子女宅基地使用的具体规定进行清理。

原载原《中国国土资源报》(2005 年 6 月 9 日)

“插花”宅基地可适当调整

问：某村何某兄弟俩，继承祖父遗留的一栋旧宅。兄弟俩现分属两个不同的村民小组。在镇司法所及村组干部的协调下，哥哥同意将其所继承祖父的旧宅给弟弟改建新房，弟弟将另一处宅基地让给哥哥建新房。按照《湖南省实施〈中华人民共和国土地管理法〉办法》第 32 条第 2 款之规定，何某兄弟俩在旧宅改建的报批上，遇到了这样的问题：(1) 建房申请向哪个村民小组提出？(2) 有必要办理土地征用手续吗？何某兄弟俩的这种情况，在我地相当普遍，怎样才能得到较为简便的解决办法？

答：信中所述情况，笔者认为涉及两个问题：一是对继承房屋的使用与处置问题；二是相邻集体间“插花”宅基地的使用与处置问题。

按照《确定土地所有权和使用权的若干规定》第 48 条规定，非农业户口居民（含华侨）原在农村的宅基地，房屋产权没有变化的，可依法确定其集体土地建设用地使用权。房屋拆除后没有批准重建的，土地使用权由集体收回。房地关系处置的这一原则，已被广泛适用于因继承、转让、购买和历史遗留形成的一户多宅的处置上。根据这一原则，从信中反映兄弟俩分别处在两个村民小组，却同时继承同一处住宅的情况看，现其兄同意将自己继承的那一半旧宅给弟弟改建新房，那么该旧宅土地使用权就因地上房产的合并重又归其弟一个主体。如果该旧宅土地所有权与其弟所在农民集体土地同属一个主体，则不存在土地“插花”问题。如果分属两个不同的所有权主体，为了管理和使用方便，这种土地所有权的“插花”现象，可根据原国家土地管理局〔1996〕国土函字第71号《对浙江省土地管理局关于村与村之间调换土地有关问题的请示的答复》中“相邻农民集体之间为了方便生产和生活，在自愿的原则基础上，可以适当调换土地，但必须报经县级以上人民政府审查批准”的精神，由两个相邻的农民集体协商调换解决，而没有必要通过征地程序来解决。

在建房报批手续上，应向哪个村民小组提出申请的关键在于两个村民小组的村庄规划区是各自独立？还是同属一个村委会管辖的连片村庄规划区？如果为前者，兄弟俩应向各自村民小组申请，待批准后，可会同宅基地所在地的村民小组按村庄规划，具体放线划地；若为后者，兄弟俩可将已通过各自村民小组同意报批的申请报送村委会，由村委会按村庄统一规划报批。

原载原《中国国土资源报》(2005年6月9日)

因继承房屋形成“一户两宅”不违法

问：近来在土地登记发证过程中遇到这样一种情况，不知如何办理。

我们在为一农户办理变更登记时，发现该户已于1998年办理了宅基地审批手续，新占旱地2分修建住宅。在2000年新房建起后，办理了集体土地使用权登记。该户当时由于分户，旧房两间仍由其父母居住。老宅基地其父拥有合法权属。

去年，父母双方去世后，他欲将老宅基地住房权属变更给自己，准备将老宅翻修。由于家中无其他兄妹，他是唯一的合法继承人，老宅理应由他继承。但他本人已拥有一处新宅基地，如果将老宅基地为其办理过户登记，又违反了《土地管理法》第62条第1款之规定。故至今未为其办理。另外，如果将老宅通过集体建设用地使用权流转方式转让于他，是否可以？

答：当事人继承房屋形成一户两宅或多宅与《土地管理法》第62条第1款的规定不矛盾。《宪法》第13条规定："公民的合法的私有财产不受侵犯。国家依照法律规定保护公民的私有财产权和继承权。"根据物权原理，对普通房屋这种财产权的继承，其内涵主要是指对其具有的使用价值的继承，而当其不具有使用价值时，也就不再具有财产的性质内涵而继承了。

农村村民使用的宅基地，实行的是划拨用地与房地产权利主体一致原则。所以，从保护公民私有财产的宪法原则出发，《确定土地所有权和使用权的若干规定》第49条规定："继承房屋取得的宅基地，可确定集体土地建设用地使用权。"第51条规定："按照本规定第四十五条至第四十九条的规定确定农村居民宅基地集体土地建设用地使用权时，其面积超过当地政府规定批准的，可在土地登记卡和土地证书内注明超过标准面积的数量。以后分户建房或现有房屋拆迁、改建、翻建或政府依法实施规划重新建设时，按当地政府规定的面积标准重新确定使用权，其超过部分退还集体。"

在实际管理中，通行的做法是，对继承的房屋，一般不批准翻建，待房屋损坏（即不再具有使用价值）或拆除后，由集体经济组织依法收回宅基地。此原则同样适用因接受转让、购买房屋等方式形成的一户两宅的管理。

关于将老宅基地通过集体建设用地使用权流转方式转让于当事人的做法，其实质是"有钱就可以一户两宅、一户多宅"的翻版，是万万使不得的。

原载原《中国国土资源报》（2005年7月14日）

鼓励农村养殖与土地执法不矛盾

问：当前，基层土地管理中存在一个问题，有的养殖户根据2004年《中共中央国务院关于促进农民增加收入若干政策意见》文件精神，占用土地建养猪场、养牛场时，不办理用地手续或要求简化办理程序和减免有关费用。基层政府也有这种意愿，有的甚至表态支持养殖户占地建场房。这种现象若不及时制止，以养殖为名非法占地就会蔓延，造成土地执法难的问题。请问如何正确处理一号文件精神与执行《土地管理法》的关系？

答：贯彻执行2004年“中央一号文件”，鼓励农民因地制宜发展畜、禽、渔、农牧养殖业、林果业与执行《土地管理法》不矛盾。处理好二者关系的关键在于能否搞好管理工作。《土地管理法》第1条规定：“保护、开发土地资源，合理利用土地，切实保护耕地，促进社会经济的可持续发展，根据宪法，制定本法。”为充分体现这一立法精神，国土资源部和农业部于1999年12月19日制定了《关于搞好农用地管理促进农业生产结构调整工作的通知》（以下简称《通知》），《通知》指出，在尊重农民意愿的条件下引导农民对农业生产结构适时进行调整。在符合土地利用总体规划前提下，农民可以在耕地包括基本农田上调整种植业生产格局，发展油料、瓜菜、花木、桑茶、特产品和其他经济作物；可以将生产能力低、生产条件差的一般耕地改为草场，种植牧草或饲料作物，建造临时性畜牧场和饲养场，发展畜牧业；可以在基本农田保护区外的农用地挖塘发展水产养殖和种植多年生木本果树等经济作物。但《通知》也同时指出，建造温室大棚和临时性畜牧场、饲养场及塘底未经固化的简易水产养殖场，发展高效农业，确需占用耕地的，须到县级土地行政主管部门进行备案，并签订复耕保证书，届时按要求恢复成耕地。

可见，保护耕地与合理利用、开发土地资源、发展经济不矛盾。从来信看出，你们所遇到的困难可能是“以养殖为名进行非法占地建设的问题”。但土地执法离不开政府的支持。因此，笔者建议根据《土地管理法》赋予土地管理部门的宣传教育、监督检查、查处职责，“三管齐下”一是向政府领导积极主动地宣传农业生产结构调整的政策，根据当地土地利用总体规划，与有关部门一起，对可开发利用和调整的土地资源作出圈点和调整计划，纠正领导“强行干”的想法，当好政府在土地开发利用问题上的参谋，取得政府领导对土地管理工作的支持。二是按照《通知》精神，对未签订土地利用合同和保证书的不规范行为进行清查，对符合《通知》精神的土地使用人，补签合同、明确责任；对不符合《通知》精神的，责令其限期治理、恢复地貌，退出所占用的土地。三是积极主动地与上级土地管理部门联系，对以养殖为名进行违法建设的行为进行查处。

土地执法在不少地方有一定难度，但技巧和办法还是有的，要多动脑。相信你们的土地管理工作会做得更好。

原载原《中国国土资源报》（2005 年 9 月 29 日）

怎样制止土地违法行为的初期行为？

问：如果农村村民未经批准或者采取欺骗手段骗取批准，非法占用土地建住宅，执法人员可以在村民实施违法行为初期依据《土地管理法》第 67 条和《土地管理法实施条例》第 33 条的规定责令其停止违反土地管理法律法规的行为。

如果其不听制止继续施工，我们可否依据《陕西省实施〈中华人民共和国土地管理法〉办法》中第 48 条之规定，对拒不执行土地行政主管部门依法作出的行政决定的，土地行政主管部门可以强制执行或者申请人民法院强制执行。由执法人员在违法行为初期强制执行拆除，把违法行为遏制在萌芽期，而不必向人民法院申请强制执行。因为如果要等到人民法院强制执行，村民房屋已经建成，会产生两种结果，一是法院执行不了；二是强制拆除将会对农民造成巨大的经济损失。以上理解是否正确，请予解答。

答：根据《土地管理法》第 67 条的相关解释，“责令非法占用土地的单位或者个人停止违反土地管理法律、法规的行为”之规定，是法律赋予县级以上人民政府土地行政主管部门在履行监督检查职责时，对土地违法行为及时实施制止权的依据，是防止土地违法行为蔓延，消除违法后果的一项非常重要的措施。

在土地违法行为初期，责令当事人停止违法行为，既可以及时消除违法后果，又可以避免违法当事人遭受更大的经济损失。根据《行政处罚法》第 23 条规定，“责令改正”“责令停止”等是行政机关责成、命令违法行为人改正错误、自觉履行法律法规规定的义务的行为，不具有行政处罚性质。何谓制止？根据解释，制止即强行停止，不允许继续下去的意思。这与我们平常听到的“公民对正在实施的违法犯罪行为有制止的权利和义务”宣传是一个道理。不用强制手段，何以制止违法犯罪行为？可见，土地管理部门对初期的土地违法行为的监督检查，如果不伴随一些相应的强制措施，就不可能达到使违法行为立即停止的客观效果。如果是这样的话，法律赋予土地管理部门的“责令”权岂不成了一句空话？所以说，现行《土地管理法》第 67 条赋予土地管理部门对土地违法行为的“责令停止”权，应该是一种行政强制权。

但根据这些年来的执法实践，这种行政强制权的行使，是有条件的：一是必须是在向当事人下达责令立即停止土地违法行为通知后；二是必须是针对非法占用土地行为本身；三是必须是针对非法占用土地后实施的违法行为；四是因为是带有强制力的措施，为防止意外情况出现，一般都应在同级政府的协调下，由当地公安机关配合行动。这样，在有关人员拒绝和阻碍时，可由公安机关按《治安管理处罚条例》第 19 条第 7

项规定，以妨碍公务论处，情节严重的，构成妨碍公务罪。

原载原《中国国土资源报》(2005 年 10 月 20 日)

借征地村委会扣留村小组土地，河流补偿该归谁?

问：我组集体土地 2003 年底被镇政府用于办厂，现有 10 亩土地被村委会扣留，村委会只给了 1 万元补偿款。对此，我组群众向村委会交涉，村委会说给了 1 万元就算不错了。

这 10 亩土地原来是我组群众宅基地、自留地、口粮田，靠长江边。我组几户搬迁后，村委会以开发为由，将土地收回。村委会未经我组群众同意，既没有给我组换田，也没有进行补偿，被村委会侵占至今。

本村还有一条中道岗，岗的两边是我组群众的水田和住宅，面积 21 亩。这条中道岗是为全村水田、吃水服务的。不知这条中道岗是属于村委会，还是属于我组? 希望贵报给予解答。

答：村委会借镇政府要地之机，扣留你村民小组 10 亩地的行为，是一种侵权行为。根据《土地管理法》第 60 条关于乡村企业建设用地的规定，村委会用你村民小组长江边的 10 亩地搞开发，需要完成三个法定手续：一是办理农用地转用手续；二是规划建设手续；三是就该 10 亩地的各项补偿，安置补助方案与你村民小组进行协商，并签订用地协议。就本案如何解决来说，如果村委会就该 10 亩地已办理农用地转用审批手续和规划建设手续，你村民小组可依法向当地县政府土地行政部门请求解决土地补偿和安置问题；如果县政府土地行政部门不处理或你村民小组对处理不服，可向法院提起土地补偿民事诉讼；如果村委会就该 10 亩地至今未办理农用地转用审批手续和规划建设手续，可直接向法院提起土地侵权的民事诉讼，请求法院判令村委会退还占用的 10 亩土地。

关于流经村里的一条河流的归属问题，根据《水法》第 3 条的规定，水资源属于国家所有。农民集体经济组织所有的水塘、水库中的水，属于集体所有。《确定土地所有权和使用权的若干规定》第 12 条规定："县级以上（含县级）水利部门直接管理的水库、渠道等水利工程用地属于国家所有。水利工程管理和保护范围内未经征用的农民集体土地仍属农民集体所有。"根据上述原则可知，河流属于国家所有，而河流中的水，则应按报批修建的水库，按谁投资修建，水就归谁的原则处理。信中说征收河流的补偿费已在村委会，笔者认为，这个补偿不可能是征收河流的补偿，应该是对维护过村河道、桥栏、堤岸等设施的补偿。对于补偿的归属，应按谁投资、投劳，就应归谁的原则处置。

原载原《中国国土资源报》（2005 年 10 月 20 日）

宅基地几种特殊使用情况处理

问：李某在甲村有住宅一处，又在乙村花 5 万元买了一处住宅，李某这样做合法吗？如果因为村里进行改造，建了楼房，李某买了处楼房，这样合法吗？符合一户一宅的规定吗？

答：李某在甲村有住宅一处又在乙村购买一处住宅的行为，虽不符合一户一宅的原则规定，但并不违法。

《宪法》第 13 条规定："公民的合法的私有财产不受侵犯。国家依照法律规定保护公民的私有财产权和继承权。"农村中，因继承关系产生的一户多宅和城镇户口居民继承农宅的现象十分普遍（应当注意，因继承关系产生的城镇居民占有农宅与因买卖关系产生的城镇居民占有农宅是两个性质截然不同的法律行为）。

《土地管理法》第62条第4款只是规定："农村村民出卖、出租住房后，再申请宅基地的，不予批准。"法律只是限定出卖、出租住房后，出卖、出租人不得再申请宅基地而已。国务院办公厅国办发〔1999〕39号《关于加强土地转让管理严禁炒卖土地的通知》第2项指"农民的住宅不得向城市居民出售"。可见，法律法规并没有禁止农业人口之间的房屋买卖。

那么，是不是说对这种现象就放任不管呢？当然不是，国务院早在1990年1月的国发〔1990〕4号文《批转国家土地管理局〈关于加强农村宅基地管理工作请示〉的通知》中规定："对现有住宅有出租、出卖或改为经营场所的，除不再批准新的宅基用地外，还应按其实际占用土地面积，从经营之日起，核收土地使用费。"应该承认，这一政策的出台，对钻法律空子的行为起到了一定的遏制作用。但1993年6月20日以后，之所以又停止了这一政策的执行，是因为国务院看到农民负担问题的严峻性。在全国减轻农民负担工作电话会议上，宣布取消37项中央国家机关涉及农民负担的集资、基金和收费，其中就明确取消了农村宅基地有偿使用费、宅基地超占费和土地登记费。应该看到，这是大局，我们应该遵从。

至于李某因村里进行改造，购买了楼房的事，责任不在李某，而在村里。因为按照农村建设用地管理原则，村里建设住宅楼，会涉及规划审批、用地审批，涉及耕地的还要办转用审批以及村民住宅集体改造方案审批等。如果村里通过了这些审批，李某因购买楼房形成一户两宅的问题，应按审批的村民住宅集中改造方案处理；如果村里没有通过这些审批，则构成违法占地违规建设之行为，应该受到查处。

原载原《中国国土资源报》（2005年11月17日）

买荒地建坟，国土资源部门该不该管？

问：郭某在防洪堤外购买了一块荒地建坟。村民廖某认为郭某所建坟墓会影响其祖坟风水，阻挠郭某建坟，但未成功。郭某建好坟墓后，廖某向国土资源局举报，要求拆除郭某已建成的坟墓。县国土资源局实地调查后，考虑郭某坟墓已经建成并且所占地为防洪堤外的开荒地，因此以信访结案，没有作出实质处理决定。事后，廖某以国土资源局不履行法定职责，造成郭某所建坟墓影响其祭拜祖坟、祖坟排水等为由，向人民法院提起行政诉讼，要求法院判决国土资源局履行法定职责，拆除郭某所建的坟墓。

在本案中，郭某建坟所占地为防洪堤外的开荒地，政府在实际工作中并没有把该地作为耕地来管理，比如无须缴纳农业税费，因此不是《土地管理法》调整保护意义上的"耕地"。此外，在郭某建坟时，当地还没有禁止建坟的政策规定，村民普遍有建坟的风俗习惯。所以，对郭某所建坟墓无须拆除，但可以给予其他处罚。这种观点正确吗?

答：根据郭某在购买的防洪堤外的开荒地上建坟的事实看，郭某一定不是本集体经济组织成员。否则，在当地还没有禁止土葬的规章政策、村民还普遍有建坟风俗习惯的情况下，相信不会出现廖某在乱坟岗以"影响祖坟风水"为由干涉本集体经济组织成员挖土建坟的情况。退一步说，即使产生了纠纷，那也应该是农民集体经济组织内部协调解决的事。显然，本案的问题出在郭某是"外来人"，是在"购买"的荒地上建坟，这才产生了廖某向国土资源部门举报的情形。问题的实质应是郭某买地是否有法可依？而不是郭某建坟是否正确的问题。

《土地管理法》第 2 条第 3 款规定，任何单位和个人不得侵占、买卖或者以其他形式非法转让土地。本案的核心是出卖土地的农民集体经济组织与买地人郭某双方买卖土地的行为构成违法，才导致了纠纷的产生。《土地管理法》第 73 条规定，买卖土地的，可处没收非法所得的处罚。至于出卖土地的村、组主要负责人，根据监察部、国土资源部联合制定的《关于违反土地管理规定行为行政处分暂行办法》第 3 条第 1 项的规定是要给予行政处分的。关于是否拆除郭某已建的坟墓，鉴于当地殡葬管理还未涉及农村这一块，笔者认为，在无法可依、无章可循的情况下，国土资源管理部门不宜管得太宽。

原载原《中国国土资源报》（2005 年 12 月 29 日）

农户占相邻集体土地建房不违法

问：一农户房屋所占地与另一生产队土地相邻，户主于 1985 年向自己所在生产队申请非耕地建房，但占用了相邻生产队的非耕地，在 1991 年农村房屋占地确定使用权时，县政府在不知情的情况下，也确定给了该农户，2002 年两生产队已合并为一队。那么，对该户 1991 年的确权是否有效？该户 1985 年所占地是否属违法占地？若属违法占地又如何处理？

答：1982 年 2 月国务院发布的《村镇建房用地管理条例》（以下简称《条例》，1986 年废止）第 20 条规定，对未经批准擅自占用集体土地建房的，要限期将土地退回集体，并处罚款。

但信中反映该农户 1985 年建房占地前，履行了向所在生产队申请报批的程序。根据《条例》第 14 条规定的程序，该农户不应该承担当时建房占错地方的责任。退一步说，即便是生产队和该农户共同违法占地，而如何退地并处罚款的执法主体，依法应该是当时的乡镇建设管理所。已过那么多年，现镇国土资源所提出对 1986 年《土地管理法》颁布前的不规范用地行为进行处理，无法律、法规及政策依据。根据《确定土地所有权和使用权的若干规定》第46条规定的土地使用权确权原则，只要1985年该户建房所占土地不是耕地，就应该按历史事实对待，不予追究。而相对于两个生产队的土地所有权而言，县政府1991年确定的是宅基地使用权，并未改变该土地所有权的归属，何况两个生产队现已合并为一个队。所以，该确权是合法有效的。

原载原《中国国土资源报》（2006年4月6日）

塌陷地开发利用权归谁？

问：因采煤，甲村有一块土地被征用，后形成塌陷地，面积约为105亩。乙村与甲村毗邻，也有一块土地被征用后塌陷，乙村为治理本村的塌陷地，申请了黄淮海开发项目。为实现塌陷区的统一规划、统一开发、综合利用，在当地镇政府的协调下，甲、乙两村于1992年签订协议书：甲村同意将本村塌陷地交给乙村开发，乙村向甲村支付补偿费11.283万元。为规范该划拨行为，乙村于1999年申请补办了划拨用地手续。现在甲村希望要回本村塌陷地的使用权及开发利用权，请问是否合法？如果合法，甲村应该通过何种途径实现自己的目的？

答：甲村希望要回本村塌陷的国有土地使用权的想法，既无事实根据，也无法律依据；而希望得到该宗塌陷的国有工地开发权的想法，还是可能实现的。

信中所述甲、乙两村的土地，均为被国家煤矿建设征用过的土地，因而，其性质应为国有土地。根据1999年乙村申请补办划拨用地手续看，1992年两村签订该塌陷地转让协议时，均未取得该塌陷地的国有土地使用权。也就是说，甲、乙两村都是不适格的土地使用权主体，故本案不适用《土地管理法》第73条来定性，那么，也就不能按《民法通则》

（2017 年废止）第 61 条“相互返还”或“恶意串通”之原则来处理；甲村无隐瞒事实真相的故意，故也不宜按“合同欺诈”定性作处理。所以，对双方在镇政府的协调下签订的无效土地转让协议，只能从实际出发来解决。甲村从乙村取得的土地补偿费，可按不当得利原则，返还乙方；乙方所得的国有塌陷地，应令其停止开发使用。

对乙村 1999 年补办两块国有塌陷的划拨用地手续的合法性，应根据《城市规划法》第 31 条的规定作分析。该条规定，土地部门批准用地的前提条件是建设项目有用地规划定点许可，而取得用地规划定点许可的前提是有经审批的项目计划任务书。所以，1999 年土地主管部门为乙村补办的划拨用地手续中批准的用地面积，依法应当与乙村当年的黄淮海开发项目任务书中确定的项目规模相一致。如果乙村补办的该国有塌陷地划拨用地手续中，包括原甲村范围那一块国有塌陷地，已通过立项，行政主管部门和规划部门对乙村黄淮海开发项目规模扩大和用地定点的审批，即项目建设规模与用地规模相一致时，则应认定该补办的国有划拨用地手续合法，否则，应为无效手续。

但这就存在一个问题：从民法理论上讲，在该塌陷区被规划为黄淮海开发项目建设用地后，该规划区范围内的原土地所有权或使用权人有优先主张取得该项目的权利（相对乙村而言）。也就是说，当乙村补办这两块国有塌陷地开发项目任务手续时，黄淮海开发项目的立项行政主管部门和规划定点部门应当首先考虑甲村是否也有相应的要求（应当注意，对甲村优先开发权的考虑，并不妨碍当地镇政府对塌陷区的统一开发规划），并征求其意见。否则，负责立项和规划的行政主管部门就有剥夺甲村优先开发权的法律上的失误。在甲村明确表示放弃本村内国有塌陷地开发权的情况下，立项和规划主管部门才能考虑乙村的申请。

可能会有人说，1992 年两村签订土地转让协议虽不合法，但还是可以说明甲村已放弃了优先开发权。笔者认为，抛开 1992 年两村签订土地转让协议时的主体不适格问题，那么，签订处在本村范围的国有塌陷地优先开发权转让的资格是适当的。纵观甲乙双方的行为，其实质也应当是优先开发权转让。但问题在于，该协议是在镇政府的协调下达成的，故其行政影响作用不能忽视。在这种情况下，甲村签订105亩国有塌陷地优先开发权转让协议，收取11余万元补偿费与项目开发后可得利润相比，差距可能很大，显然有失公平。所以，不能以那份不规范协议认定甲村是自愿放弃优先开发权的意思表示。

对本案，当地县政府应当出面协调，对其中的不规范行政行为主动予以纠正。当1999年乙村补办的用地手续合法时，可将乙村的含有甲村国有塌陷地范围的建设项目分割出来，由乙村转让给甲村即可，如果乙村已支出了相关费用，甲村应当作相应补偿；而当乙村补办的用地手续不合法时，则应撤销该手续，双方各自申办从立项、定点到用地的各种审批手续。

原载原《中国国土资源报》（2006年9月21日）

村民建房占耕地是否缴纳耕地开垦费？

问：我省物价、财政、国土、农业四厅局于2006年4月27日联合下发了《关于进一步规范农民建房收费的通知》，文中规定："凡农民在农村集体土地修建自用住房，除依法颁发的土地证和房屋所有权证按照国家规定收取工本费外，一律不得再向农民收取其他行政事业性收费。"该规定的出台在我省产生了强烈的反响。如果农民占用集体耕地建房，而又无条件开垦新的耕地进行补充，那怎么能实现耕地总量不减少，确保耕地总量动态平衡。农民是否应缴纳耕地开垦费，履行"占一补一"的法定义务？

答：所提问题，可根据国土资源部国土资厅函〔2002〕165号《关于农民建房占补平衡有关问题的复函》来执行，复函指出，农民个人建房应尽量采取旧址翻建或者利用存量土地，少占或不占耕地；确需占用耕地的，应按照法律有关规定，实行耕地占补平衡。《土地管理法》第31条规定“非农业建设经批准占用耕地的，按照‘占多少，垦多少’的原则，由占用耕地的单位负责开垦与所占用耕地的数量和质量相当的耕地；没有条件开垦或者开垦的耕地不符合要求的，应当按照省、自治区、直辖市的规定缴纳耕地开垦费”，其中没有明确“个人”承担补充耕地责任。因此，农民建房不能自行占补平衡的，向农民个人收取耕地开垦费法律依据不足。为贯彻落实中央和地方政府提出的关于减轻农民负担的精神，同时做到耕地占补平衡，对依据土地利用总体规划在村庄和集镇建设用地范围内农民建房占用的耕地，可依据《关于切实做好耕地占补平衡工作的通知》（国土资发〔1999〕39号）有关规定，由所在地的农村集体经济组织负责补充。具体可由乡（镇）人民政府统一组织，通过土地整理补充占用的耕地，可以鼓励农民投工投劳参与整理，以减轻农村集体经济组织的经济负担，但不宜直接向农民个人收取耕地开垦费。

原载原《中国国土资源报》（2006年10月12日）

进城又返乡村民有资格申请宅基地吗？

问：我是某村二组村民，丈夫生前在镇中学任教。为了照顾丈夫和儿女生活，我于1994年将自家的房屋出卖后到中学居住。1995年丈夫因病去世，学校安排我做勤杂工，后我所居住的学校的房屋被鉴定为危房，须拆掉新建，我便回丈夫原籍某村借别人房居住多年。2004年各级领导关心，批准我在村里原空闲地上建房160平方米，却遭到所划定宅基地的相邻户刘某百般阻挠。刘某于2005年将我告上法庭，理由是根据《土地管理法》第62条规定，将原住房卖出后不得再申请宅基地。同年县人民法院判刘某败诉后，刘某于今年8月将县国土资源局告上法庭，请求法院裁决县国土资源局撤销颁发给我建房的土地使用证。

请问，像我这样卖房后因不可抗力再回原籍申请建房违法吗？县国土资源局为我办理手续是违法批地吗？

答：《土地管理法》关于“村民出卖、出租住房后，再申请宅基地的，不予批准”的规定，立法宗旨在于满足农村居民自住需要一户一宅，禁止村民以无偿划拨的宅基地使用权转手营利和多占宅基地。法律并非不顾实际情况，生硬地强调凡出卖、出租住房者就一定不再批准宅基地申请。你新划宅基地的相邻户阻挠你建房的行为是错误的。

根据相关概念解释，能够享受农村划拨宅基地使用权的农村居民，不仅包括现有农村农户和个人，还包括经批准回乡落户的离退休、离职职工及其家人，回乡定居的华侨和港、澳、台同胞等，何况你依然具有本村村民户口，在镇上又无住宅。所以，你取得一份农村划拨宅基地的资格是足够的。相信在当地各级领导的关心下，在县国土资源局的支持下，你的新住宅一定能够很快建起来。

原载原《中国国土资源报》（2006 年 11 月 2 日）

在政策范围内支持村民进城购房

问：1996 年，某镇 5 位村民购买了县房产局位于该镇的一幢公房（属国有土地，只办理了房产转让，未办土地使用权转让手续）。现房屋已破旧，该 5 位村民要求拆旧建新。县国土部门以该宗地属经营性用地且无土地权属证明为由，拒绝其用地申请。请问，国土部门的做法对吗？

答：县国土部门的做法不对，其在这个问题上的认识落后于改革开放的形势。

原国家土地管理局〔1992〕国土函字第 84 号《对重庆市国土局土地

登记中几个问题的请示的批复》指出："农民进城购置房屋涉及划拨土地使用权转让的，房屋交易双方应按国务院颁布的《城镇国有土地使用权出让和转让暂行条例》和国家土地管理局颁布的《划拨土地使用权管理暂行办法》的有关规定，办理划拨土地使用权出让、转让手续和土地登记手续。"国家体改委等11个部委联合出台的体改农〔1995〕49号《小城镇综合改革试点指导意见》指出："可尝试允许准备迁入小城镇的农民将原承包土地使用权有偿转让，作为进城定居或就业的启动资金。"改革开放二十多年来的发展变化是很大的，有的地方已取消了城乡户口的区别。就是说，国家是允许农民进城购置房屋的。

至于本案情况是否一定要办理土地使用权出让手续的问题，笔者认为，应该根据当地城市建设规划来决定，对旧城区内划拨土地上的房屋转让，应比照《城市房地产管理法》第39条第2款规定，可以不办理土地使用权出让手续，按划拨方式办理土地转让和登记手续，令转让方将转让房地产所获收益中的土地收益上缴国家或者作其他处理。这样做可以减轻旧城改造时的拆迁补偿压力。

原载原《中国国土资源报》(2006年11月2日)

国土局公章具有允许使用土地的法律效力

问：1993年，某村王某甲和王某乙各自申请了一块副业占地，两块地东西相邻，中间隔着一块96平方米的空地。

2006年5月，王某乙以侵权为由将王某甲诉至法院。在庭审时，王某乙出示了一份占地呈报表，表上无建设地点，无四至，无长宽面积，无批准机关县政府印章，只有原告名称、村委会印章、镇政府印章和县原土地管理局印章，盖章时间为2000年5月。县法院采信了这份占地呈报表，判决王某甲败诉。

我认为，根据《土地管理法》第 11 条、第 13 条等相关法律规定，依法登记的土地所有权和使用权受法律保护，任何单位和个人不得侵犯。王某乙没有土地使用证，占地呈报表上也没有县政府印章，王某乙对此应该没有土地使用权。请问这样理解正确吗？

答：以上情况，包含两个法律关系，即民事相邻法律关系和行政许可法律关系。

对民事相邻法律关系问题，因信中所述过于简单，笔者看不出原告以什么具体行为构成侵权起诉。实践中有通行侵权、构筑物占地侵权或者竹木延伸侵权等。因为具体行为不同，依法维护合法权益的结果就不同。故无法就王某甲与王某乙之间的相邻法律关系问题作出具体解答，这里仅对县国土资源局的行政许可法律问题进行回答。

县法院以盖有县国土资源局公章的占地呈报表作出判决，虽有瑕疵但也不能算错，因为县国土资源局为王某乙办理的占地呈报表，虽然不符合土地登记程序，但因该表盖有县国土资源局公章，就有了证明用地的法律效力。

在土地使用审批问题上，分土地行政确认与土地行政许可，这是土地使用审批中一个行政行为的两个方面：从土地行政管理对象上讲，土地行政许可是使行政相对人获得进行某种行为的权利，主要是指作为性的行为；土地行政确认则是指确认行政相对人的法律地位、权利义务关系和法律事实等。从土地行政管理法律后果上讲，土地行政许可是允许被许可人今后可以进行某种对一般人禁止的行为，其法律后果具有后及性，没有前溯性；土地行政确认则是对既有的权利、事实的确定和认可，其法律后果具有前溯性。这就是说，土地行政主管部门在王某乙的占地呈报表上加盖公章的行为，虽然不具有土地行政确权作用，却具有土地行政许可的法律效力。

从土地登记角度看，土地行政主管部门作为土地发证机关，国土资源局公章的加盖，已表明王某乙的申请用地完成了土地登记的全部程序和实质性审查，政府的土地发证只是对王某乙使用该地的法律地位、权利义务关系和法律事实等予以最后确认。所以，确认程序与否，不妨碍权利人对土地的先期占有和使用。

从行政行为的强制力上讲，县国土资源局将盖有局公章的内部土地登记审查报表出具给王某乙，根据《土地登记规则》第 65 条有关规定，就使这张发生土地登记效力的存档报表有了许可用地的证明效力。根据《行政诉讼法》第 12 条、第 39 条、第 40 条、第 44 条、第 54 条规定，行政行为一经作出，便具有公定力、执行力等强制力，该行为即便有错，非经法定程序撤销，不可变更。

综上所述，王某甲应该对县国土资源局给王某乙土地使用许可和登记中的不规范行政行为，以《民法通则》（2017 年废止）第 83 条中关于相邻关系的规定，《土地登记规则》第 15 条中关于土地登记公告中的异议权规定，依据《行政诉讼法》第 2 条中的有关规定向县法院提起行政诉讼。

原载原《中国国土资源报》（2007 年 2 月 8 日）

拆除城镇居民原籍农宅应予补偿

问：本地一城市居民考取大学前，在农村分有一处宅基地，且已盖成楼房。大学毕业后，他在城市落户，但在城里没有住房，一直居住在村里。现在村里开始实施城中村改造工程，该居民的房屋很快就要拆迁。请问，在拆迁过程中，该居民与当地村民的权益有何不同？补偿安置有何不同？

答：根据《确定土地所有权和使用权的若干规定》第 48 条规定，该居民在农村的住宅是合法的；根据《物权法》（2021 年废止）第 4 条、第 39 条、第 64 条、第 66 条、第 117 条规定，其房屋所有权和房屋所占集体所有土地的宅基地使用权受法律保护。

现在村里开始城中村改造，虽然该居民现已转为城镇户口居民，但现有法律法规并未规定城中村改造时，农民集体可以收回非农业户口居民原在农村的宅基地使用权。当然，根据《确定土地所有权和使用权的若干规定》第48条“房屋拆除后没有批准重建的，土地使用权由集体收回”的规定精神，鉴于其身份的变化，该居民原籍所在的农民集体在本次城中村改造中，有请求市、县政府否定该居民继续在原籍重新建房的权利，是否批准，由市、县政府综合考虑决定。但不论政府对该居民能否在这次城中村拆迁改造中重新享有一份无偿划拨集体土地宅基地使用权的问题批与不批，因其原享有的集体土地宅基地使用权属于用益物权，且城中村改造属于城市总体规划建设与旧村庄规划改造建设的行政管理性质，该居民都可以依物权原则，要求实施这次城中村改造的行政主管部门对其原住宅拆迁给予相应安置或合理补偿。

笔者认为，如果是补偿，则该补偿不仅应当包括拆迁房屋的补偿，还应当包括自行安置时所需土地的相应补偿。

原载原《中国国土资源报》（2008年1月3日）

闲置村办校舍能卖给农户吗?

问：我县一些村办学校撤并闲置后，当地村干部在没有办理任何手续的情况下，以村组织的名义卖给农户作为居民住房，给基层国土资源管理部门工作带来许多不易解决的问题。其主要原因是这些校园占地面积，远远大于本省土地管理法实施条例规定的宅基地使用面积。那么，村民委员会是否有权将原校舍连同校园一起卖给农户作为居民住宅？国土资源管理部门在给使用者确权发证时，应按实际购买校舍占地面积，还是按本省土地管理条例规定的宅基地面积重新确权发证？如果按照本省土地管理条例规定的每宗宅基地面积大小予以确权发证，那将会产生两种可能，一是有房无院；二是原有房屋会被分割成两份以上，这样可能会使出售受阻，招致这些土地长期闲置。这种情况如何处理最为妥当？

答：根据《土地管理法》第65条“有下列情形之一的，农村集体经济组织报经原批准用地的人民政府批准，可以收回土地使用权：……（三）因撤销、迁移等原因而停止使用土地的”。村委会应当向县政府申报关于闲置校舍土地使用权收回的申请，村干部擅自处置闲置校舍是违法的。此外，村委会的做法还有个按照当地土地利用总体规划合理利用土地的问题。从实践来说，即便目前这些闲置的校园土地，不符合土地利用总体规划确定的建设用地用途，但要拆除这些校舍，也不符合“物尽其用”的原则。根据《民法通则》（2017年废止）第71条关于的规定，村委会出售这些校舍给村民作住宅，也是目前比较好的出路和价值体现。

当然，如何出售，向哪些村民出售，土地如何随房划分等事宜是个大事，应根据《村民委员会组织法》关于村内大事项应由村民大会决定的原则，研究制定一个统一的、符合本村实际的方案，而且必须报县国土局依法审批、备案。笔者认为，可以针对校舍实际、当地习惯，对教室及其他用房进行适当分隔改造，使之尽量接近当地规定的用地标准和农户用房的需要，再向依法需要建住宅的申请户进行出售。在出售房屋的具体操作程序上，还应当根据《土地管理法》第64条“在土地利用总体规划制定前已建的不符合土地利用总体规划确定的用途的建筑物、构筑物，不得重建、扩建”和《确定土地所有权和使用权的若干规定》第51条“按照本规定第四十五条至第四十九条的规定确定农村居民宅基地集体土地建设用地使用权时，其面积超过当地政府规定标准的，……，以后分户建房或现有房屋拆迁、改建、翻建或政府依法实施规划重新建设时，按当地政府规定的面积标准重新确定使用权，其超过部分退还集体”的确权原则和当地土地利用总体规划的要求，对村办校舍有财产所有权的农村集体经济组织，在依法处置闲置村办校舍时，还应与购买这些校舍的农户签订关于在村庄规划改造建设或房屋翻修、改建、拆旧建新时退还土地的协议。

原载原《中国国土资源报》(2007 年 7 月 5 日)

擅自挖沙取土出售属违法行为

问：在未经批准的情况下，一村委会计划从村内的一块非耕地（包括废坑、废地等）取砂取土，并出售给邻村村民以增加村里的收入。村委会这种想法是否可行？如果不对外出售，而是用于本村村民的生产呢？如果以上两种情况都不可以，国土部门应该按照哪些法律依据进行处罚？

答：建筑用的黏土、砂、石属于国家所有的矿产资源，未经依法批准不得擅自开采。根据《矿产资源法》第 35 条的规定，一般允许本村村民采挖少量砂、石、黏土自用。如果村委会擅自取砂取土卖给外村人建筑使用，应按照《矿产资源法》关于非法采矿的有关规定进行处罚。

原载原《中国国土资源报》(2009 年 10 月 15 日)

将自己住房赠与　再申请宅基地不予批准

问：宋某将自己的农村住宅赠与在城镇工作的儿子，又以自己无住宅为由申请宅基地，我局以农业户口不许占用农村集体土地的规定为由拒绝批准，是否正确？

答：宋某的建房用地申请不应该予以批准，因为房屋赠与是转让的一种形式。根据民法理论，赠与是物的所有权人对自己的物权行使处分权的一种形式，其法律概念为：所有人将财产或与财产有关的权利无偿地让与他人所有。实践中，赠与行为常与出售行为相区别，但二者的实质是一样的，即指物的所有人将物的所有权再转移行为。《物权法》（2021 年废止）第 2 条规定，物权是指权利人依法对特定的物享有直接支配和排他的权利，包括所有权、用益物权和担保物权。《城镇国有土地使用权出让和转让暂行条例》第 19 条规定："土地使用权转让是指土地使用者将土地使用权再转让的行为，包括出售、交换和赠与。"同理，房屋产权转让法律关系也应当包括赠与、出售、交换这些财产权转移方式。

在物及财产权利的转移中，赠与主要用于体现物权转移中的无偿性，但物权转移的基本特性并不因无偿而改变，所以，既然赠与就是对物及财产权利的转移，那么，宋某将自己的全部住房赠与其小儿子行为的性质，就与《土地管理法》第 62 条规定的农村村民出卖、出租住房的性质一样，属于房屋权利转移。很清楚，根据"再申请宅基地的，不予批准"之规定，宋某的建房用地申请当然应该不予批准。

以非农业户口不许占用农村集体土地的规定为由，拒绝宋某的建房用地申请是不具说服力的。《土地管理法》第 62 条强调的是，"再申请宅基地的，不予批准"。而不是"出卖、出租"是否有偿或无偿，问题的关键在于要认识到，赠与与出卖的结果相同，使物权发生转移。

原载原《中国国土资源报》（2009 年 7 月 13 日）

此房屋分割公证不具法律效力

问：近日，我们在办理土地权属登记业务中遇到这件事情，不知该如何处理。

事情是这样的：方某是城中村村民，家有祖传房屋二幢，房屋（1）面积156.2平方米，房屋（2）面积102.5平方米。2002年，方某与女儿经批准拆除房屋（2）面积102.5平方米，合作翻扩建成房屋110平方米。同时，我们要求其必须全部拆除房屋（1）面积156.2平方米（用地批条上写得很清楚）。

可是，由于种种原因，方某房屋（1）一直未拆除。2009年4月，方某与女儿协商达成房屋分割协议，并经县公证处公证2002年新建的房屋归女儿所有，祖传房屋（1）归方某本人所有。同年12月，方某女儿持房屋分割公证书来办理土地权属登记。我们当场指出存在的问题，不予办理土地权属登记。方某女儿不服，提出："房屋分割公证书是具有法律效力的，你们不予办理登记，是没有道理的。"这份房屋分割公证书具有法律效力吗？对这种情况应如何办理为好？

答：关于公证书的法律效力问题，《公证法》第36条规定："经公证的民事法律行为、有法律意义的事实和文书，应当作为认定事实的根据，但有相反证据足以推翻该项公证的除外。"

该地国土资源部门2002年在批准方某与女儿拆除旧房屋（2）建新房时，在用地批条上写"房屋（1）必须全部拆除"的做法，是国土资源部门多年来在农村旧村庄规划建设改造管理工作中摸索出来的有效办法之一，是一种合同行为。既然双方有了这种约定，就必须按约定各自履行自己的承诺，不履行承诺的一方应承担所签合同的违约责任。方某的女儿明知拆除旧房屋（2）建新房时，自家给审批管理部门作了按时拆除旧房屋（1）的承诺，却又企图借公证证明行为对抗自己的承诺，使"一户两宅"合法化，这是国家法律所不允许的。

《公证法》第31条规定："有下列情形之一的，公证机构不予办理公证：……（四）当事人之间对申请公证的事项有争议的；（五）当事人虚构、隐瞒事实，或者提供虚假证明材料的；（六）当事人提供的证明材料不充分或者拒绝补充证明材料的……"第39条规定："当事人、公证事项的利害关系人认为公证书有错误的，可以向出具该公证书的公证机构提出复查。公证书的内容违法或者与事实不符的，公证机构应当撤销该公证书并予以公告，该公证书自始无效；公证书有其他错误的，公证机构应当予以更正。”第40条规定：“当事人、公证事项的利害关系人对公证书的内容有争议的，可以就该争议向人民法院提起民事诉讼。”根据上述规定，该地国土资源部门可向方某及其女儿说明，他们所作的公证证明是无效的，不予办理分割登记，如果不服，可以依法申请行政复议或向法院提起诉讼。经此程序后，若复议或判决该公证证明有效，国土所将予以分割登记。否则，将依法申请法院强制拆除旧房屋（1）。

原载原《中国国土资源报》（2010年3月15日）

同村住宅转让应办理相应的登记手续

问：村民章某有两处住宅，2003年将一处住宅转让给同村村民宋某，宋某办理了房屋产权证。请问，章某转让住宅的行为是否构成非法转让集体土地使用权？

答：笔者认为，只要章某的住宅以及其将另一处住宅转让给宋某的转让关系没有引发与第三人的权属纠纷，国土资源部门就不必考虑过多，应该给双方办理相应的宅基地登记手续。

根据《确定土地所有权和使用权的若干规定》第49条“继承房屋取得的宅基地，可确定集体土地建设用地使用权”的规定，不排除章某的第二套住宅是在其父母去世后以继承的方式取得的。即使章某是以接受转让或购买房屋的方式形成的“一户两宅”，在其已将一处房屋于2003年转让给宋某，且宋某为本村村民、并已取得房屋产权证的情况下，若要按本条关于“接受转让、购买房屋取得的宅基地……按照有关规定处理后……”之规定，对章某作处理，也已失去了机会。道理很简单，这一处房屋的所有权主体已不是章某。即便有关部门按违法占地建房的情况对章某作行政处罚，也会因房屋产权已登记在宋某名下、且时间太久而不太可能处罚成功。根据国土资源部《关于加强农村宅基地管理的意见》（国土资发〔2004〕234号）的规定，章某将多出的一处住宅转让给宋某的行为，是应提倡和鼓励的。

原载原《中国国土资源报》（2010年3月15日）

外来农户申办宅基地要慎重

问：《土地管理法》第43条规定："任何单位和个人进行建设，需要使用土地的，必须依法申请使用国有土地；但是，兴办乡镇企业和村民建设住宅经依法批准使用本集体经济组织农民集体所有的土地的，或者乡（镇）村公共设施和公益事业建设经依法批准使用农民集体所有的土地的除外。"当前，随着农村经济的发展，城镇建房的非本集体经济组织的外来农民逐年增多。其中一些外来户为避免使用国有土地，千方百计通过各种社会关系，与场镇所在地的村、组协商，提前将本人或家人的农村户籍迁移至场镇所在地的村民小组，然后以本集体经济组织农民的身份申请在场镇新建住房。请问：这些迁移户能否无偿使用迁入地农村集体经济组织的集体土地新建住房？国土部门该怎样为他们办理用地手续？

答：根据《土地管理法》第62条、国务院《批转国家土地管理局〈关于加强农村宅基地管理工作请示〉的通知》和国务院《关于深化改革严格土地管理的决定》精神，农村村民申请宅基地，受村镇建设规划和年度用地指标的控制。《村庄和集镇建设规划管理条例》规定，农村村民在村庄、集镇规划区内建住宅的，经村民会议讨论通过后，方可报批。村民小组或村委会在不突破上级下达的建房占地控制指标的前提下，对用地面积按指标进行核定，根据规划拟定建房地点，报同级人民政府审核同意后报县级土地行政主管部门审批。其中，涉及使用农用地的，还要报经省人民政府审批。

关于这些外来农户能否无偿使用迁入地农民集体土地的问题，笔者认为，从农村土地属各农民集体经济组织的农民集体所有的原则看，只要本农民集体同意接收这些外来农户，无偿使用应该是顺理成章的。但外来农户的迁入是要受户籍主管部门的控制和审批的，所以，这不是村、组集体说了能算的事。大量接收外来农户，在无入户籍、无用地指标、未经审批的情况下占地建房，势必造成违法用地、违章建房的后果。不仅如此，还会引发外来农户与村民间耕地分配的矛盾问题。所以，村、组农民集体在接收外来农户的迁入问题上，应当慎重才是。

能不能说外来农户有偿使用迁入地农民集体土地，就可避免上述问题了呢？回答仍然是否定的。因为《土地管理法》规定：任何单位和个人不得侵占、买卖或者以其他任何形式非法转让土地。

原载《国土资源百题问答》（2010年陕西省国土资源厅）

对城里人到农村买房采取什么措施？

问：随着经济发展，城市生活日益繁忙紧张，城里人开始羡慕乡村的田园生活了，兴起一股到环境较好的乡村买住宅的风潮，请问，对城里人到乡村买住宅该不该管？如果该管又怎样管？

答：国务院办公厅《关于加强土地转让管理严禁炒卖土地的通知》（国办发〔1999〕39号）在“二、加强对农民集体土地的转让管理，严禁非法占用农民集体土地进行房地产开发”一章中规定：“农民的住宅不得向城市居民出售，也不得批准城市居民占用农民集体土地建住宅，有关部门不得为违法建造和购买的住宅发放土地使用证和房产证。”

原载原《中国国土资源报》（2007 年 2 月 15 日）

哪些情况下，村民宅基地可以被收回？

问：我国农村土地管理历经新中国成立后的私有制，1962 年后的三级所有队为基础的农民集体所有制，在这所有制转换过程中，又因村民住宅形成的复杂而不同，比如：历史遗留型住宅，土地私有制时期的买卖型住宅，土地集体所有制时期的买卖型住宅，遗产继承型住宅等。请问，哪些情况下，村民宅基地可以被收回？

答：《土地管理法》第 65 条规定：“有下列情形之一的，农村集体经济组织报经原批准用地的人民政府批准，可以收回土地使用权：（一）为乡（镇）村公共设施和公益事业建设，需要使用土地的；（二）不按照批准的用途使用土地的；（三）因撤销、迁移等原因而停止使用土地的。”

《确定土地所有权和使用权的若干规定》第 43 条规定：“乡（镇）村办企业事业单位和个人依法使用农民集体土地进行非农业建设的，……，对多占少用、占而不用的，其闲置部分不予确定使用权，并退还农民集体，另行安排使用。”第 48 条规定：“非农业户口居民（含华侨）原在农村的宅基地，……，房屋拆除后没有批准重建的，土地使用权由集体收回。”第 51 条规定：“按照本规定第四十五条至第四十九条的规定确定农村居民宅基地集体土地建设用地使用权时，其面积超过当地政府规定标准的，……，以后分户建房或现有房屋拆迁、改建、翻建或政府依法实施规划重新建设时，按当地政府规定的面积标准重新确定使用权，其超过部分退还集体。”第 52 条规定：“空闲或房屋坍塌、拆除两年以上未恢复使用的宅基地，不确定土地使用权。已经确定使用权的，由集体报经县级人民政府批准，注销其土地登记，土地由集体收回。”

原载原《中国国土资源报》（2007 年 8 月 16 日）

多年前占用耕地建住宅，该怎样处理？

问：我县城关镇社区村民李某及其丈夫在本村有一处宅基地，面积 129 平方米，原属 1980 年前后分给她家的耕地，1984 年其在此处建房后居住至今。2003 年李某立遗嘱处置房产，由此引发家庭成员之间的争议。

我局调查发现，李某及丈夫在建房时没有办理审批手续，依据《省土地权属争议处理条例》第 23 条第 2 项规定，应对违法占地建房行为依法处理后确定宅基地使用权。李某使用该宅基地已达 20 多年，我们该如何处理？

答：李某的住宅始建于 1984 年，占用的是村集体分给她家的耕地。因此，你局应当根据《确定土地所有权和使用权的若干规定》第 46 条的原则进行处理。

在处理中应当注意的是，如果李某的住宅目前是处在村庄建设用地规划之外、本乡镇土地利用总体规划的耕地范围内，则你局应当按照《关于加强土地管理制止乱占耕地的通知》精神和《省土地权属争议处理条例》的规定，令其退出所占耕地。如果李某的住宅目前是处在村庄建设用地规划范围内，则可对其住宅按历史遗留房屋对待，责令其按《村镇建房用地管理条例》关于村民建房的程序规定，补办用地手续。如你县曾开展过农村村民宅基地的登记发证工作，不论以什么形式或理由，已为李某颁发过宅基地使用证，则不必处罚，也不必令其补办用地手续了。如果李某的用地，按上述原则被确认，则该宅基地的使用权主体当然是李某。

原载原《中国国土资源报》(2007 年 9 月 20 日)

无地农户安置补偿有哪些途径?

问：2004 年 7 月，我村土地被征用进行矿山建设，我们认为补偿费太低，现有几个问题，请给予解答。

国家对无地农民有哪些补偿规定和倾斜政策？该矿还有十几亩地撂荒，至今没有建设，这些土地如何解决？

答：根据《土地管理法》第 47 条规定，国家征地补偿分为土地补偿费、安置补助费、地上附着物和青苗的补偿费三个部分。对补偿费分配，《土地管理法实施条例》第 26 条规定：土地补偿费归农村集体经济组织所有；地面附着物及青苗补偿费归其所有者所有；安置补助费必须专款专用，用于需要安置的人员。需要安置的人员由农村集体经济组织安置的，安置补助费支付给该农村集体经济组织；由其他单位安置的，安置补助费支付给安置单位；不需要统一安置的，安置补助费发放给被安置者个人或者被安置人员同意后用于支付被安置人员的保险费用。

关于无地农民的今后生活出路问题，《土地管理法》第 50 条规定，地方各级人民政府应当支持被征地的农村集体经济组织和农民从事开发经营，兴办企业。《国务院关于深化改革严格土地管理的决定》（国发〔2004〕28 号）强调：“县级以上地方人民政府要采取切实措施，使被征地农民生活水平不因征地而降低。”对有稳定收入的项目，农民可以经依法批准的建设用地土地使用权入股。在城市规划区内，当地人民政府应当将因征地而导致无地的农民，纳入城镇就业体系，并建立社会保障制度；在城市规划区外，征收农民集体所有土地时，当地人民政府要在本行政区域内为被征地农民提供必要的耕作土地或安排相应的工作岗位；对不具备基本生产生活条件的无地农民，应当异地移民安置。“土地补偿费和安置补助费的总和达到法定上限，尚不足以使被征地农民保持原有生活水平的，当地人民政府可以用国有土地有偿使用收入予以补贴。”

征地改革的趋势是采取多途径安置，保障被征地农民的长远生计。根据《土地管理法》第 37 条的规定，如果你村目前还能组织起一些劳力，不妨向市国土资源局提出，由国土资源局从中协调后，在该矿业单位同意的情况下可以与其签订土地耕种利用合同。

原载原《中国国土资源报》（2007 年 10 月 18 日）

村民“新建住宅”与“翻建住宅”的审批有何区别？

问：土地管理法和村镇建设管理法律法规中，经常有新建住宅审批、翻建住宅审批的用语，但在用地的定性上，却都定性是未经批准违法占地。请问，“新建住宅”与“翻建住宅”的审批有何区别？

答：对“未经批准，非法占地”行为在违法用地事实和性质的分析认定上，应将既无用地法律手续、又无历史遗留宅基地情况下的违法用地与未经批准在历史遗留宅基地上拆旧建新的违法用地相区别。

在无用地法律手续、无历史遗留宅基地的情况下，要建房，其用地的审批实质是按规划“新设用地”许可，《土地管理法》第 62 条第 3 款规定：“农村村民住宅用地，经乡（镇）人民政府审核，由县级人民政府批准；其中，涉及占用农用地的，依照本法第四十四条的规定办理审批手续。”而村民在原房基拆旧建新的用地审批实质则是按规划“调整用地”许可，《土地管理法》第 13 条规定：“依法登记的土地的所有权和使用权受法律保护，任何单位和个人不得侵犯。”可见，把用地的“新设”审批许可与“调整”审批许可相提并论，作相同定性处理，对原房基拆旧建新的村民来讲，是不公平的，适用法律是失当的。

村民擅自在自己原有宅基地内的建设，一般情况下是在宅基地使用证没有被政府、土地管理部门收回或注销的情况下进行的。从形式上看，其违反的首先是村镇建设规划，1993 年 11 月国务院发布施行的《村庄和集镇规划建设管理条例》第 37 条规定：“在村庄、集镇规划区内，未按规划审批程序批准或者违反规划的规定进行建设，严重影响村庄、集镇规划的，由县级人民政府建设行政主管部门责令停止建设，限期拆除或者没收违法建筑物、构筑物和其他设施；影响村庄、集镇规划，尚可采取改正措施的，由县级人民政府建设行政主管部门责令限期改正，处以罚款。农村居民未经批准或者违反规划的规定建住宅的，乡级人民政府可以依照前款规定处罚。”

现行土地管理法律、法规中对村民未经规划批准，在原宅基地上拆旧建新这类违法用地行为没有明确要由土地行政主管部门管理的规定。所以，国土部门不宜单方面直接处理村民在原基拆旧建新这类违法用地的行为，对这类违法用地的行为，国土部门可协同建设行政主管部门进行处理。

原载《国土资源百题问答》（2010 年陕西省国土资源厅）

农村集体建设用地流转有什么规定？

问：随着经济建设的高速发展，农村经济发展也逐步动起来了，用地需求也不断增加，村组集体经济组织不仅面临自己的用地发展需求，还要面临外来用地需求的压力，请问，农村集体建设用地流转有什么规定？

答：国发〔2004〕28 号《国务院关于深化改革严格土地管理的决定》（以下简称《决定》）已经明确："在符合规划的前提下，……农民集体所有建设用地使用权可以依法流转。"那么，何谓"农民集体所有建设用地使用权可以依法流转"？中共中央、国务院 1997 年 4 月 15 日《关于进一步加强土地管理切实保护耕地的通知》（以下简称《通知》）"加强农村集体土地的管理"一节中规定"用于非农业建设的集体土地，因与本集体以外的单位和个人以土地入股等形式兴办企业，或向本集体以外的单位和个人转让、出租、抵押附着物，而发生土地使用权交易的，应依法严格审批，要注意保护农民利益"。国发〔2004〕28 号《决定》关于对"农民集体所有建设用地使用权可以依法流转"的规定，较之《通知》精神，有所放宽。那么，在考虑流转问题上，应将保护农民利益作为当前土地管理部门和政府关注的重点。那么，农民集体所有的建设用地使用权的流转，就必须符合《土地管理法》第 47 条关于征收土地的基本原则。除注意流转的土地是否在当地土地利用总体规划确定的建设用地范围内以外，还应注意以下三个基本方面的问题：

（1）根据《土地管理法》第 43 条规定，告知受让土地的另一农民集体或有关单位和个人申办集体土地征收手续，并提交双方土地转让申请书。

（2）根据《土地管理法》第 48 条规定，制定征地补偿安置方案（实践中常有签订征地补偿安置协议的习惯），并公告，及时听取土地转让方农民集体经济组织和农民的意见。

（3）根据《土地管理法》第 44 条第 3 款规定，将土地转让方的村民大会（或村民代表大会）关于同意转让土地的会议决议、双方的土地转让协议、土地受让方的征地补偿安置协议、双方的土地转让申请书等有关材料报送市、县人民政府审批。

原载《国土资源百题问答》（2010 年陕西省国土资源厅）

实现耕地占补平衡就能保障耕地面积总量不减少吗?

问：新土地管理法增加了建设占用耕地的占补平衡新规定，但国家的土地总面积是固定不变的，而且我国用于可耕地面积的土地不多，请问，新土地管理法增加的实现耕地占补平衡就能保障耕地面积总量不减少吗?

答：影响耕地面积总量的有耕地减少因素和耕地增加因素。耕地减少的因素包括生态退耕、农业结构调整中将耕地调整为其他农用地、灾毁、建设占用等；耕地增加因素包括土地开发、土地复垦、土地整理、农业结构调整中将其他农用地调整为耕地。例如，陕西省 2007 年底全省耕地保有量 6073.56 万亩，比 2006 年的 6087.34 万亩净减少 13.78 万亩。其中耕地减少的因素包括：生态退耕 5.23 万亩，农业结构调整将耕地转为其他农用地 2.97 万亩，灾毁耕地 6.15 万亩，建设占用 5.86 万亩，共计 20.21 万亩。耕地增加的因素包括：土地开发 2.68 万亩，土地复垦 2.59 万亩，土地整理 0.69 万亩，农业结构调整将其他农用地转为耕地 0.46 万亩，共计 6.43 万亩。

非农业建设占用耕地占补平衡是根据《土地管理法》第 31 条规定，国家实行非农业建设经批占用耕地，要按照“占多少，垦多少”的原则补充耕地。2007 年，陕西省通过土地开发、土地复垦、土地整理新增耕地 5.96 万亩，大于建设占用的耕地 5.86 万亩，实现了全年非农业建设占用耕地占补平衡法定目标。

由于建设占用只是耕地总量减少的因素之一。所以非农业建设占用耕地实现占补平衡，只是减缓了耕地总量减少速度，不能完全控制和扭转耕地减少的趋势，坚守耕地总量红线，需要在政府统一领导下，多部门协作，全社会共同努力下才有可能实现。

原载《国土资源百题问答》（2010年陕西省国土资源厅）

村办企业获取集体建设用地无须招、拍、挂

问：国家经济的大发展带动了乡村经济的大发展，但土地却越管越严，程序越来越烦琐，看见城市企业用地的那些程序，想投资村镇企业但望而却步，请问，村办企业获取集体建设用地无须招、拍、挂吗？

答：通过招、拍、挂方式获取建设项目用地，是建设项目使用国有土地时的原则规定。根据《土地管理法》第43条、第44条、第60条之规定，农村集体经济组织办企业，只要是使用本农民集体土地的，没有规定要经过招、拍、挂的方式获取企业建设用地。但这不是说农村集体经济组织只要申请使用本农民集体所有土地办企业时，就一定应该得到政府批准。

根据《土地管理法》第59条、第60条规定，农村集体经济组织申请本农民集体所有的土地办企业，政府应给予批准的前提是，建设项目用地必须符合本乡（镇）土地利用总体规划和土地利用年度计划。《土地管理法》对耕地的保护和建设用地的控制作出了极为严格的规定，2004年10月21日，国务院在《关于深化改革严格土地管理的决定》（国发〔2004〕28号，以下简称《决定》）第10项中规定，编制乡（镇）土地利用总体规划、村庄和集镇规划，明确小城镇和农村居民点的数量、布局和规模……引导新办乡村工业向建制镇和规划确定的小城镇集中。

很清楚，国家通过立法的形式，在改“遍地开花”式的村办企业的格局，向以乡（镇）规划为主导的集中办企业格局转变。那么，这就有可能出现处在乡（镇）工业规划区内的村组，其相当多的土地被规划成

建设用地，而不在乡（镇）这个工业规划区内的村、组的土地是不会被批准为企业建设用地的局面。但这不能理解为，处在本乡（镇）工业规划区内的村组和个人就可以随意占地办企业，处在本乡（镇）工业规划区外的村、组和个人就不能办企业的错误认识。至于因实施土地利用总体规划致个别村、组农民集体农用土地大量减少，多数村、组农民无建设用地的平衡协调问题，当地县、乡（镇）两级政府在制定本地土地利用总体规划时，应该是规定了相应的平衡措施和解决办法。

《决定》第8项规定："从严从紧控制农用地转为建设用地的总量和速度。加强农用地转用审批的规划和计划审查，强化土地利用总体规划和土地利用年度计划对农用地转用的控制和引导，凡不符合规划、没有农用地转用年度计划指标的，不得批准用地。"

按上述原则，在乡（镇）企业用地规划区范围内办工业，则不存在不符合规划的问题，但与使用国有土地办企业一样，依然存在农用地转用年度计划指标的问题。《决定》第9项规定："加强建设项目用地预审管理。凡不符合土地利用总体规划、没有农用地转用计划指标的建设项目，不得通过项目用地预审。发展改革等部门要通过适当方式告知项目单位开展前期工作，项目单位提出用地预审申请后，国土资源部门要依法对建设项目用地进行审查。项目建设单位向发展改革等部门申报核准或审批建设项目时，必须附国土资源部门预审意见；没有预审意见或预审没通过的，不得核准或批准建设项目。"

很清楚，一个乡村企业建设项目是否能得到当地发展改革部门或项目主管部门的立项审批，与国土资源部门手中有无当年农用地转用年度计划指标，或者是否同意将该指标批给申请的乡村企业建设项目有直接关系。从这个意义上说，一个新乡村企业建设项目能否通过当地县国土资源部门的用地预审，是这个乡村企业能否通过立项并进行建设的关键。

原载原《中国国土资源报》(2007年8月30日)

这座院落各半划分没有法律依据

问：甲、乙二人系同胞兄弟，父亲去世后，留有祖宅一座（当时院内南北各有房屋一座，中间为空宅基地）。1968 年，甲、乙两兄弟在长辈主持下划分祖宅，但当时只明确了两座房屋的继承权，院中的空宅基地由甲、乙共同享用。1984 年，甲、乙因共同享用的宅基地使用权发生纠纷。1986 年，甲就此纠纷起诉到法院，法院当时作出口头调解，形成了两宗封闭独立的宅基地使用状况，并维持至今。2001 年，甲又向我局提出申请，要求我局按甲、乙二人各占一半宅基地使用权为其划分祖宅。经过多方调查取证，形成了两种观点。一种观点认为，此纠纷是由祖辈分配家产时未明确空宅基地使用权而引起的，且甲、乙二人至今也未申请办理土地使用证书，因而此纠纷是继承纠纷，应由法院调解。另一种观点认为这是土地权属纠纷，应由土地部门进行调解。请问，此纠纷是否属于土地权属纠纷？若属于土地权属纠纷，应怎样调解？

答：来信所反映的问题，既不是继承纠纷，也不属土地权属纠纷，是因为不了解现行土地管理法律法规引起的误争。首先应说明的是，1968 年正值全国城镇土地国有化。甲、乙二人在长辈们的主持下划分祖宅的过程中，只明确两座房屋的继承权是正确的。院中空宅基地由甲、乙共同使用，也是理所当然的事。本案不属土地权属纠纷的关键在于，1986 年甲、乙双方就共同使用的空院发生纠纷起诉到法院，并且法院作了口头调解，形成了两宗封闭独立的宅基地使用现状，并维持至今。根据《确定土地所有权和使用权的若干规定》第 26 条、第 50 条之规定，法院的调解和两宗已形成各自封闭独立院落并使用至今的事实，就是土地使用权登记确权的根据。不顾法院调解和多年的使用现状，只因祖宅房屋各半继承，就非要主张院落也各半划分，没有法律依据。除非双方再次达成院落平均划分的协议。

原载原《中国国土资源报》（2005 年 3 月 17 日）

土地承包权不能继承

问：我爷爷是个农民，于 20 世纪 80 年代初承包一块旱地。1992 年爷爷随我家到县城生活，将该旱地暂交 A 耕种，1994 年土地延包时，集体再次确认该旱地由爷爷承包，并有书面的耕地延包合同书。1996 年爷爷病故。2003 年 2 月，未经我家同意，A 擅自将该旱地转卖给第三人 B 建房，我家多次与其协商，A 均不予理睬。我家于 2003 年 12 月向地方法院起诉，要求依法保护土地承包权，A、B 停止侵害或赔偿经济损失。

法院意见是：由于我父亲是城镇户口，不可以继承我爷爷的耕地，故以证据不充分为由驳回起诉。我家该如何来维护合法权益？

答：法院的判决是正确的。根据 1993 年 7 月 2 日颁布的《农业法》第 13 条第 4 款之规定和国务院 1995 年 3 月 28 日国发〔1995〕7 号《批转农业部〈关于稳定和完善土地承包关系意见〉的通知》的有关规定，你的要求应该得到支持。但你的诉讼请求是于 2003 年 12 月向法院提起的，2002 年 8 月 29 日国家新颁布了《农村土地承包法》。根据该法第 31 条，农村土地、林地承包权的继承有区别：土地的承包人死亡，其继承人只能继承原承包土地的应得收益，而不能继承原承包土地的承包权；而林地的承包人死亡，则其继承人继承的不仅有应得的林地收益权，还可以继承林地的承包权直至承包期结束。2002 年 12 月 28 日第九届全国人民代表大会常务委员会第三十一次会议修改了原《农业法》第 13 条的内容。你爷爷原承包的是普通旱耕地，1996 年你爷爷病故，你 2003 年 12 月向法院提出诉讼请求，当然法院只能适用新法，以你父亲不可以继承你爷爷原经营的承包地为由驳回你的起诉了。

对A与B的土地转让，并且在承包地上建房的行为，你可根据《农村土地承包法》第60条规定，向村集体或者向县国土资源管理部门举报。

原载《国土资源》（2006年10月）

怎样认定“新建”建筑物？

问：无论新、旧《土地管理法》对于违法占地的处罚，都是针对新建的房屋或建筑物，怎样认定“新建”？8年前所建的房屋能否认定为“新建”？

答：在《土地管理法》第73条规定的违法转让土地的双务行为中，双方在无土地交易批准手续的情况下，完成土地交易后，不论受让方有无建筑物建设规划批准手续，其在未经批准使用的土地上所建设的建筑物，都为新建的建筑物；第76条、第77条规定的单务行为中，不论行为人有无建筑物建设规划批准手续，凡在未经批准使用的土地上建设的建筑物，都为新建的建筑物。

至于8年前建住宅占用的土地未经使用审批，8年后才发现，在处理时，该住宅是否可以认定为“新建”？回答是肯定的。前面说了，“新建”与否，是根据建筑物占用的土地是否经过了使用审批来认定的，而不是按建筑物的新旧程度来认定的，没有经过用地审批就占地建设的建筑物，对其违法占地行为来说，都是《土地管理法》第73条、第76条、第77条规定中所称的新建的建筑物和其他设施，直至其用地得到批准为止。

原载原《中国国土资源报》（2005年9月15日）

这个蔬菜队的土地属于集体所有

问：某镇蔬菜队在1956年农业合作化时期，由几名主要从事蔬菜种植的农户用自己的土地、耕牛、农具评价入队组成，属集体所有的经济实体。1957年，该队划归某镇管理，队员享受非农业人员待遇，以种植蔬菜为主，后改为某镇蔬菜队，属于吃商品粮的菜农。1983年以后，该队实行土地承包经营责任制，每年均向国家上缴应缴的公粮代金。现某工程需使用该队58.67亩土地。那么，该队土地是集体所有还是国家所有？

答：根据《确定土地所有权和使用权的若干规定》第19条的原则规定，该队土地属农民集体所有无疑。

确认本案土地归属，不应受吃商品粮的菜农和折征代金这两个事实的影响。所谓吃商品粮的菜农，是在计划经济时期为了解决城镇居民吃菜难，各地方政府根据当地城镇居民和郊区农村的情况，将部分郊区粮农改为菜农，专为城镇居民生产蔬菜的计划农作措施。为与这一措施同步，国家又规定菜农的吃粮可与城镇居民一样由国家供应，但定量标准较之城镇居民低，城镇居民的其他待遇菜农并不享有。信中说该队1957年改为菜农以后直至1983年实行土地承包经营责任制，也说明该队始终是按农村经济体制的变化运行的。

至于"公粮代金"，1958年5月17日国务院批转的《关于农业税改为按粮食"倒三七"比例价折征代金问题的请示》规定：第一，现在国家确定的粮食合同订购数量中已包括农业税的粮食数量，为了改革农产品的收购制度，从今年起农业税一般不再征收粮食，改为折征代金；第二，折征代金统一按粮食"倒三七"比例收购价（30%按原统购价，70%按原超购价）计算，经济作物亦同。显然，公粮代金是农业税制调整的一项措施，并非菜农区别于粮农的城镇待遇。

原载原《中国国土资源报》(2006 年 12 月 14 日)

未经批准在原基翻建农宅，如何处置？

问：前不久，某镇一村民拆除了旧房的土木结构墙体，在原基脚上重新砌墙。建成后，整个房屋面积与原房无变化。由于该村民未经审批，有群众举报，我局执法人员赴现场作了调查。在如何处理的问题上，有两种意见：一种认为，按照《土地管理法》第 62 条第 2 款和第 3 款的规定，即使是在原旧宅基地上建房，也属住宅用地，就应审批，如不批自建，就应依法处理；而另一种认为，《土地管理法》第 62 条第 2 款还要求尽量使用原有宅基地，只要符合乡镇土地利用总体规划，又没扩建占地，只是在原基脚上形成墙体，如再审批，就属重复审批，应该不作处罚。请问上述两种意见哪个正确？如果村民在原宅基上重新下基脚建房是否需要经乡镇人民政府审核后再由县级人民政府批准？

答：你局对村民原房基拆旧建新行为的两种处理意见，笔者认为都有失当之处。

《土地管理法》第 62 条第 2 款“尽量使用原有的宅基地和村内空闲地”规定中的“原有的宅基地”，根据立法精神，并不是指每户村民目前实际居住使用的宅基地，而是指村民居住区这个大概念的原有宅基地形成区。如果不这样理解，则与本款前半句“农村村民建住宅，应当符合乡（镇）土地利用总体规划”的规定相矛盾。因为，如果每个村民都强调是在原宅基地房屋基脚上拆旧重建，而不用审批，那么，这些原有的不符合村庄建设规划的新住宅，就永远不会符合村庄建设规划。这就是说，村民原房基拆旧重建未经规划审查批准的用地行为，仍属于未经批准，擅自占用土地的违法行为。

既然村民新批宅基地和原宅基地内原房基拆旧建新的程序都相同，那么，能否对这两种未取得规划许可、也未取得用地许可的擅自建设行为，都根据《土地管理法》第76条规定，按“未经批准，非法占地”作处罚呢？笔者认为不可以，因为这两种违法用地行为的构成有着本质的区别。

第76条规定的“未经批准，非法占地”行为，如果均应指行为人无法律手续的占地行为，那么在违法用地事实的分析认定上，就应将既无法律用地手续、又无历史形成宅基地情况下的违法用地，与未经批准在历史形成宅基地上拆旧建新的违法用地相区别。对于前一种情形，其建房用地的审批实质是按规划“新设用地”许可；而对后一种情形，其用地审批实质则是按规划“调整用地”许可。把用地的“新设”许可与“调整”许可相提并论，作相同定性处理，对原房基拆旧建新的村民来讲，是不公平的，也是不恰当的。

1993年11月国务院发布施行的《村庄和集镇规划建设管理条例》第37条规定：“在村庄、集镇规划区内，未按规划审批程序批准或者违反规划的规定进行建设，严重影响村庄、集镇规划的，由县级人民政府建设行政主管部门责令停止建设，限期拆除或者没收违法建筑物、构筑物和其他设施；影响村庄、集镇规划，尚可采取改正措施的，由县级人民政府建设行政主管部门责令限期改正，处以罚款。农村居民未经批准或者违反规划的规定建住宅的，乡级人民政府可以依照前款规定处罚。”

很清楚，在现行土地管理法律法规中没有规定村民未经批准，在原宅基地上拆旧建新这类违法用地行为明确要由土地行政主管部门管理，所以，国土部门不宜直接处理村民在原宅基地上拆旧建新这类违法用地的行为。

原载原《中国国土资源报》（2006年12月21日）

农村翻建房屋须审批

问：秦某从部队转业后在市里工作，户口不在甲村。他的父母生前在甲村居住，属甲村集体经济组织成员。秦某父母 1986 年去世后，他们居住的房屋长期无人居住（超过 2 年）破烂不堪。2002 年秦某回家将房屋在原地维修重建，然后要求土地主管部门为宅基地登记发证，理由是“继承房屋取得的宅基地，可以确定集体土地建设用地使用权”。

根据《确定土地所有权和使用权的若干规定》，空闲或房屋坍塌、拆除两年以上未恢复使用的宅基地，不确定土地使用权。已经确定使用权的，由集体报经县级人民政府批准，注销其土地登记，土地由集体收回。请问，在这种情况下，可以收回这处宅基地吗？怎么确定房屋是属于坍塌？土地主管部门应该凭什么来确定房屋是继承的？秦某可以向土地主管部门申请土地变更登记吗？

答：秦某的父母于 1986 年去世，根据《继承法》（2021 年废止）的规定，如果秦某的父母生前没有遗嘱，且除秦某外再无其他子女，则秦某在父母 1986 年去世之时就已成为父母原居住房屋的合法继承人和宅基地的合法使用权人。其宅基地使用权的确权适用《确定土地所有权和使用权的若干规定》第 49 条。

文中提到，秦某父母 1986 年去世后，其父母居住的房屋长期无人居住破烂不堪，拟根据《确定土地所有权和使用权的若干规定》第 52 条收回宅基地使用权的想法是错误的。因为，房屋破烂不堪不等于坍塌。所谓坍塌，意为倒塌，失去使用价值，所以，只要该房屋不倒塌，还有使用价值，那么，秦某对该房屋产权及宅基地使用权就受法律保护。

对于秦某2002年回家将其父母房屋原地维修（重建）的宅基地确权问题，应适用《确定土地所有权和使用权的若干规定》第48条的规定处理。秦某的错误在于未经批准擅自重建。鉴于秦某的重建已既成事实，笔者认为，此案应由当地建设管理部门与土地管理部门一起，根据《村镇和集镇规划建设管理条例》第18条、第37条的规定进行处理。

原载原《中国国土资源报》（2007年2月21日）

长期空闲宅基地应由农民集体收回

问：1993年，因村民张某的老宅基地与村民王某的宅基地存在纠纷，村委会为张某另划了一处宅基地，并申办了宅基证。张某搬入新房后，拆除了老宅，但未注销老宅基地证。目前，该宗地仍荒芜，张某以拥有宅基地证为由主张老宅基地的使用权。

在处理该案时，办案人员存在不同意见。

一种意见认为，张某存在非法占地和骗批宅基地的行为，应按照《土地管理法》第77条对其进行行政处罚，责令其退回老宅基地的土地使用权。另一种意见认为，该案属登记机关的工作失误造成的，登记机关应先注销张某的老宅基地证再发新证。因此，不能对张某实施行政处罚，而应由国土部门报请政府作出注销张某老宅的土地登记并收回土地使用权的决定。

请问：哪种意见正确？

答：根据《确定土地所有权和使用权的若干规定》第52条的规定，你局可通知张某所在村的村委会或农民集体经济组织，责令其依此规定向县人民政府报批关于收回张某空闲宅基地的申请，你局接到该申请后，即可申请县级人民政府作出准予收回张某空闲宅基地的决定，同时注销张某空闲宅基地的土地登记，并予以公告。

原载原《中国国土资源报》（2009 年 7 月 16 日）

三

土地确权登记法律问题答疑

原划拨土地使用权确权原则

——从一宗土地确权案例说起

林某原住街南的铁道边，1975 年铁道拓宽，市城建局拆迁安置时，给林某指定在现在居住的地上建房，先颁发了“临时建筑执照”，在住宅建好并验收后颁发了“房屋维修许可证”，1978 年 5 月，市房管局给林某颁发了“xx 市土地使用证”，并以此证为据开始计收土地使用费，1988 年改为土地使用税。1989 年，市房管局给林某颁发了“房屋产权证”。1990 年市土地局给甲厂土地登记时，以林某住宅用地是甲厂在新中国成立前私人办厂时购买的农民的地为由，将林某住宅用地确定在甲厂土地使用权范围内。2004 年 3 月，甲厂进行旧住宅改建，以林某无土地来源为由，拒绝对林某住宅用的土地作补偿。至此，林某才知，自己的土地权益被侵害，向市土地局申请土地更正登记，遭拒。

笔者认为，市土地局的确权认识是不正确的。特引以下法律法规政策作说明。

《确定土地所有权的使用权若干规定》第 26 条规定土地使用权确定给直接使用土地的具有法人资格的单位和个人；第 35 条规定原由铁路等及其他单位和个人使用的土地，1982 年 5 月《国家建设征用土地条例》

公布之前，已经转由其他单位和个人使用的，除按照国家法律和政策应当退还的外，其国有土地使用权可确定给实际土地使用者。《土地登记规则》第10条规定土地登记申请人须向土地局提交土地权属来源和地上附着物权属证明。1990年《城市房屋产权产籍管理暂行办法》第3条规定城市房屋的产权与该房屋占用土地的使用权实行权利一致的原则，除法律法规另有规定外，不得分离。1997年《城市房屋权属登记办法》第6条规定房屋权属登记应当遵循房屋的所有权和该房屋占用范围内的土地使用权权利主体一致的原则。

关于市土地局认定甲厂的土地权属来源于新中国成立前私人购买，所以应将土地登记给甲厂的观点，笔者认为，该市土地局的认识不符合1956年2月《国务院关于私营企业实行公私合营的时候对财产清理估价几项主要问题的规定》，该文件规定：私营企业实行公私合营的时候，应当根据公平合理、实事求是的原则，对企业的实有财产进行清理估价，确定私方的股额，对房屋、其他建筑物和可资利用的铺面装修设备按照它的新旧程度，参照当地房地产管理机关的估价标准进行估价，如果没有上述价格，由公私双方协商估价。土地也应该进行适当的估价。这个规定足以说明，甲厂的土地在1956年公私合营时就已由私有性质改变为国有土地性质了。在土地使用上，1999年6月国土资源部〔1999〕217号《关于土地确权有关问题的复函》指出，原国家土地管理局《确定土地所有权和使用权的若干规定》第35条的规定，“主要是指原土地使用者所使用的土地，已经由现土地使用者使用，除按照国家法律和政策应当退还的外，只要不是强占性质，原则上按使用现状确定土地使用权。但租赁、借用的除外”。

综上所述，林某依法享有该宗土地的国有划拨土地使用权及其上房屋的所有权，该市土地局将该宗国有划拨土地使用权确定给甲厂是不恰当的，应当予以纠正。甲厂改建时应当按林某的房屋产权和土地资产权评估结果给予林某适当而必要的补偿。

原载《陕西国土资源》（2006年4月）

换地协议合法有效，单方阻挠构成侵权

问：1996 年，村委会与市公路局养路工班签订协议，将村学校旁的养路工班用地划给学校使用，在第二村民小组范围内划出 2 亩土地给市公路局养路工班用于建设，约定由养路工班付给江南村二组土地补偿费、青苗补偿费等共计 8580 元。村学校旁的地于当年办理了国有土地使用证但市公路局由于各种原因并没有在这块地上动工建设，这块地一直由江南村二组村民耕种。今年市公路局打算开工建设，但江南村二组村民以当年征地补偿费未到位为由不交出土地。市公路局可否持证动工建设？村民阻止施工是否违法？

答：来信所述行为属于国有土地与集体土地的调换。

原国家土地管理局在《对浙江省土地管理局关于土地确权登记中有关问题的请示的批复》（国土批〔1995〕63 号）中，明确了对这类问题的处理意见：“使用国有土地的单位与农民集体经济组织调换土地的，在同类用地之间不改变原用地性质的前提下，拟调换土地的双方应当向县级以上人民政府土地管理部门提出换地申请，依法经县级以上人民政府批准，并经地价评估后，再向土地管理部门申请办理土地权属变更登记手续。调换的原集体土地变更为国有土地，原国有土地变为集体土地。”在市公路局当年办理了国有土地使用证的情况下，应当认定该土地调换是经县政府批准了的，因而是合法有效的。

从来信看，双方在调换土地时，协议商定公路局向村二组支付的土地补偿费、青苗补偿费等，应当为调换土地时的价款补差。根据《合同法》（2021 年废止）第 8 条，市公路局已履行了土地调换合同的主要条款，将原养路工班的国有土地交给了村委会，且已成为村办学校（集体）用地的组成部分。所以，村委会应当履行换地合同的约定，向市公路局交地。村二组村民以当年土地补偿费未到位为由，阻拦公路局用地是侵权行为。市公路局当年未按合同约定履行土地调换中的补差款，属于历史遗留问题。对本案，县国土局应当出面协调解决，限期公路局与村委会履行各自义务。如果协调不成，告知公路局可向法院提起民事诉讼。

原载《国土资源案例分析》（中国大地出版社 2007 年）

土地证被扣押，再申办算骗取土地证吗？

问：我县的王某从开发商处购得一套房产，土地面积为 50 平方米。由于王某尚欠 2 万元房款，开发商将已变更登记在王某名下的土地证书扣押。王某多次索要土地证未果，便到县国土资源局申请遗失补证。经过 3 个月的公告期限以后，国土资源局给予补办了土地证书。王某拿着补办的土地证又将房产转让给了陈某，土地证也变更在陈某名下。开发商发现这一情况后，申请国土资源局处理。

请问这种情况以骗取登记定性是否确切？其补办土地证后又转让土地房产应如何处理？

答：该案是一件简单的合同债务纠纷，不存在王某以骗取土地证转让土地的问题。

何谓骗取土地证？根据相关解释，是指不具备取得土地使用权的条件，但却采取隐瞒或造假等手段，谎报具备取得土地使用权的条件而骗取土地登记的行为。

《城市房地产管理法》第 38 条第 2 款规定：转让房地产时房屋已经建成的，还应当持有房屋所有权证书。第 40 条规定：房地产转让，应当签订书面转让合同。第 60 条第 3 款规定：房地产转让或者变更时，应当向县级以上地方人民政府房产管理部门申请房产变更登记，并凭变更后的房屋所有权证书向同级人民政府土地管理部门申请土地使用权变更登记，经同级人民政府土地管理部门核实，由同级人民政府更换或者更改土地使用权证书。《城市房地产转让管理规定》第 7 条规定：房地产转让，应当按照下列程序办理：（1）房地产转让当事人签订书面转让合同；（2）房地产转让当事人在房地产转让合同签订后 90 日内持房地产权属证书、当事人的合法证明、转让合同等有关文件向房地产所在地的房地产管理部门提出申请，并申报成交价格；……；（6）房地产管理部门办理房屋权属登记手续，核发房地产权属证书。第 8 条规定：房地产转让合同应当载明成交价格及支付方式、房地产交付使用的时间等内容。

从上述法律法规来看，房地产管理部门准予房地产交易并给予房地产变更登记的前提是转让方必须有合法的房产证书、土地证书和具有法定必备形式要件并符合法定主要内容的书面合同。显然，王某与开发商的房地产转让行为是合乎法律法规要求的，王某依法应当持有已变更在自己名下的土地证书。

至于王某尚欠开发商 2 万元房款的问题，依《合同法》（2021 年废止）相关规定，王某欠开发商房款的问题，是合同履行纠纷问题，与取得土地证无关。开发商应当通过民事诉讼渠道解决这一合同之债，而不应当扣押王某的土地证书。

王某拟转让自己合法取得的房地产，多次向开发商索要土地证未果，在向国土局申请遗失补证时，未向国土局如实说明因欠开发商 2 万元房款，土地证被扣押之行为，是否属于骗取土地证？当然不是，因为王某就是他所购房产占用的 50 平方米土地的合法使用权人，不存在采取隐瞒或造假手段获取土地使用权的问题。土地证只不过是王某对合法取得的 50 平方米土地使用权在法律上的凭证而已。《土地登记规则》第 62 条规定：土地使用权转让、抵押和出租应当以土地登记文件资料为准。所以在本案中，王某没有向国土部门如实说明因欠开发商 2 万元房款土地证被扣押的情节，与申请遗失补证无关。国土局在受理王某遗失补证的申请后，也经过了 3 个月的公告期限。应该说国土局为王某补证的程序是无瑕疵的，开发商向国土局主张王某应将欠款清偿之后才可以补证的要求无法律根据。

原载原《中国国土资源报》(2005 年 4 月 14 日)

补缴出让金后可登记

问：某供销社在 1977 年征用某村土地 9 亩，当时口头协议供销社每年向该村提供平价化肥和柴油。在 1990 年违法用地大清查过程中，供销社与该村补签了协议，经地区行署批准补办了用地手续，并核减了农业税。但后来该村村民认为供销社的征地协议是假的，是骗取批准，要求退还土地。后因某些原因该村没有再追究此事。到了 2001 年，供销社欠王某债务，经法院判决将此宗地的一部分判给王某，以抵销债务。2002 年王某持法院判决书和协助执行通知书，向国土资源局申请土地登记。但该村知道后又以上述理由提出异议，要求退还土地，不能给王某颁发土地证。

国土资源局能否给王某办理土地登记，颁发证书，为什么？

答：国土资源局可以给王某办理土地登记。《民事诉讼法》第 216 条和最高人民法院、国土资源部、建设部《关于依法规范人民法院执行和国土资源房地产管理部门协助执行若干问题的通知》第 3 项第 2 款规定，人民法院的生效判决、裁定具有强制执行效力。

从该案演变过程看，尽管地区行署批准补办征地手续的行为存在效力问题，但从行署的手续能核减农业税这一行为看，省级政府是认可了的，因而该批准行为应该是有效的。村民对补办手续的异议，是不成立的。根据 1958 年《国家建设征用土地办法》第 4 条、第 5 条、第 9 条的规定，征地协议的签订不是法定内容和必经程序，从民事侵权的责任时效看，也已超过了 2 年。因而该宗地应该认定为国有土地，土地使用权为供销社所有无疑。法院直接判决该宗地的一部分给王某抵消债务，虽然程序不规范，但从维护债权人利益的角度看，也是行得通的。但应按照《划拨土地使用权管理暂行办法》（2019 年废止）第 4 条、第 5 条规定，由供销社或王某缴纳土地出让金后，方可办理土地使用权变更登记手续。在具体执行操作中，应与法院协商一致，并征求王某意见，如果判决的土地折抵价为市场评估价，就应由供销社补缴土地出让金；如果判决的土地折抵价为划拨土地使用权价，则应由王某补缴土地出让金。

原载原《中国国土资源报》（2004 年 12 月 31 日）

未确权，执法就没有基础

问：我县水利管理部门未经政府批准，将贯通县城区域的“先锋灌排渠”上部空间出租给 36 户居民建住房，双方签订了“永久性出租”协议。该渠已有一百多年历史，未办理土地使用证，水利管理部门持有 1984 年县人民政府颁发的“先锋渠水利工程管理范围权证”，但该证只注明了使用权和管理权。

县土地管理部门以未经政府批准，擅自出租土地他项权利为由，对水利管理部门进行查处，所依据的法律条款为《土地登记规则》第 3 条和《城镇国有土地使用权出让和转让暂行条例》第 46 条之规定。水利部门对此查处有争议。请问土地部门查处是否合法？

答：县土地管理部门对县水利部门以未经政府批准，擅自出租土地他项权利的行为进行查处的做法欠妥。

根据《关于水利工程用地确权有关问题的通知》第 3 项、《确定土地所有权和使用权的若干规定》第 12 条、《河道管理条例》第 21 条之规定，可以肯定地说土地管理部门有权对水利部门出租土地权利的行为进行查处。但问题是，你县土地管理部门并没有按上述法规和政策规定，依法对由县水利管理部门管理的“先锋灌排渠”占用范围的土地及用途进行登记确权（1984 年县政府颁发的“先锋渠水利工程管理范围权证”已失效，但可作为土地初始登记证据），更没有对该土地的使用设定任何限制条件，这就使你县土地管理的执法行为失去了前提和基础。

鉴于目前案件的具体情况，笔者认为，你县土地管理部门应首先根据《土地登记规则》第 69 条规定，向县水利管理部门发出限期申请“先锋灌排渠”用地范围初始登记的通知，或主动与县水利管理部门沟通，在政府领导的协调下，明确各自职责尽快完善“先锋渠”的用地范围及土地权利登记确权。在这个过程中，根据具体情况，解决好 36 户居民在渠的上部空间建房的问题。

原载原《中国国土资源报》（2005 年 2 月 3 日）

土地登记有错必纠

问：甲、乙两单位分别于 1967 年、1966 年由当时县人民政府批准使用两宗相邻划拨国有土地。2002 年，甲、乙两单位分别提出了土地登记申请，我所在以上两家单位负责人现场指界、签字的情况下，依程序为其先后办理了土地初始登记，并颁发了《国有土地使用权证》。2003 年甲单位准备开工建设厂房，因其与乙单位相邻部分土地使用权未明确，无法按照规划条件进行施工。同年，甲单位人员查找资料时，意外发现了 1967 年县人民政府批准用地时的附图，发现自己的部分土地使用权已办理在乙单位名下。随后，甲单位以当时他单位办理初始土地登记提供资料不完备和指界人错误指界为由，向我所申请更正土地登记，更换土地证书。我所本着尊重历史、化解矛盾的原则，受理了甲单位的申请。为此，我所重新调取了甲、乙两单位的原始批文及图件，并实地进行了勘界和丈量，认定甲单位的部分土地确实错登在乙单位名下。

现在，让我们感到困惑的是：找不到明确的操作规定，如何按法律程序为甲单位依原始批件更换土地证书。

答：根据《土地管理法》第13条的规定，依法登记的土地所有权和使用权受法律保护，任何单位和个人不得侵犯。从形式意义上讲，只要涉案土地使用权的一方主体不同意更正，此问题便成为土地使用权争议案件。

根据《土地管理法》第16条的规定，土地所有权和使用权争议，由当事人协商解决；协商不成的，由人民政府处理。你所应先召集双方单位说明情况，要求双方接受更正，交出土地使用证。如果双方同意，你所可报经同级政府作出更正双方原土地使用权登记错误的行政决定；如果乙方不同意，也不交土地使用证，你所应依职权报同级政府批准作出撤销双方原土地使用权登记的行政决定，并作好行政复议和行政诉讼的应诉准备。待行政复议或行政诉讼程序结束，依复议决定或行政判决结果对双方的土地使用权重新进行登记。

原载原《中国国土资源报》（2005年10月27日）

空基地应确权给谁？

问：银城镇银城中路1号，原系余甲祖上遗产房，该房在新中国成立后充公为县银行，归政府管理。1958年，县政府因街道拓宽征用了苏乙的宅基地，经银城人民公社研究，将银城中路1号中的两间房屋安排给苏乙使用。这两间房屋所用地，苏乙分别于1985年、1991年申报了宅基地证和国有土地使用证。该房正门前院内有一空地（俗称伙巷空地），

1975年，苏乙将李丙一侧的门封堵住，并在靠李丙外墙边的伙巷空地上搭建棚舍占地4平方米，随后逐步增大棚屋占地面积。1997年3月，苏乙又擅自将棚屋改建，占地21平方米。1997年4月，城建局对苏乙依法作出拆除违章建筑的行政处罚，拆除了违章建筑之后苏乙又恢复棚屋，并向土地管理局申请办理土地证。

1998年，市政府下发了土地权属处理决定书，将苏乙所申请的用地确定为公共用地，苏乙不服裁定，向上级政府申请复议，经复议，上级政府以函的方式告知市政府应改变原具体行政行为。

苏乙据此又向市土地主管部门申请办理土地证，其申请的主要依据是1975年7月18日，银城联合大队、蔬菜大队革委会出具的将县银行房屋换给苏乙的产权证明书；其中28.6平方米的土地包括1.6米宽的公共通道部分归苏乙使用。现在苏乙申请办理21平方米棚屋的土地使用权证，能否将此块地确认给苏乙?

答：笔者认为，如果县银行或李丙多年来也是该伙巷空地的使用人，则市政府1998年所出的土地确权决定就是正确的。但根据来信所述，看不出县银行或李丙目前也在使用该伙巷空地的情况。那么，如果李丙默认苏乙这种行为，且目前也并不影响银行或李丙或社会公共利益的出行和活动，则市政府1998年将该空地确定为公共用地的行为是没有什么意义的。也就是说，如果这个伙巷空地目前只是苏乙所用，不构成对他人的妨碍，则确定该伙巷空地的使用权归苏乙也无妨。

至于苏乙以1975年银城联合大队、蔬菜大队革委会出具的县银行房屋换给苏乙的产权证明书为据，向上级政府申请行政复议，请求将未经批准所建的棚屋占用的21平方米土地使用权确定归自己的主张，没有法律和法规依据。因为苏乙所建棚屋是在市城建局对苏乙作出并拆除了违章建筑的行政处罚后，在该空地未经政府确权、没有取得房屋建设批准的情况下，重新修建的，其已构成违法占地、违章建筑的严重违法行为。

必须使苏乙明白：即使所持的产权兑换证明合法有效，也只是个参考证据，而绝不是一定能够取得土地使用权的证据，更不能产生只要有土地使用权就可以随意进行建设的错误认识。1975年出具的证明，在国家土地使用制度不断变化的30年后，尤其是1982年城镇土地国有化以后，已无多大实际意义。

原国家土地管理局《确定土地所有权和使用权的若干规定》第26条规定：“土地使用权确定给直接使用土地的具有法人资格的单位和个人。”因此，政府根据目前土地使用实际和相邻民事法律关系规定，作出的合理合法的土地确权行政行为必须得到维护。

原载原《中国国土资源报》（2005年12月1日）

20世纪60年代镇办企业用地归谁？

问：1964年，曾某等6人自筹资金，在乡下租用他人牛棚场地开办一皮线加工厂。当时经公社党委研究，皮线厂挂名为“大水人民公社皮线厂”，利润双方分成。

1968年8月，经大水公社革委会同意，该厂以58元的价格在当地生产队“征用”土地4.4亩，修建了自己的厂房和生活用房，但无其他任何用地审批手续。1980年，该公社在另一处修建了制革厂，公社要求皮线厂搬迁到公社制革厂生产，两厂独立核算。皮线厂搬出后，其厂房全部被公社榨油厂占用。

1982年冬，公社榨油厂倒闭。榨油厂负责人把使用的皮线厂还给了房主曾某，后一直无人使用。1992年，乡政府将皮线厂视为公社闲置企业予以拆除，另行修建了集贸市场。2001年该乡企业办将集贸市场的土地转让给了其他单位和个人使用。为此，2004年3月起，曾某等6人多次向镇政府要求补偿，向县国土资源局提出归还该厂土地使用权要求。

请问，该宗土地在乡企业办未转让给单位和个人之前，是国有土地还是集有土地？在乡政府未拆除皮线厂另作集贸市场前，曾某等6人是否继续享有土地使用权？

答：该宗土地性质应为该乡（镇）农民集体企业建设用地，在乡企办未将该地转让给单位和个人之前，该集体建设用地使用权应归乡集贸市场。

该土地使用权纠纷产生于1964年，根据《确定土地所有权和使用权的若干规定》第23条的规定，《六十条》公布时起至1982年国务院《村镇建房用地管理条例》发布时止，经县、乡（公社）、村（大队）批准或同意，并进行了适当的土地调整或者经过一定补偿的，分别属于该乡（镇）或村农民集体所有；第43条规定，乡（镇）村办企业事业单位和个人依法使用农民集体土地进行非农业建设的，可依法确定使用者集体土地建设用地使用权。对多占少用、占而不用的，其闲置部分不予确定使用权，并退还农民集体，另行安排使用。

尽管当时这块地“征用”费58元是曾某等6人的个人资金，但在当时农村土地集体化政策的条件下，是不允许农民个人使用集体土地办企业的，更不允许农村社队私自转让土地。根据1962年9月《农村人民公社工作条例修正草案》第13条和第19条的规定，社队办企事业，要报上级批准，用地要坚持自愿互利原则；第21条规定，生产队所有的土地，一律不准出租和买卖。

1968年曾某等人的出资，只能以大水人民公社皮线厂名义征用土地办厂，那么，该征用土地的性质应该是公社企业用地性质，而非个人购地；而相对于国家征用土地，该公社企业这次征用土地的性质又该怎么区分呢？1958年《国家建设征用土地办法》第4条规定：征用土地，须由有权批准本项建设工程初步设计的机关负责批准用地的数量。用地单位申请核拨用地时，须送交征用土地申请书，并附对被征用土地者的补偿、安置计划，以及经批准的建设工程初步设计文件，施工时间文件和土地所在地的县级或者乡、镇人民委员会的书面意见。这就是说，国家建设征用土地有着一套严格的审批程序和相应的法律文件。

因此，可以认定，1968年曾某等人出资以公社名义购地办企业引起的土地权属变化是农民集体内部的变更，而绝非国家建设征用土地意义上的由集体所有土地转为国有土地的变更。从这个意义上说，对原皮线厂的4.4亩土地，曾某等人的这个小集体从来就不享有使用权也不存在与公社农民集体共有该厂土地使用权的问题。从曾某等人与公社从皮线厂双方利润分成的事实看，其58元“征地”费，充其量只能视为与公社共同办厂的股份。

1980年，公社要求皮线厂搬迁到公社制革厂生产经营，应视为土地置换，曾某等人就不应当对原皮线厂的土地主张权利。1992年，乡政府将一直闲置无人使用的皮线厂改建成集贸市场的行为，就与曾某等人没有关系了。

原载原《中国国土资源报》(2005年12月22日)

国有资本金转增手续不完备不能变更登记

问：我县现有中国石化、中国网通和中国建设银行等企业要进行上市和授权经营，他们所使用的土地为国有划拨用地。以上单位到县国土资源局办理土地变更手续，在办理变更手续时，他们是否需要提供财政部门的国有资本金转增手续？如果他们没有资本金转增手续，土地部门能否为其办理土地变更手续？没有资本金转增手续，对其上市和授权经营，我们国土资源部门能否认可他们合法？如他们持有上层授权经营书，我们能否对他们使用的国有划拨土地开展有偿使用？征收土地年租金？

答：根据国土资源部国土资发〔2001〕44号《关于改革土地估价结果确认和土地资产处置审批办法的通知》的规定，企业持（土地资产）处置批准文件在财政部门办理国有资本金转增手续后，要到土地所在地的市、县土地行政主管部门办理土地变更登记。从土地登记的形式意义上说，授权经营改制企业办理土地变更登记时，必须提供财政部门的国有资本金转增手续，这是政策规定，必须得照办。没有这个手续，会导致国有资产失控或流失。授权经营改制企业如果没有财政部门的国有资本金转增手续，土地部门是不能为这些企业办理土地变更登记手续的。授权经营改制企业没有财政部门的国有资本金转增手续，当然也不可能取得改制企业的国有土地使用证。在这种情况下，这些企业持原划拨土地使用证到相关部门办理企业股票上市或从事市场经济活动，是行不通的，是一种无效行为，最后受损失的只能是相关单位和这些企业自己。作为土地管理部门只能把这类企业用地当做未改制的国有划拨用地进行管理。当然，作为以为企业服务为宗旨的政府部门，如果已经知道这类企业有不规范、不合法的问题时，应当给他们以提醒和催办，这也是我们职能部门的责任。

当这些企业没有财政部门的国有资本金转增手续，只持有上层的授权经营批准书时，那只能说明这些企业的上级（一般是省级以上人民政府和国务院）已批准这些企业以授权经营方式进行改制，至于这些企业是否已实施了具体的改制工作，那还得有相关的各种审批文件和手续资料来证明，否则，不能认定这些企业为授权经营改制企业。但当地土地管理部门却不能因此而对这些企业使用的划拨土地开展有偿使用，去征收土地年租金。因为授权经营改制企业这种改制本身，就是国家给大中型国有骨干企业改制时的一项优惠政策。改制时不必一次性支付数额较大的土地出让金，就拥有了一定权能的土地使用权，企业改制成本大大降低，有利于企业尽快发展。但这并不意味着国有资产的流失，待企业发展壮大，有关国有资产的收益是要补交回来的。所以，当地土地管理部门如果去征收这些企业的划拨土地年租金，一是没有法规政策的规定；二是违背了支持这些企业改制发展的本来目的。

原载原《中国国土资源报》（2005 年 12 月 29 日）

丈夫名下宅基地能否变更给妻子?

问：夫妻俩共有的宅基地登记在丈夫名下，由于丈夫病故，妻子申请将宅基地更名到自己的名下。

对如何办理这起更名登记，我们有两种观点。一种观点认为，必须先明确该宅基地使用权的继承关系后，才能办理更名登记，否则就是剥夺了有关继承人的继承权。可申请人不服国土资源管理部门的这一做法。申请人理由是，该宅基地在整个家庭财产中只是很小的一部分，而且继承人（她的子女）都还和她共同生活在一个家庭里，对整个家庭财产还没有执行分割或者继承，不应当强制要求家庭就该宅基地进行分割继承。

另一种观点认为，依照《土地登记规则》的规定，对这宗土地使用权进行更名登记和对这宗土地使用权进行继承，是两个不同的法律关系。对这宗地进行更名登记，不产生剥夺继承权的后果。按照《继承法》（2021 年废止）的有关规定，遗产分割的时间等具体问题由继承人协商确定。协商不成的，可以由人民调解委员会调解或者向人民法院提起诉讼。国土资源管理部门把办理这宗地使用权的继承硬性作为使用者更名的前置条件，于法无据。

由于两种观点争执不下，申请人一直未能办理更名登记，请问该如何正确处理此事。

答：根据《继承法》（2021 年废止）第 3 条的规定，公民个人的合法财产，不包括划拨土地使用权，村民对宅基地只有使用权，而无处分权。所以，宅基地不能像房屋一样纳入私有财产范围继承，其只能随房屋的继承或析产分割而无偿使用。

农村宅基地一般是一户一宅，同等标准，按规划排列定位使用，再细分细划会随新家庭的建立打乱村庄建设规划格局。所以，对继承产生的一个标准单元宅基地内的各间、座房屋，原则上不再按其分割情况对宅基地作分割变更登记，而是由各继承人或各房产所有人共同选定一个代表去申请宅基地主体变更登记。对院中空地部分的使用，为避免争议可协商订立分割、或共同使用协议留存或交由村委会备案，作为以后处理宅院使用纠纷的依据。

由此可见，本案中的女房主，在丈夫去世后，为今后生活方便，申请宅基地主体变更登记，原则上是正确的，土地部门应该给予支持。正如信中第三种意见所说，宅基地更名登记，不产生剥夺继承权的后果。宅基地主体更名登记，不应该涉及农户的房产权继承或析产分割问题。

原载原《中国国土资源报》（2005 年 12 月 15 日）

判断土地证是否合法有效的依据

问：自治州国土资源局给某公司颁发了一份《国有土地使用证》。办证时间是 2002 年 7 月 15 日，而调查取证时间是 2002 年 9 月 24 日至 2003 年 2 月 19 日，共 8 次。在《土地登记审批表》中只有“初审意见”栏和“国土部门审核意见”栏签有意见，而“发证机关批准意见”栏中没有领导签署意见和批准同意，即此栏为空白。所办《国有土地使用证》中的“填证机关”栏未盖有州政府土地登记专用公章。自治州国土资源局办理颁发的此份土地证是否合法？

答：一本土地证是否合法有效，不在于土地登记部门办理土地登记过程中的行为是否规范，而在于最后颁发到单位或个人手中的土地证上所填写的内容和盖章是否完整齐备。如果证书内各栏目填写完整、有附图，三章齐备（证书首页的国土资源部土地证书管理专用章，证书第二页的当地市、县人民政府公章或市、县人民政府土地登记专用章，填写机关一栏的当地市、县国土局公章），该土地证书就是合法有效的。之所以这样说，是因为土地登记资料是不公开的，而且土地登记过程中，还有个法定的公告程序，按说一切争议都应该在这个程序中得到解决。根据《行政诉讼法》和民事法律的相关规定，法院在审案中，只对土地证作形式审查，如果土地证内容完整、三章齐备，就是合法有效的。当然，如果利害关系人认为某单位或个人所持的土地证侵害了自己土地的合法权益，就只能向发证机关提出纠正申请，如果发证机关不作处理或当事人对处理不服，可以该人民政府为被告，向法院提起行政诉讼；也可以发证的人民政府为被告，诉行政侵权。

原载原《中国国土资源报》（2006 年 1 月 12 日）

判断土地抵押登记是否有效的法律依据

问：1996 年，我市一家镇办集体企业，因自身发展需要，用国有土地使用权作抵押从银行贷款 20 万元。双方签订抵押合同后，到我局办理了抵押登记并领取了《土地他项权利证明书》。我局按双方合同的约定，为其确定的抵押期限为 1 年，即自 1996 年 7 月 29 日起至 1997 年 7 月 29 日止。抵押登记到期后，抵押人未能按期偿还贷款，抵押双方也未再到我局重新办理抵押登记手续，致使土地抵押登记一直未注销。前不久，抵押人及其上级主管部门又持企业改制批准文件到我局要求办理抵押该宗地的土地使用权转让手续。针对这种情况，原抵押登记是否有效？法律依据是什么？对抵押人提出的转让申请我局如何办理？对于类似抵押双方不申请注销已到期抵押登记的情况如何处理？

答：原土地抵押登记是否合法有效，应从两个方面衡量：一是土地抵押登记的效力；二是土地抵押登记设定的期限效力。

国土资源部2004年1月15日颁发的国土资发〔2004〕9号《关于国有划拨土地使用权抵押登记有关问题的通知》规定："以国有划拨土地使用权为标的物设定抵押，土地行政管理部门依法办理抵押登记手续，即视同已经具有审批权限的土地行政管理部门批准，不必再另行办理土地使用权抵押的审批手续。"最高人民法院《关于转发国土资源部〈关于国有划拨土地使用权抵押登记有关问题的通知〉的通知》要求，从《通知》发布之日起人民法院尚未审结的涉及国有划拨土地使用权抵押经过有审批权限的土地行政管理部门依法办理抵押登记手续的案件，不以国有划拨土地使用权抵押未经批准而认定抵押无效。根据上述规定，可以认定，该镇办集体企业在你局已办的土地使用权抵押登记是合法有效的。

根据《担保法》（2021年废止）第50条、第52条规定，抵押权不得与债权分离，单独转让或作其他债权的担保；抵押权与其担保的债权同时存在，债权消灭的，抵押权消灭。最高人民法院（法释〔2000〕44号）《关于适用〈中华人民共和国担保法〉（2021年废止）若干问题的解释》第12条规定："当事人约定的或者登记部门要求登记的担保期间，对担保物权的存续不具有法律约束力。"

可见，土地登记即便设立抵押期限，也不能对抵押效力产生影响，土地抵押期限是随债务清偿的期限的存在而存在的。

抵押人未能偿还贷款，现又持企业改制批准文件提出对已设定抵押权的土地使用权申请转让，对此请求，你局应当根据《合同法》（2021年废止）第84条的规定，告知抵押人，令其出具放贷银行关于同意其转让土地使用权的意见书，否则，不能为该企业办理土地转让手续。

对于类似抵押双方不申请注销已到期的抵押登记如何处理的问题，前面说了，抵押的期限效力是以主债权是否得到清偿为原则认定的。从这个意义上说，土地部门只能被动地等待双方申请办理注销，而不能以抵押登记期限到期为由主动去注销双方的土地抵押登记。

原载原《中国国土资源报》（2006年2月16日）

分家后宅基地怎样办理分割登记？

问：某镇陈某原有祖传房屋两间。陈某持经市司法局公证处公证的房屋析产公证书，来国土所办理析产登记手续，将原有两间房屋中的一间析产给女儿。公证书中表明该户继承人只有一女，但经调查与核实，该户系三子二女，其他四个子女都在外地工作，实际情况与公证内容不相符。当时该户提出："公证是合法的，要求公证生效。"对这件事我们形成了两种意见：一种认为公证是合法的，应当按法律程序给予办理变更登记；另一种认为公证不实，应拒绝受理，不能办理变更登记手续。那么，市司法局公证处办理的此份公证书是否合法？

答：本案的实质应该是陈某家的两间房屋析产是否合法有效。析产权财产分析，是指财产共有人通过协议的方式，根据一定的标准，将共同财产予以分割，而分属各共有人所有。

陈某的女儿在有兄弟姐妹五人的情况下，独得一间房是否合法有效？析产房屋能否办理土地使用权分割变更登记？

家庭析产是否合法，根据《民法通则》（2017 年废止）第 71 条"财产所有权是指所有权人依法对自己的财产享有占有、使用、收益和处分的权利"和《婚姻法》（2021 年废止）第 17 条第 2 款"夫妻对共同所有的财产，有平等的处理权"之规定，可知，只要陈某的女儿所得的这一间房是房屋所有权人父母处分自己所有的房屋的结果，那就是合法有效的。该结果与《继承法》（2021 年废止）中的遗嘱继承、遗赠的规定精神是一致的，并不涉及其他兄弟姐妹的利益问题，而只有当出现法定继承的情况时，才涉及其他四个兄弟姐妹的利益问题。因此，本案中陈某女儿所得一间房的析产公证应该是合法有效的。

但合法有效的房屋析产及公证结果并不导致就一定应该办理土地分

割变更登记；原划拨土地使用权的确权原则是“地随房走”，但1999年1月1日实施的《土地管理法》第58条规定为公共利益和为实施旧城改建，在收回国有土地使用权时，应对土地使用权人给予适当补偿。这就是说，自1999年1月1日起，国家赋予了城镇国有划拨土地宅基地使用权一定程度的财产权性质，所以，根据这一变化，在房屋所有权主体发生变化、当事人申办宅基地使用权主体变更登记时，土地登记部门审查的内容，应因国有土地和农村集体土地而有所不同。

如果房屋占用范围的土地为国有土地，在房屋因家庭析产、继承等原因分割后，土地登记部门应当在其父母对宅基地分割或房屋的各法定继承人协商分割宅基地使用面积的基础上，根据合理原则、方便生活、防止纠纷原则和城市规划建设、旧城改建拆迁安置规定等因素，决定是否给予土地分割变更登记。而对于申请宅基地原使用权主体名称的变更登记，只要其父母同意或各房屋法定继承人协商一致，可以改新的土地使用权代表为主体，按宅基地共同共有（房屋所有权人对房屋宅基地没作分割时）、或按份共有（房屋所有权人对宅基地作了分割的）的原则，对宅基地原使用权主体作变更登记，并在备注栏中作相应记载。

如果房屋占用范围的土地为农村集体土地，根据一个标准面积的宅基地受村庄规划约束，划拨用地使用权虽然“地随房走”，但不作分割变更登记之原则（房屋所有权人可共同协商对宅基地使用范围作划分留存或备案协议），不论房屋析产、继承或转让，各房屋所有权人对该宅基地都有平等的使用权，在当事人申请变更原宅基地使用权主体，并出具各房屋所有权人共同协商确定的宅基地使用权主体新代表人的书面协议后，土地登记部门应该办理宅基地使用权主体名称变更登记。

原载原《中国国土资源报》（2006年3月9日）

对历史遗留宅基地确权，应以现状为准

问：甲、乙两人是邻居，甲在东，乙在西。1975 年由生产队统一安排两处宅基地，都是东西长 11 米，南北长 11 米。另外，生产队在宅基南端（与宅基相连）又分了两步（3.33 米）出路。生产队规定，这两步出路，不计算在宅基内，可以栽树，打墙头。当时同样情况的宅基地一共安排了五户。由于乙宅基前是生产队的化粪池，就同时还规定两家的通行方向，即甲往东走，乙往西走。

1983 年，生产队又进行了一次宅基规划，规定“谁门口的荒宅量归谁”。由于乙宅基前面的化粪池被乙垫平，这样，乙的宅基变成了“东西长 13.17 米，南北长 19.3 米（含两步出路）”；甲的宅基变成了“东西长 13.17 米，南北长 17.5 米（含两步出路）”。同时规定“每户另加两步出路，不计算在宅基内”，这两步出路可以栽树，打墙头。后来除甲、乙两户外，生产队其他户都在两步出路上建了墙头，盖了房子。

1992 年，该村进行土地登记发证，在没有指界的情况下，县政府为甲、乙双方颁发了集体土地建设用地使用证。双方宅基南北长都登记为 12.7 米，南临均为路。

2000 年，乙在没有报经县政府批准的情况下，占用了宅基前的“两步出路”，断了甲家两边的通道。甲认为“两步出路”是生产队划定的出路，并且这“两步出路”不在乙土地证内，他有权从这里通过。乙认为这“两步出路”在生产队规划时就规定可以栽树、建墙头，并且其他几户已经盖上了房子，这实质上就是宅基地。此外，在没有指界的情况下颁发土地证违反程序，应予撤销。

甲、乙两人因这“两步出路”和宅基问题发生纠纷，多次调解无效，上诉到法院，但由于种种原因法院也一直没有判决。请问，县政府的确权是否合法？乙的认识正确吗？

答：对本案宅基地事实的认定和处理的时间，应以1987年1月1日《土地管理法》颁布之日为界限。对甲、乙二人在生产队1975年、1983年两次规划中形成的宅基地和房屋现状，都应作历史事实看待，不予追究，应以现状事实为基础，根据案情具体情况依法处理。

1992年县政府对甲、乙二人的宅基地以167.26（13.17×12.7）平方米登记确权是否合法的问题，应根据1988年《土地管理法》第38条第2款的原则认定，按《省实施〈土地管理法〉办法》的标准和原国家土地管理局1989年发布的《确定土地所有权和使用权的若干意见》第31条的农村宅基地确权原则，按甲、乙二人各自的房屋占地实际，登记确认的167.26平方米宅基地面积是正确合法的。

对发证程序是否合法的问题，应根据乙方所诉“没有指界”之地是否系双方争议之地作认定，如果确属对相邻的争议土地没经指界就登记发证，则应当认定发证程序违法，应报请县政府撤销所发的土地证，然后对争议之地，根据目前生效的法律、法规和规章规定划界处理后，办理土地登记发证；如果甲、乙双方东西相邻之地，1992年县政府进行宅基地确权登记前已有各自的围墙或界址物标记，且与土地证确认的相邻界址相符，说明登记确权的宅基地无争议，则应以所争之地与确权之地无关系为由，驳回乙方的请求。

本案乙方的认识是错误的，根源是不懂国家新型的土地管理制度，其认为应该按1983年生产队通知的宅基地面积并加“两步出路”用地面积为自己确定使用权，是其看到别的村民在1983年扩大的宅基地和新增加的出路用地上建了房，并且县政府1992年土地登记时给予确权，所以，生产队1983年给自己的254.2平方米宅基地外加“两步出路”用地，也应该得到登记确权。这种认识是无法治意识的原始比对心理。应该使其明白，这个区别就在于：如果其在1983年生产队通知扩大宅基地和增加出路用地后，也及时按生产队的通知建房占用，形成事实，那么，根据1989年原国家土地管理局《确定土地所有权和使用权的若干意见》第31条的确权精神，也是能得到登记发证的。因为1992年农村宅基地使用权登记确权中，各地对各历史阶段不规范的建房占地，除对违法占用耕地的行为在清查中给予了行政处罚并收回土地外，其余建房所占土地，一般都按历史遗留房地产，随房屋和围墙实际给予了认可并登记发证。所以，乙方所坚持的“当时没建，现在补建”的认识是不能支持的。

对乙方2000年未经报批的翻建行为，如果其所建房是在土地证登记确认的面积和位置内，也不妨碍相邻关系，可以不追究，批评教育后，准予补办手续；如果所建房超出了土地证确认的面积和位置，或者在这次处理中，因1992年土地证发证程序违法被撤销，需要重新处理，则应全面考虑其建房占地面积是否合法、位置是否影响村庄规划、对相邻关系和公共通行是否造成严重妨碍等因素，按目前有效法律法规和规章处理后，予以登记确权。

原载原《中国国土资源报》(2006年7月20日)

房屋产权共有，宅基地该登记谁名下？

问：浙江省台州市路桥区于1993年开展土地使用权初始登记。某村民陈某将两间老屋登记在自己名下，2005年因涉及房屋拆迁安置，其母梁某发现土地使用权登记在儿子陈某名下，自己仅是家庭成员，遂向国土部门提出该房屋是梁某与丈夫（1986年已亡故）于1976年建造，1993年登记在陈某名下系错登，要求国土部门公告注销，变更户主，将其子改为家庭成员，重新办理土地使用权登记。

对这件事的处理，一种意见认为应尊重历史事实、保护当事人权益，以公告形式注销原土地使用证，重新办理登记；另一种意见认为我国集体土地使用权是以户为单位进行审批、登记，集体土地使用权登记在户内任何人名下，均不影响户内共同共有的登记实质含义，因此不存在错登的问题，不需重新办理手续。此案应如何处理？

答：梁某的要求是合理的。如果两间老屋确属梁某夫妇所有，并且1993年在给其子陈某名下的土地使用权登记时，梁某确不知情，那么，你局应当依法撤销给陈某的土地登记，为梁某办理土地登记。

信中关于集体土地使用权是以户为单位审批、登记的，不论登记在户内任何人名下，均不影响户内共同共有的认识是不正确的。集体土地宅基地划拨使用的户内共有关系，是根据物权关系和划拨用地“地随房走”的原则认定的，而不是根据家庭内的所有人口决定共有的。

目前，我国农村绝大部分地区还没有实行房屋产权登记制度，1990年以来开始的农村宅基地确权，一般都是根据1995年《确定土地所有权和使用权的若干规定》（1995年以前为《确定土地所有权和使用权的若干意见》）确定的“地随房走”的原则进行的。在这种情况下，你局将梁某的房屋随宅基地确权登记在其子陈某名下的做法，等于剥夺了梁某的房屋产权，其后果将可能引起梁某对房屋产权的处分权纠纷，甚至造成将来的遗产纠纷和继承纠纷。

就本案的宅基地共有关系而言，梁某与丈夫为该房屋产权的共有人，根据“地随房走”原则，梁某与丈夫应该为该宅基地的共同使用权人。其子陈某无房屋产权，当然不能成为该宅基地的共同使用权人。梁某的丈夫去世后，因继承关系产生，梁某就与儿子陈某对该房屋形成按份共有的财产关系，当然，对该宅基地也随之就有了按份共有的使用权关系。在宅基地确权问题上，一般情况下，应登记在房屋产权份额较大一方的名下。当然，不排除为生产、生活方便，在房屋产权共有人协商的情况下，也可以将宅基地使用权登记在产权份额较小一方的名下。

根据《民法通则》（2017年废止）、《婚姻法》（2021年废止）和《继承法》（2021年废止）等相关法律法规，在家庭内部房屋产权分为夫妻共同共有、父（母）子女共同共有和继承人共同共有的情况下，宅基地使用权应登记在房屋财产共同共有人何者的名下？根据《土地管理法》第62条和《确定土地所有权和使用权的若干规定》第45条至第49条的规定和土地登记实践，笔者认为应该把握这样四个原则：

农业户口优先原则、父（母）优先原则、产权份额较大优先原则、产权共有人协商确定代表原则。具体来说就是：在房屋产权为夫妻共有时，宅基地使用权应登记在有农业户口一方的名下，在双方都为农业户口或者都为城镇户口时，应由双方商定；在房屋产权为父（母）子女共有（父或母一方去世，继承关系产生）时，宅基地使用权应优先登记在父（母）名下，为方便生产、生活，也可由父（母）子女协商登记在子女名下；在房屋产权为继承人共有时，因继承人之间权利平等，故宅基地使用权应优先登记在农业户口子女名下或继承份额较大一方的名下；在房屋产权都为农村户口或都为城镇户口时，应登记在继承人协商确定的代表人名下。

原载原《中国国土资源报》（2006 年 8 月 10 日）

土改时的土地证已没有法律效力

问：某村民持20 世纪50 年代颁发的房屋土地产权证到市国土资源局要地。请问土改时期由政府发给的土地所有权证，现在还有法律效力吗？

答：20 世纪 50 年代土改时期发给农民的土地证，是人民政府根据《土地改革法》的规定，废除封建土地所有制，将所有接收来的土地分给农民，证明其土地所有权的凭证。新中国成立后，我国实行生产资料的社会主义公有制度。1956 年 6 月 30 日第一届全国人民代表大会第三次会议通过的《高级农业生产合作社示范章程》，标志着我国对农村初步完成了将土改时分给农民私有的耕地、耕畜、大型农具等主要生产资料归合作社集体所有的改革；1962 年 9 月 27 日中国共产党第八届中央委员会第十次全体会议通过的《农村人民公社工作条例修正草案》则标志着包括农民私有的宅基地在内的全部农村土地转变成了社会主义劳动群众集体所有。对宅基地和承包的土地，农民只有使用权。土改时的土地证当时虽然没有收回，但实际上已失去法律效力。因此，以持有土改时发的土地证为由，主张收回或者恢复目前已不为本人、本户实际占有和使用的土改时政府确权的土地的要求是不符合社会发展历史阶段法律法规的。

按照现行《土地管理法》规定，农村村民一户只能有一处宅基地，并按照村镇建设规划，严格执行建新拆旧原则。

原载原《中国国土资源报》（2006 年 9 月 21 日）

建制镇土地所有权归属应按实际情况确定

问：《确定土地所有权和使用权的若干规定》第 16 条中的“城市集体所有制单位”是否包括城镇集体所有制单位？

答：对此问题，原国家土地管理局国土批〔1996〕72 号对陕西省土地管理局《关于请示〈确权规定〉第 16 条有关问题的请示》批复中指出，我局《确定土地所有权和使用权的若干规定》第 16 条中的城市集体所有制单位，是相对于乡村集体所有制单位而言的，主要是指城市、县城中非农民的劳动群众举办的各类企业。来信中涉及的企业是否属于城市集体所有制单位，请你局根据上述原则确定。对于城镇集体企业所用土地，因为建制镇的土地既不属于《宪法》和《土地管理法》所说的城市范围，也不属于《宪法》和《土地管理法》所说的农村和城市郊区的范围。可根据 1982 年 11 月 26 日第五届全国人民代表大会第五次会议《关于中华人民共和国宪法草案的报告》中指出的：“草案第十条中原来是把镇的土地和农村、城市郊区一律看待的。全民讨论中有人指出，全国各地情况不同，有些地方镇的建制较大，今后还要发展，实际上是小城市。因此删去了有关镇的规定。镇的土地所用权问题，可以根据实际情况分别处理。”

原载原《中国国土资源报》(2006 年 10 月 12 日)

土地登记，经政府批准可以予以注销

问：我局在 1998 年集体建设用地发证过程中，由于工作人员的失误，将一户村民的集体建设用地使用证发错，其错误有利于此户的利益。在去年的证书年检过程中，我局发现了这一错误，根据《土地登记规则》第 71 条，给当事人发出了要求其限期到我局进行更正的通知，但当事人不予理睬。由于我省没有具体的操作规程，不知是否可以进行公告要求其进行更正登记，如果当事人再不执行，是否可以注销其集体土地建设用地使用证?

答：《土地管理法》第 13 条规定，依法登记的土地的所有权和使用权受法律保护，任何单位和个人不得侵犯。从形式意义上讲，只要涉案土地使用权的主体不同意更正，此问题便成为土地使用权确权案件或者土地行政侵权案件。在和该户沟通无法解决问题的情况下，你局可报经同级政府作出注销该户原土地使用权登记、注销土地证书的行政决定。并作好行政复议和行政诉讼的应诉准备。待行政复议申请期 60 日后或行政复议、行政诉讼程序结束，再依行政决定或行政复议决定、行政判决结果对该户作土地使用权更正登记。

原载原《中国国土资源报》(2006 年 10 月 12 日)

农村集体企事业单位无权主张所用土地所有权

问：江西省万安县窑头镇老畜医站建于1966年，用地面积为7.57亩，20世纪90年代末因迁址而处于半闲置状态。2005年11月，畜医站将土地租赁给私人办环保砖厂，取得租金3万元。

2006年2月，万安县窑头镇窑头村第11村民小组就该宗土地所有权归属产生争议，向县国土资源局提出确权申请。其当时提供的证据有1953年颁发的土地证，当地村委会及邻村部分村民提供的证人证言。县国土资源局于2006年3月核准受理。在此期间，县国土资源局通过调查了解到，当时建立畜医站时，单位性质不明确，且用地未签订土地转移等有关手续、未经县人民政府批准、未进行过一定的补偿或安置劳力，也不是接受农民集体馈赠，不属于购买集体所有的建筑物连带，同时，畜医站也没有提供有效证明。

就在县国土资源局根据调查情况准备提出处理意见时，该村第10村民小组于2006年6月向县国土资源局提出申请，主张争议土地所有权归其所有，且提供了村委会及村民的证言，称第11小组与第10小组之间历年因该地块存在争议。请问这个问题该如何处理？

答：根据来信所述案件情况看，畜医站是在以自己的名义与第11村民小组争议所用土地的所有权。根据1962年9月《农村人民公社工作条例修正草案》第13条、第19条第1款第5项和第2款、第25条关于人民公社、生产队办企事业的规定和《确定土地所有权和使用权的若干规定》第20条、第23条、第24条关于农村集体企事业用地确权的规定，农村各企事业单位是相应农民集体经济组织设立并投资兴建的，各企事业单位对自己所用土地只有使用权，土地所有权归各相应农民集体经济组织所有的原则，该畜医站本身不具有独立主张本单位所用7.57亩土地所有权的主体资格，故畜医站与第11村民小组之间的土地所有权争议不能成立。

根据你局对畜医站土地来源情况调查结果看，畜医站1966年建立时无任何法定土地来源，且目前镇政府（以镇农民集体经济组织名义或以代管名义）和村委会均不对畜医站土地所有权主张权利，因此，畜医站土地所有权的归属应该为窑头村第10小组和第11小组共同所有。理由如下：

首先，畜医站是农村事业单位，与农村各医疗站有相同之处，是一个不以营利为目的、服务于附近农村集体经济组织耕畜的自给自足性质单位。

其次，畜医站应当是有关村小组（原生产小队）农民集体经济组织合办的产物，在1966年时的大社会环境下，由每个农村生产小队建立一个畜医站，是不可能、也没有必要的。几个生产小队合办一个畜医站，服务于本地区应该是正常的。

最后，土地所有权的归属应按经济责任平均分割。建立一个畜医站会产生诸多经济需要和责任问题，建站要有土地，要有兽医及工作人员的工资来源，要有医疗器械和药品的购置资金，要有医疗用房舍的建设资金等。即便畜医站建站用地当时是由一个生产小队提供，则其他费用一定是另外一些生产小队承担。就是说，按民法原则中合伙行为无约定即按平均投资确定责任的原则，各投资主体的经济责任应该是平等的。尽管这个畜医站20世纪90年代末搬迁后，只剩下土地和一些破旧房屋，但不能就此将土地所有权归属于原以土地投资的那个生产小队，因为畜医站在正常营业时，各生产小队不仅是在平等地受益，同时也是在平等地承担着风险。如果按“谁投什么得什么”的原则确定畜医站土地所有权的话，对投资、投物、投工的生产小队是不公平的。

笔者认为，1966年建立该畜医站时，窑头人民公社或窑头生产大队应该有个基本原则。20世纪90年代末迁址时，对新址用地和旧站土地也应该有个说法。所以，笔者建议，你局对此案土地所有权确权应慎重，应进一步调查取证后再确权，以免引起更大范围的波动和争议。

原载原《中国国土资源报》（2007年1月18日）

老人去世，名下宅基地怎样分割变更登记?

问：我县有一土地使用者于1996年登记，取得国有土地使用证，1997年又经县国土资源局进行了土地证书查验，该宗地的面积为352平方米，土地使用权类型为划拨。

该土地使用者于今年5月死亡，其老伴健在，三个儿子均已成家，但都住在该宗地上一幢三间二层楼房内。日前，已故土地使用者的儿子来我局要求办理土地使用权更名手续，要求弟兄三人和其母亲分别进行登记。经实地勘查，该宗地面积现为411平方米，比土地使用证上的面积多出了59平方米，多出的面积没有合法的用地证明。对这一问题应如何解决，请予答复。

答:《土地管理法》第58条规定，为公共利益和为实施旧城改建，在收回国有土地使用权时，应对土地使用权人给予适当补偿。这就是说，自1999年1月1日起，国家赋予了城镇国有划拨住宅用地使用权一定程度的财产权性质。所以，在房屋所有权主体发生变化、住宅用地使用权变更登记中存在利益之争的情况下，土地登记部门对住宅用地分割变更登记就变得十分重要，应当十分慎重和小心。

在本案的住宅用地分割变更登记申请人有违法用地行为的情况下，应先对其超占土地的行为作出处理。处理的原则是：如果该超占土地的建筑物与合法建筑物是可分离的，且拆除后不损坏合法建筑物的，则土地管理部门可直接依法按未经批准非法占地进行处罚；反之，就应与规划建设管理部门联合执法共同处理，对于补办手续的，应当先由规划建设管理部门补办建设手续，再由房屋管理部门补办登记手续后，土地管理部门才能补办用地登记手续。

在本案中的土地使用者已死亡，且没有遗嘱的情况下，对其三个儿子和母亲同住的一幢三间二层楼用地的使用权如何分割变更登记的问题，你局应当告知其老伴与三个儿子，先协商房屋财产和住宅用地的继承分割（最好申请公证分割继承），然后在房屋管理部门作房屋产权变更登记后，才能到土地登记部门申请住宅用地变更登记。

土地登记部门应当根据合理原则、方便生活原则、防止纠纷原则和城市规划建设、旧城改建拆迁安置规定等综合因素，进行审查，决定是否给予住宅用地分割变更登记。

还有一种情况，土地登记部门在决定给予变更登记时，如果该住宅用地分割后不能各自形成一宗封闭独立的地块，而只是一种象征性分割的话，土地登记部门也可以依职权不作分割变更登记。在这种情况下，土地登记只作住宅用地原使用权主体名称的变更登记。只要其母亲与三个儿子协商一致，可以以其协商确定的新的土地使用权代表为主体，按住宅用地共同共有（房屋所有权人对住宅用地没作分割）或按份共有（房屋所有权人对住宅用地作了分割）的原则，对住宅用地原使用权主体作变更登记，并在备注栏作相应记载即可。

原载原《中国国土资源报》（2007 年 1 月 25 日）

土地登记不慎惹事端

问：张某与王某都办理了国有土地使用证。张某的国有土地使用证上的四至与其规划证、县政府土地审批文件完全不一致。张某的国有土地使用证上的界址实际上就是王某土地使用证上注明的土地范围。2005 年 12 月，张某将这宗土地使用权转让给某开发商。开发商在未办理土地使用权变更登记的情况下，就破土动工，推掉了王某的两个门面地基。

2006年8月，张某以县政府土地登记行为违法为由提起诉讼。受理法院经审理后，撤销了王某的国有土地使用证。

在法院判决之前，王某以县政府为张某错误颁发国有土地使用证、侵犯其合法土地使用权为由，提起诉讼。王某认为，自己所获得的规划证、县政府土地审批文件和国有土地使用证等权源合法有效，界址一致，面积准确，完全符合《土地登记规则（修正)》的有关规定。法院虽撤销自己的国有土地使用证，但依法获得的规划证和县政府土地审批文件两个证件没有撤销，依然合法有效。根据《土地登记规则（修正)》第72条规定，王某申请县国土资源局按照原始的权源依据，对张某的土地使用权进行更正登记，对自己的土地使用权重新登记；并责成张某和开发商立即停止侵权，恢复地块原状。

答：本案中，张某的土地登记错误、王某无辜受损害是事实，国土资源局应当承担相应的法律责任。

如何纠正对张某的土地登记错误，笔者同意王某的建议。但笔者认为，在按王某的建议重新土地登记前，国土资源局应当完成两项工作：第一，对张某与开发商之间的土地转让行为作出处理。因为该土地转让以及开发商建设行为的正确与否，将直接影响张某、王某二人的土地登记能否重新开展。第二，查找王某的土地登记资料和土地登记卡，并以此为据向法院申诉，请求撤销张某的土地登记行政判决，因为该判决是张某对抗国土资源局和王某重新申请土地登记的依据。

对张某与开发商的土地转让，国土资源局应按《土地管理法》第73条的有关规定进行处罚。因国土资源局已经对开发商推掉王某的宅基地行为进行了制止，所以开发商在该地应该还未有建筑物。因此，该行政处罚就只表现为没收张某违法转让土地的非法所得，并不涉及建筑物和土地转移问题。在张某土地使用证的合法有效性被法院生效判决确定的情况下，张某还应当是该宅基地的使用权主体（张某与开发商的无效土地转让关系涉及的债权债务问题与本案无关，应由双方按民事法律关系处理)。在完成上述两项工作的情况下，国土资源局才可以采纳王某的建议对宅基地分别进行更正和重新登记。

对王某宅基地的损失赔偿问题，将涉及以下两个问题：

一是谁是赔偿主体。笔者认为，尽管本案纠纷是由国土资源局的错误登记引起的，但开发商既无该宅基地使用证，又无施工许可证。开发商是以独立主体推掉王某的门面房地基的，所以，开发商作为民事赔偿主体是适当的。若以张某名义提出赔偿，则应由国土资源局作为赔偿主体，因为张某的土地使用证是国土资源局颁发的。

二是关于王某主张损失赔偿的主体资格是否适当问题。笔者认为，王某宅基地的损失赔偿应当由其首先主张（开发商不会主动赔偿），但当王某向法院诉讼主张时，就面临主体资格是否适当的问题：在新土地使用证还未办下来之前，他无诉讼主体资格；在新土地使用证办下来之后，又面临其损失是在取得土地使用证之前发生，涉及新土地使用证有无溯及既往的效力问题。虽然当时也有土地使用证，但随着法院将王某土地使用证撤销后，将还引起撤销的效力是否溯及既往等方面的法律争议。

鉴于此，笔者认为，王某的宅基地损失，国土资源局应当在为双方重新办证时一并解决，不应将这一问题排除，让王某自己通过诉讼解决，因为国土资源局毕竟有着不可推卸的责任。

原载原《中国国土资源报》（2007 年 2 月 8 日）

山林证可否作为土地确权依据？

问：甲、乙两村是本县一个镇上邻近的两个村庄，在 1989 年土地详查时，双方对边界权属进行指界认定，双方村民委员会和指界人及乡、镇人民政府都在确权的《权属界线认定书》上签字盖章认定，经权属双方和技术专家多次审定，该土地详查图界址清楚，无权属争议。2003 年，甲村在本村河道边集资修建一座小型电站，在建时乙村拿出一份 1981 年山林定权发证时颁发的山林定权证书，对此宗地提出争议（山林定权发证，甲村不知情，是乙村单方行为）。

请问，关于此宗地的所有权是国土部门土地详查时经双方认定签字盖章的法律文书有效，还是林业部门未经双方认可的山林定权发证文书有效？

答：处理此宗地权属争议，国土部门可以用有法律证明效力的土地详查资料为依据确定土地权属。理由如下：1984 年 5 月 16 日，国务院批转的农牧渔业部、国家计委等部门《关于进一步开展土地资源调查工作的报告》指出：土地利用现状详查成果要达到以下要求：（一）查实大队（村）和农、林、牧、渔场生产队（或分场）等基层单位的土地面积，建立土地统计制度；……；（四）满足以大队（村）和农、林、牧、渔场为单位进行土地登记，建立土地档案，全面管理土地的要求。对详查的具体工作，《报告》规定："1. 过去土地面积不实问题，是历史形成的，经查实后，必须如实上报，任何组织和个人不得扣压不报、弄虚作假或擅自修改调查数据和资料。违者要追究责任。……3. 土地资源调查资料由土地管理机关负责管理，逐级上报，同时抄送同级统计部门。凡验收合格的，可提供给计划、生产等部门内部使用。未经上级政府批准，不得公开引用或发表。4. 详查结束后，应根据《中华人民共和国统计法》第三条规定，按照统计制度逐级上报耕地、林地、草地、水面利用数据分项建设用地资料。"

这就是说，你县在 1989 年土地详查时，甲、乙两村一致认为该地属于甲村，又经过权属双方和技术专家的多次审定，且土地详查图上界址清楚，无权属争议。并且，乙村的山林定权证书的颁发日期是 1981 年，如果该证具有证明土地权属的法律效力，那么，乙村对该地的所有权权益，就应该在取得该山林定权证后才 4 年的土地资源调查工作中得到保护并在土地详查图上予以体现。可见，1984 年 5 月以后你县随全国范围开展的这次土地资源调查工作已经否定了 1981 年乙村的山林定权证书对该宗地所有权的证明效力。

关于山林定权证对确定土地权属的法律效力问题，原国家土地管理局在〔1989〕国土函字第144号对广东、福建、广西三省、区土地（国土）管理局（厅）《关于林地、滩涂及矿山企业用地确权发证问题的批复》中指出："《土地管理法》、《森林法》和全国人大常委会法制工作委员会法工委发文〔89〕14号和法工办发文〔89〕6号函关于林地登记发证问题的规定精神是一致的，体现了我国土地立法的连续性……根据《土地管理法》第五条规定和中发〔1986〕7号文件关于土地管理部门'主管土地的调查登记和统计工作。所有土地权属变更都必须报土地管理部门审查、统一办理批准手续'的规定，土地管理部门必须依法履行职责，做好土地（包括林业用地）的登记发证工作。全国人大法工委、法工办发文〔89〕6号关于'县级以上地方人民政府依照《森林法》的有关规定核发的确认林地所有权或者使用权的证书，也就是关于该土地所有权或者使用权的证书'的答复，我们认为，是人民政府依照《森林法》的规定核发的土地证书，土地管理部门应该认真贯彻执行。县级以上地方人民政府依照《森林法》的有关规定核发的林权证或山林权证是确认森林、林木所有权和使用权的证书，有的可以作为确定土地所有权的依据；土地管理部门应与林业部门密切配合、相互支持，履行各自的职责，否则，既不利于保护林业，也不利于保护林业用地。"

关于土地详查时双方共同确认的土地权属界线能否作为争议土地确权依据的问题，原国家土地管理局在对原广西壮族自治区土地管理局的国土批〔1997〕12号批复中指出："土地详查时相邻双方共同认定土地权属界线形成的有关文件、协议可以作为确定土地权属的证明材料。"

综上所述，笔者认为，乙村在当地土地详查工作结束近20年、甲村已使用该地近30年后，以该山林定权证书为据主张土地所有权，不论是从民事诉讼时效的规定看，还是从《确定土地所有权和使用权的若干规定》第21条的确权规定看，乙村都不能成为该宗地的所有权主体。

原载原《中国国土资源报》(2008年3月6日)

错颁土地证如何纠正?

问：2007年初，村民虞甲因建住宅向村委会提出宅基地申请，村委会同意并给予了安排，经镇政府审核后上报到县国土资源局。国土资源局工作人员到该村核实情况时，村民虞乙提出异议，称其已取得该处宅基地的土地使用证。经调查得知，早在2002年10月，在未经县级人民政府批准的情况下，国土所工作人员就给村民虞乙填发了土地证书。

虞甲获悉后提出撤销虞乙土地证书的申请，该村村委会及镇政府一致同意撤销。县国土资源局便依据该省《土地登记条例》的规定，作出了注销虞乙土地证书的决定。虞乙不服提出行政复议，复议决定维持了国土资源局的决定。

虞乙不服提起了行政诉讼。法院审理认为：土地登记机关对自己在登记过程中出现的错误应当进行更正，而不是注销登记，注销错登的土地证书只是更正登记一个方面的内容，注销错登的土地证书，应当在对错登或漏登进行纠正的基础上进行，对错登或漏登进行纠正之后，原错误的证书失去了存在的价值，自然应当注销，而国土部门未对登记进行纠正，直接注销土地证书，不符合规定。据此，法院撤销了国土资源局的具体行政行为。法院的判决正确吗？类似的问题应该如何处理？

答：法院的判决是正确的。

《土地登记规则（修正）》虽已被2008年2月1日起施行的《土地登记办法》取代，但本案应适用《土地登记规则（修正）》。本案中，国土资源局在审核时经形式审查发现原确定给虞乙的土地使用权不符合程序，此时应先进行实质审查，审查虞乙是否应当取得该宗土地的使用权，然后根据情况进行变更。变更有两种结果，一是经审查虞乙符合用地条件；二是不符合用地条件。如果是第一种情况，应暂缓登记，虞乙依照《土地管理法》第62条第3款规定的程序重新申请，经县政府批准后重新登记。如果是第二种情况，可按《土地登记规则（修正）》第58条规定，直接注销土地登记和土地使用权证。

原载原《中国国土资源报》(2008年7月3日)

关于农村宅基地确权的几个问题

问：我县某村一处院内有朱甲、朱乙房产各一处。朱甲为退休工人，院内房产系其兄所赠，并办理了赠与手续。目前，朱甲在外地居住，并把此处房产出租给他人。朱乙系本村村民，现居住在该房屋内。因存在权属争议，二人至今未取得土地使用权。朱甲手中持有土改时发放的地契。朱乙院内房产为其叔所有，持有土地使用权委托书。1996年，朱甲回乡向政府提出确权申请，要求办理宅基地证。在办理确权手续时遇到以下几个问题：第一，朱甲作为一名外地工人，已不属本村集体成员，他受赠的房产能否在村集体申请宅基地使用权？第二，朱甲所持的地契能否作为宅基地确权的法律依据？第三，朱乙现在房产一部分在朱甲旧地契的范围内，但朱乙已居住10年以上，朱乙能否对这部分土地申请确权？

答：根据《城镇国有土地使用权出让和转让暂行条例》第19条，土地使用权转让包括出售、交换和赠与。因朱甲的房产是新中国成立前遗留到现在的，根据《确定土地所有权和使用权的若干规定》第45条、第48条的规定，朱甲有权向当地政府申请宅基地使用权登记确权。

我国农村土地在1962年人民公社化改革中，实行了土地的农民集体所有制，所以，朱甲1962年前的地契，不能作为宅基地确权的依据。

朱甲和朱乙的宅基地确权，只能按双方现有房屋占用土地的范围，根据《确定土地所有权和使用权的若干规定》第45条、第46条、第48条、第49条规定的原则确权。具体实施确权时应注意：如果双方房屋相邻之间，有隔墙或明显的界址，并各自的宅院可形成封闭的宗地，就可根据双方各自宗地的范围确定宅基地使用权；反之，可令双方自行协商划定相邻房屋及院落之间的分界线，国土局可根据双方相邻划界协议为其宅基地登记确权；如果双方就相邻房屋院落之间的分界线达不成协议，国土局可根据方便生活、有利生产和公平合理的原则，报政府批准依职权作出划定双方相邻分界线的处理决定，待该处理决定依法生效（包括行政复议和行政诉讼程序），依该生效的处理决定为双方的宅基地使用权登记确权。

原载原《中国国土资源报》（2008年7月10日）

城镇居民购买集体地住宅能否过户？

问：城镇居民甲于1985年在县城郊区购得一块约400平方米的集体土地，同年向当地政府提交建设申请并获得批准，后建成住房及工棚约350平方米。甲1989年因工作调动，将该土地及地上建筑物等一并作价转让给我（该土地未办理土地使用证，但住房已办理房屋所有权证）。由于当时我县还未开始办理土地转让手续，我一直未去办理过户手续。现在我想去办理土地登记，不知该如何申报？依据是什么？

答：根据《土地登记办法》第7条第2项的规定，你所说的宅基地确权手续应属于集体土地使用权的初始登记，你可根据《土地登记办法》第9条的规定，持土地登记申请书、身份证明材料、与甲签订的土地和房屋的转让协议、房屋所有权证书等，主动到当地国土资源局申办，国土资源局应当根据《确定土地所有权和使用权的若干规定》第49条的规定为你的集体所有之宅基地登记确权。

关于在当前给你的集体宅基地使用权确权是否会与《国务院关于深化改革严格土地管理的决定》（国发〔2004〕28 号）和国务院办公厅《关于加强土地转让管理严禁炒卖土地的通知》（国办发〔1999〕39 号）的规定相抵触的问题，笔者认为，不会相抵触。原因有二：一是根据法律法规无溯及力原则，政策也应该无溯及力（明确规定除外）；二是当时《土地管理法》还没有颁布，其他法律法规及政策没有明文规定不准城镇居民在农村购置宅基地。

原载原《中国国土资源报》（2008 年 10 月 23 日）

应该维护土地证的法律效力

问：江苏省沛县某村村民王某与李某东西相邻，王某居西，李某居东。李某西屋约 1.5 平方米宅基地位于王某院内。1986 年，该村开展民房规划建设，按照当时的规定，李某应退出西屋所占 1.5 平方米土地交与王某使用。但因种种原因，民房规划建设不彻底，致使王、李两家仍保持了原宅基使用状况。1993 年 4 月，王、李两家分别领取了该县政府核发的宅基地使用证，且当时发证人员并未给王、李双方埋设界址桩，只是口头定界。1993 年至 2003 年，王、李双方分别对原主要房屋进行了翻建，但李某对西屋一直未翻修。2004 年 5 月该房屋自然倒塌，李某虽对倒塌房屋进行了清理，但仍保留了原房屋基础。2006 年 8 月，王某以要修筑东侧围墙为由，要求李某清理退出所占的 1.5 平方米土地。李某辩称原西屋所占 1.5 平方米宅基地在本人宅基地使用证范围内，拒绝退让。

双方多次发生纠纷，经村委会数次调解无效，王某以李某侵犯其宅基地使用权为由诉讼至当地法院并被受理。当地法院经现场调查丈量发现，王某、李某实际占用宅基地使用权面积均小于宅基地使用证上核定的宅基地使用权面积。因王、李两家居村头，与其他村民住宅分别有排水沟、小路相隔，确权发证时又没埋设界桩，对两家翻建房屋时新建建筑物是否发生位移，王、李双方都拿不出相应的举证材料。故此，当地法院认为，导致本案纠纷产生的主要原因在于王、李宅基地之间界址不清，双方当事人土地权利的取得来源于行政机关的具体行政行为，对土地使用权权利范围认定的职权亦归属于行政机关，不应由人民法院受理，驳回了王某的起诉。为此，王某根据法院裁定，到当地国土管理所要求处理。

对此案，当地国土管理所有两种观点。第一种观点认为，尽管是因当时的发证工作人员疏忽而未埋设界桩，但县政府对两家宅基地均已确权发证，王某、李某已不属于宅基地使用权归属争议，而是土地侵权纠纷。按照相关规定，国土资源管理部门已无权受理，法院的裁定实际是在推诿。

第二种观点认为，法院裁定正确，王、李两家纠纷产生的主要原因在于宅基地之间界址不清，即部分宅基地使用权归属不明，属宅基地使用权归属纠纷，理应由国土资源部门受理。鉴于当地县政府已对两家宅基地确权发证，可报请发证机关依法收回双方宅基地使用证，并按照《土地管理法》第62条之规定重新确权，但王某、李某两家实际所占宅基地面积均超过了江苏省规定的200平方米的标准，超标宅基地及超标宅基地上所建房屋难于处理，处理不好纠纷将更加复杂。如何处理？

答：应维护土地证的法律效力。

既然1993年4月县政府对王、李二户的宅基地予以确权发证，那么，本案就应围绕该土地证来确定本案争议的性质或类型。因案情没有交代土地证附图图例是如何标示王、李二户的宅基地东西相邻界址形状，笔者仅作推测解答。

如果王、李二户的宅基地使用证附图图例标示的双方宅基地东西相邻界址线与实际不符或不清，造成1.5平方米土地使用权归属难以判断，则本案属土地权属争议，国土资源部门应当受理此案。

受理此案后，如果双方的土地证图例标示双方东西相邻的界址线为一条南北直线，则表明1993年4月发证人员口头的定界（未给双方埋设界址桩）是在考虑了双方相邻界址不规则的具体情况后提议并经双方同意的，李某土地证上凸出的1.5平方米线条应当是李某西屋伸延到王某院内的房屋座基表意线条，而不是双方相邻的土地权属分界表意线条。2004年5月，当李某的西房自然倒塌后，李某以土地证上凸出到王某宅院内的1.5平方米房屋座基表意线条为由主张1.5平方米土地使用权，并阻止王某修筑东侧围墙，是没有事实根据和法律依据的。

再之，李某继续保留西房倒塌后的房屋基础也没有任何意义。1993年颁布的《村庄和集镇规划建设管理条例》第18条第2项规定，村民使用原有宅基地建住房的，应当由乡级人民政府（1999年修改的《土地管理法》第62条规定由县级以上人民政府结合村庄规划审批）按村庄规划和土地利用规划批准。所以，李某的西屋倒塌后不经政府依法批准，李某就不可能在原基建设房屋。

建议查一下当时的土地确权登记资料，并排除将李某土地证上其西屋的座基表意线当作土地权属线的错误认识。如果双方的土地证附图图例确实标示李某宅基的西界址形状就是其原西屋伸延到王某东侧院内1.5平方米的形状，则证明双方宅基地东西相邻界址自登记确权时就无争议。那么，王某对李某伸延到自己院内1.5平方米土地主张使用权就缺乏法律依据。笔者认为，国土资源部门可依法组织双方予以调解，促其自愿重新达成划界协议，并以此协议为据更改双方的土地登记资料，更换土地证书即可。

如果双方的土地证附图图例标示不能有效证明双方的界址，国土资源部门就应依职权报政府作出双方宅基地相邻划界处理决定。如果王、李或有不服，在经过其行政复议和行政诉讼后，可以生效的行政处理决定为据，更改双方的土地登记资料，更换其土地证书。

原载原《中国国土资源报》（2008年11月10日）

没有土地初始登记不能作变更登记

问：因债务关系，乙将甲上诉至人民法院，甲得知后潜逃。法院逐判将甲位于城关镇某村委会的一处房屋拍卖用来偿还债务。但在执行过程中发现，甲的房产及土地使用权（集体所有）均未进行登记。于是人民法院执行庭向国土管理部门下达了协办通知，要求国土部门给甲土地使用权先行登记，然后进行拍卖以偿还乙的债务。

（1）请问法院能否对未登记的土地使用权直接进行拍卖（或其他方式）处理，然后再由受地者（凭法院的判决书等）到国土管理部门申请登记？

（2）按照《土地登记规则》第9条规定，土地登记必须由土地使用者或者土地使用者授权委托代理人申请办理，如今甲已经潜逃，那么法院要求国土部门对该宗地进行登记是否得当？我们应该如何处理？法院能否指定代理人申请，如果能又应该如何处理？

（3）按照《土地管理法》第63条规定“农民集体所有的土地的使用权不得出让、转让或者出租用于非农业建设”，法院将甲的集体土地使用权拍卖显然与此条法律规定相悖，那么国土部门该怎么处理这件事情？

答：根据本案情况看，法院要求国土管理部门协办的土地登记属于土地变更登记，但根据“没有土地初始登记，就没有土地变更登记”的土地登记原则，在当地政府未开展本地区普遍的土地初始登记的情况下，本案中法院的土地登记协办要求，没有法律依据。

理由如下：我国农村实行的是宅基地无偿划拨使用制度，而无偿划拨的宅基地使用权是无处分权、无收益权的使用权，根据《确定土地所有权和使用权的若干规定》第48条、第49条规定的“地随房走”原则，《土地管理法》第62条“农村村民出卖、出租住房后，再申请宅基地的，不予批准”的规定，可以说，农村村民有权处分房屋产权，而宅基地则能“地随房走”。由于我国农村目前普遍未实行房屋产权的登记制度，故村民的住宅权利长期以来是以宅基地使用证作为其权利凭证的。应该说，法院向国土管理部门下达关于土地登记的协办通知，是可以的。但如果这种协办行为会导致国土管理部门违法时，国土管理部门应当就相关的法律、法规向法院提出审查建议，说明无法协办的原因。

就本案来说，国土管理部门在协办中将遇到以下法律障碍：（1）因为信中说甲的宅基地未登记，但不知这种未登记是由于当地未开展土地初始登记造成还是其他原因造成？如果是前者，则因为初始登记属于国家立法或法律、政策有重大调整的普遍土地登记，在当地政府还未依法开展土地初始登记前，国土管理部门是无权对甲某一个人进行初始登记的，故应告知法院收回协办通知。（2）如果当地已完成土地初始登记，则甲某未登记不外乎有四方面原因，一是遗漏登记；二是因土地使用权纠纷争议未登记；三是房屋因继承或析产产生纠纷而导致无法产生土地使用权主体代表而未登记；四是因房屋属违章建筑或违法占地未经处理而未登记。对这四种情况，根据《土地登记规则》第10条规定：土地登记时，申请人必须向土地管理部门提交申请书、个人身份证明、土地权属来源证明和地上附着物权属证明。委托代理人申请土地登记的，还应当提交授权委托书和代理人资格身份证明。而这些法定文件资料，在甲潜逃、无其他家人的情况下，国土部门是无法取得、也是搞不清楚的。所以，在未开展土地初始登记的地方，或者在当地已完成土地初始登记而目前因甲潜逃无法申办、也无法代理申办土地初始登记的情况下，国土管理部门是无法协助法院进行土地变更登记的。

根据《土地登记规则》第65条规定，土地登记卡是土地登记的主件，也是土地使用权的法律依据，土地证书是土地登记卡部分内容的副本，是土地使用者持有的法律凭证。可见，土地变更登记是建立在土地初始登记基础上的。因为土地初始登记后，每个土地使用权单位或个人的土地权利内容已依法注册于土地登记卡上，在当事人发生债权债务纠纷时，根据法律保护合法债权的原则，在法院裁定拍卖债务人的房产以偿债或即便债务人不在，或债务人拒绝出具有关证照时，国土管理部门也能根据法院的判决，依据债务人的土地登记卡上的房屋财产权利范围予以土地变更登记。

对本案中法院在拍卖土地使用权，并以《土地管理法》第63条作适用理解是不正确的。此条规定是不得将集体土地出让、转让、出租用于非农业建设，而本案中甲某的宅基地已经是非农业建设用地，而且也没有证据表明法院在拍卖甲某房屋时要拍卖该宅基地使用权。如果法院确实拍卖了该宅基地，则应适用《土地管理法》第3条第3款、第73条规定作抗辩说明。

原载《国土资源》（2007年3月）

继承房产的土地登记，若造成“一户多宅”怎样登记？

问：土地管理法律法规明确规定，农民住宅应当是一户一宅且不得超过省限额规定面积。但在进行农民继承房产的土地登记过程中，我们却遇到一个难题，对农民继承房产的土地登记该如何操作。

举个例子，申请登记人张三前年经批准占未利用地240平方米建新房，占地面积已达到江西省的最高限额。近日他凭兄弟俩分割继承其父一座大宅院的房产合法继承手续，申请登记其继承房屋的占地160平方米。请问，我们能为张三登记发证吗？若办了就会造成张三“一户多宅”“超占土地”，显然是有悖于法律法规的；若不予办理，人家合法继承的房屋没有合法的载体，岂不成了“空中楼阁”？类似张三这种情况在农村还真不少，应当如何处理？

答：当事人继承房屋形成一户多宅与《土地管理法》第62条第1款

“农村村民一户只能拥有一处宅基地”的规定并不矛盾。《宪法》第13条规定“公民的合法的私有财产不受侵犯。国家依照法律规定保护公民的私有财产权和继承权”。根据物权原理，对普通房屋这种财产权的继承，其内涵主要是指对其具有的使用价值的继承，而当其不具有使用价值时，也就不再具有财产的性质内涵了，继承也就无从谈起了。农村村民使用的宅基地实行的是划拨用地房地产权利主体一致原则，所以，从保护公民私有财产的宪法原则出发，《确定土地所有权和使用权的若干规定》第49条规定：“继承房屋取得的宅基地，可确定集体土地建设用地使用权。”第51条规定：“按照本规定第四十五条至第四十九条的规定确定农村居民宅基地集体土地建设用地使用权时，其面积超过当地政府规定标准的，可在土地登记卡和土地证书内注明超过标准面积的数量。以后分户建房或现有房屋拆迁、改建、翻建或政府依法实施规划重新建设时，按当地政府规定的面积标准重新确定使用权，其超过部分退还集体。”在实际管理中通行的做法是，对继承的房屋一般不批准翻建，待房屋损坏（即不再具有使用价值）或拆除后，由集体经济组织依法收回宅基地，此原则同样适用因接受转让、购买房屋等方式形成的一户多宅的管理。

原载《国土资源》（2005年9月）

老人去世，名字与土地证不符，如何登记？

问：20世纪70年代，杨某购买农民住宅出租。1996年县上开展宅基地登记发证工作，因杨某不在，村干部为其代办了土地登记，后在县上开展的农村房产权登记中，杨某的儿子要求办理该房产权变更登记在自己名下，随之持该房产证到我局申办宅基地使用权变更登记，审查中发现杨某的名字与土地使用证主体名字不一致，该宅基地手续如何办理？

答：笔者认为，国土资源部门应为该处宅基地办理土地登记手续。

杨某购买的这处宅基地上建有房屋，交易的时间是20世纪70年代至1996年。这一时期的法律法规并未禁止和限制村民之间或村民与非农业户口居民之间的住宅买卖行为。

《村镇建房用地管理条例》第15条规定："由于买卖房屋而转移宅基地使用权的，应按第十四条的规定办理申请、审查、批准手续。出卖、出租房屋的，不得再申请宅基地。社员迁居并拆除房屋后腾出的宅基地，由生产队收回，统一安排使用。"

可见，杨某购买住宅并进行出租的行为并不违法。而且，在1996年该县开展的宅基地登记发证工作中，村干部已经为其代办了土地使用登记。所以，可以认定杨某与村民之间的住宅买卖行为通过了县、乡政府的审批。

在当地已开展农村房屋产权登记，杨某的儿子已办理房产证变更登记的情况下，根据《土地登记办法》第40条关于"因依法买卖、交换、赠与地上建筑物、构筑物及其附属设施涉及建设用地使用权转移的，当事人应当持原土地权利证书、变更后的房屋所有权证书及土地使用权发生转移的相关证明材料，申请建设用地使用权变更登记"和第45条关于"因人民法院、仲裁机构生效的法律文书或者因继承、受遗赠取得土地使用权，当事人申请登记的，应当持生效的法律文书或者死亡证明、遗嘱等相关证明材料，申请土地使用权变更登记"之规定，为杨某儿子办理该土地使用权变更登记。

至于姓名登错、土地证未颁发给杨某本人的问题，只要村、乡、县三级都认为杨某的宅基地已注册登记，且不存在与第三方争议的情况时，更正过来就行了。

原载原《中国国土资源报》（2010年12月27日）

相邻集体山林交叉，如何确权？

问：2006年1月，甲村三组部分村民到位于王家亭子的山场进行农业开发，而乙村一组、九组以其有旱地在山场为由进行干涉。甲村三组认为：该争议山林属于三组，有1982年12月10日县政府颁发的山林权属证，1982年12月8日甲村三组耕地逐丘登记表（其中在王家亭子分有旱地，合计面积为6.77亩），1991年至1993年造林抚育补助收款收据等证明。

乙村一组、九组认为：界内土地、山场权属历年为他们所有。提供的证据有一组1981年分地到户表，合计面积约为2.064亩。九组屋场里分地到户表，面积约1.246亩。

经调查取证查明：争议山场为王家亭子山场，同时另有土桥头、屋场里两个地块。在此山场内，甲村于1975年成立甲村农村合作医疗所，种植药材和开荒种植。1977年农村合作医疗所解散，种植的药材和林木移交给当时成立的甲村集体林场。1981年，家庭责任制分产到户时，该地重新划归甲村三组，1982年12月将王家亭子的旱地分到户。分配后的旱地耕作三四年后，逐渐荒芜。1991年由村集体统一造林，经火灾后荒芜。

乙村一组、九组在土桥头、屋场里分别耕作有旱地，1981年，乙村一组将土桥头旱地分到户，面积约有2.064亩。1982年，乙村九组将屋场里旱地分到户。乙村一组、九组将分配后的旱地耕作至近几年，逐渐荒芜。1982年12月，县政府在此范围颁发了山林权属证。权属单位为甲村三组。

鉴于争议双方提供的证据材料和调查取证的结果，笔者认为，争议双方均有1981年、1982年旱地分地到户表且双方都曾在此耕作过，即能证明当时该地确有耕地存在。那么，1982 年核发山林权属证是否包含耕地？该怎样确定土地权属？该由哪个部门进行处理？

答：中共中央、国务院 1981 年 3 月 8 日《关于保护森林发展林业若干问题的决定》规定："国家所有、集体所有的山林树木，或个人所有的林木和使用的林地，以及其他部门、单位的林木，凡是权属清楚的，都应予以承认，由县或者县以上人民政府颁发林权证，保障所有权不变。"1989 年 4 月全国人大常委会法制工作委员会在给四川省重庆市人大常委会的复函中指出：对林地所有权或者使用权的登记造册和核发证书，应按森林法的规定执行。县级以上地方人民政府依照森林法的有关规定核发的确认林地所有权或者使用权证书，也就是关于该土地所有权或者使用权的证书。由此，山林权属证中是否包含耕地的问题，应以该山林权属证确定的山林四至范围来判断。

关于怎样确定土地权属和由哪个部门负责解决的问题，可根据上述原则和原国家土地管理局办公室〔1990〕国土办函字第 9 号《关于林地发证问题的复函》指示，依据国务院办公厅 1981 年 7 月 11 日转发的《林业部关于稳定山权林权落实林业生产责任制情况简报》中确定的原则和《确定土地所有权和使用权的若干规定》中的有关规定来确定。林业部《简报》在搞好稳定山权林权工作中曾指示，实地查山定界，调处山林纠纷，清理乱砍滥伐，群众讨论定案，造册发证；确定山权林权，坚持以现在的权属为基础，凡是没有争议的，都予承认；山林权属有争议的，充分协商合理解决。林权，坚持谁造谁有、合造共有的政策；集体的山权，一般以"四固定"时确定的权属为准；"四固定"时未确定权属的，参考合作化或土改时确定的权属。显然，国土和林业两部门在确权发证中，缺乏密切配合是不行的。

原载原《中国国土资源报》（2007 年 1 月 18 日）

土地暂缓登记有无延缓时限？

问：甲某向我局提出土地初始登记申请，在我们对甲某进行地籍调查时发现，甲某与邻居乙某之间存在边界纠纷。因此，我局对甲某下发了暂缓登记的决定，请问暂缓登记是否有时间上的限制？

答：《土地登记规则》（以下简称《规则》）第67条规定："有下列情形之一的，土地管理部门可以作出暂缓登记的决定：（一）土地权属争议尚未解决的；（二）土地违法行为尚未处理或者正在处理的；（三）依法限制土地权利或者依法查封地上建筑物、其他附着物而限制土地权利的；（四）法律、法规规定暂缓登记的其他事项。"从《规则》中规定的四种暂缓登记情形看，暂缓登记的延缓时限应当是待这四种情形消灭或结束后。就是说暂缓的延缓时间本身无限制，其只受这四种情形的约束。

《规则》第69条规定：土地使用者、所有者凡不按规定如期申请土地初始登记的，按照非法占地的处理办法论处。可见，暂缓登记的四种情形消灭或结束后，土地权利人如不及时主动申请土地登记，是要受到行政处罚的。根据上述原则，从另一个角度讲，因国土资源登记部门作出的土地暂缓登记决定的性质属行政行为，故其所作的每一个土地暂缓登记决定，都必须符合《规则》第67条规定的四种情形，否则，是不能对土地权利人的土地登记申请拖延和拒办的，违反者将构成行政不作为。

原载原《中国国土资源报》（2007年4月19日）

划拨土地不能继承

问：我们现在遇到这样一个问题：土地证的名字是甲的，但甲已去世，他的亲人只有其母亲、哥哥和姐姐。现在，其母亲和哥哥通过公证同意将土地证过户到其姐的名下。那么，其姐是直接办理继承手续，还是按兄弟姐妹之间的赠与办理土地使用权转让手续？这两种手续间收费差距较大。请问，有关于如何办理直接继承的法律文件吗？另外，划拨土地可以直接办理继承吗？

答：这种情况，应根据《继承法》（2021 年废止）的相关规定来处理：遗嘱继承人放弃继承的，遗产中的有关部分按照法定继承办理。

本案中，甲的母亲是第一顺序继承人，甲的哥哥和姐姐同为第二顺序继承人。第一顺序继承人放弃继承后，遗产由第二顺序继承人继承。现在，既然甲的母亲和哥哥都已经明确表示放弃继承甲的财产，那么就应由甲的姐姐来继承甲的遗产。也就是说，甲的姐姐可以直接办理继承手续。国土资源管理部门没有理由不予办理。

另外，根据《契税暂行条例》的规定，继承不缴纳契税。

关于兄弟姐妹之间房地产权利转移收费的法律规定，应该说，没有什么具体文件，根据《民法通则》（2017 年废止）、《婚姻法》（2021 年废止）、《继承法》（2021 年废止）、《契税暂行条例》等有关法律法规的规定，即可得出上述结论。之所以出现上述不同说法，是因为混淆了“赠与”和“继承”的界限。

关于划拨土地是否可以直接办理继承的问题，原则上说，不论国有划拨用地还是农民集体所有的宅基地使用权的划拨用地，都不存在直接继承问题。根据“房地权利主体一致”和“地随房走”之原则，划拨用地只能随地上房屋产权主体的变更而变更。

原载原《中国国土资源报》（2008 年 8 月 21 日）

可按骗取批准定性处理

问：某村一农户，2000 年因其住宅离水渠较近担心安全，请求村委会允许在离水渠较远的地方重新建房，村委会同意为其上报异地重建住房，国土所现场勘查后表示立即上报，但同时要其承诺新房建起后原旧房必须主动及时拆除，该农户表示没意见。

2008 年村上实施旧村规划改造时工作人员才发现该农户是“一户两宅”，问其为什么至今还不拆除水渠边旧房，该农户竟反问说房子好好的为什么要拆？一概否认当年做过新房建好后立即主动拆除旧房的承诺，令工作人员十分尴尬。对该农户“一户两宅”怎么处理？

答：本案问题出在批准该农户异地重建住宅时，当事人作出的建新拆旧承诺不是书面承诺而是口头承诺。如今，该农户不承认有口头承诺，相关部门无法以合同为据令其拆除非法建筑。

在这种情况下，当地国土资源部门提出的两种意见都不可取。这是因为，《确定土地所有权和使用权的若干规定》规定的农村村民宅基地的确权原则，是“地随房走”，在房屋没有被确认为违法建筑的前提下，不论是国土资源部门还是当事人所在的农村集体经济组织，决定收回宅基地或在收回时对房屋不作补偿的做法，都会因不公平而涉嫌侵权。

笔者认为，解决本案问题可通过以下程序进行：

该农户“一户两宅”的情况，2008 年在旧村改造中被发现，这就需要对该“一户两宅”的合法性予以分析。在排除历史遗留因素，或因其分家、继承、买卖等合法民事法律行为所致的因素后，其他能导致其

“一户两宅”的原因就只剩下违法占地和采取欺骗手段骗取批准这样两种情况。

文中交代：“2000 年，该农户经批准异地重建住宅。”这就是说，该“一户两宅”的产生是 2000 年审批所致。该农户已有一处合法住宅，在其不存在分家的情况下，再为其批准一份宅基地的行为，显然违反《土地管理法》第 62 条关于农村村民一户只能拥有一处宅基地的原则规定。

在排除村委会违法核准上报和国土资源公务人员渎职审批的可能性后，在其不承认有过建新拆旧承诺的情况下，其取得新建住宅用地批文的性质，只能是《土地管理法》第 77 条规定的“采取欺骗手段骗取批准”的行为。

综上所述，国土资源部门可通过村委会先行通知该农户，劝其限期主动拆除旧住宅，如果其不服从，可根据《土地管理法》第 77 条规定，对其新建住宅以“采取欺骗手段骗取批准”为由作出行政处罚决定。

原载原《中国国土资源报》(2010 年 11 月 8 日)

园艺场土地确权与补偿应分开

问：乡政府有一宗土地，目前能了解到的情况是，乡政府于 1974 年用某村土地 80 亩办乡园艺场，每年秋收时分给该村民几担柑橘，园艺场员工来自全乡各村。2003 年园艺场解散，乡政府的乡企管办将园艺场土地出租给个人办砖瓦厂、养猪场，在为本宗园艺场土地确权问题上形成两种意见：一种意见认为，园艺场土地所有权应确权给乡政府，因为每年秋收时乡政府分给该村民的几担柑橘有可能是分红性质；另一种意见认为既然园艺场土地现在出租给个人办砖瓦厂、养猪场，土地所有权就应回归原村。园艺场土地究竟应当怎样确权？

答：乡政府于1974年用某村土地80亩办乡园艺场，每年分给该村民几担柑橘的做法，法律性质是一种无期限的土地租赁合同，该合同权利义务关系至今未消灭。鉴于此，本宗园艺场土地的确权与土地补偿，应按相互独立的两个不同层面的法律关系对待。

在土地确权问题上，根据园艺场土地目前已出租用于办砖瓦厂、养猪场的实际情况，其所有权归属应以现行土地管理法规定的、当地的土地利用总体规划确定的土地用途来确定。如果本宗地被规划为非农业建设用地，应将所有权确定归为乡农民集体；如果规划为农村园林耕地，则应确定归为村、组农民集体所有。因为关于“因过去办企业而导致农民集体之间的土地所有权之争”的确权，有一个基本原则，即土地目前若仍为企事业单位所用，应将所有权确定为该企事业单位所属的主管乡农民集体或村农民集体；如果企事业单位目前土地利用不合理，就应退还给原村、组农民集体作耕地用。

在农民集体办企业用地的补偿问题上，《确权规定》第23条和第24条体现的是民事法律关系中的自愿、公平、有偿的互利互惠原则。1960年11月3日中共中央在《农村人民公社当前政策问题的紧急指示信》中指出：凡是从人民公社成立以来，县向社、队平调的，以及社、大队向小队和社员个人平调的房屋、土地以及农具等各种财物，都必须认真清理，坚决退还。1979年9月28日中共中央又在《关于加快农业发展若干问题的决定》中规定：“人民公社、生产大队和生产队的所有权和自主权应该受到国家法律的切实保护……举办农业基本建设，发展社队企业，都要坚持自愿互利的原则。”因此，原文中，乡政府1974年占用该村80亩土地办园艺场时的有偿互利原则，是以每年分给该村民几担柑橘的无期限的债权债务合同关系来体现的。

再从《合同法》（2021年废止）角度出发，2003年园艺场停办后，双方应进行结算和清理，并就80亩土地的归属和补偿进行商定，但因土地使用还受现行国家确权制度的拘束，所以，对其处置就不是单纯的民事法律行为能解决的，而应在政府的管理下进行。当园艺场土地以非农业建设用地确权归乡农民集体所有时，双方才能就补偿问题进行协商。

这里强调一点，关于原文所述，每年秋收时分给村民几担柑橘就是土地入股分红的认定，笔者不敢苟同，因为这只是说明了 80 亩土地是该村一家的，而员工来自全乡各村，并没有说乡政府和其他各村都投入了些什么和分了些什么。那么，何以认定这就是土地入股分红的关系呢？所以，园艺场与该村用地性质，应该说是一个无期限的土地租赁法律关系，并且这种租赁关系因至今未结算和清理，应当继续有效。也就是说，在 2003 年园艺场解散后，乡政府的乡企管办将园艺场土地出租给个人办砖瓦厂、养猪场的收入，应该继续按原比例向该村民作分配。而也正是由于双方之间这种土地租赁关系的存续，所以本宗园艺场土地的确权，目前还不能受《确权规定》第 21 条规定的 20 年期限的约束。

原载原《中国国土资源报》（2011 年 4 月 18 日）

四

土地征用法律问题答疑

居住在县城，乡下有耕地，能要征地补偿吗？

问：我县一民办教师长期居住在县城规划区范围内的某居委会。他在某村组有住房，有耕地，并与所在村组有收益分配关系，国家征收该村组土地时，该民办教师是否能领取征地补偿费？

答：该民办教师应当享受征地补偿安置待遇。《农村土地承包法》第26条规定："承包期内，承包方全家迁入小城镇落户的，应当按照承包方的意愿，保留其土地承包经营权或者允许其依法进行土地承包经营权流转。"因此，这位民办教师仍依法享有土地承包经营权。至于该民办教师应该享受多少征地补偿费的问题，应当根据最高人民法院《关于审理涉及农村土地承包纠纷案件适用法律问题的解释》（法释〔2005〕6号）第24条规定：农村集体经济组织或者村民委员会、村民小组，可以依照法律规定的民主议定程序，决定在本集体经济组织内部分配已经收到的土地补偿费。征地补偿方案确定时已经具有本集体经济组织成员资格的人，请求支付相应份额的，应予支持。

原载《国土资源案例分析》（中国大地出版社2007年版）

违法用地补办征收审批权限不能变

问：国务院《关于深化改革严格土地管理的决定》第24条中，对确需补办手续的违法用地按规定依法处罚后，从新从高进行征地补偿和收取土地出让金及有关规费。应如何完善此类手续？是按正常征地程序报经国务院或省级人民政府批准征收或征用后再出让给用地者？还是由查处土地违法行为的国土资源管理部门收取征地补偿、出让金等规费后直接办理土地出让手续呢？如要先办征地手续，可能会出现为了确需保留的几十平方米甚至几平方米土地启动烦琐的征地程序，如不经此程序，又似与《土地管理法》相悖，该如何处理？

答：依现行土地管理法而论，对确需补办征用手续的违法用地，不论土地面积多少，当然是依法处罚后按正常征地程序报经国务院或省级人民政府审批。

因面积太小，启动征地程序烦琐，是否考虑可以由查处土地违法行为的国土部门直接补办土地征收、出让手续的提法，与1998年8月29日第九届全国人大常委会第四次会议对原《土地管理法》进行修订中关于征收土地审批权的目的相违背。因为原《土地管理法》的实践已证明，赋予市、县级人民政府的定量征地审批权，已被一些地方政府为了本地区的利益而滥用，其最典型的滥用形式就是“化整为零”式征地，几乎造成国家对耕地管理的失控。所以说，如果违法用地确需补办手续，因为面积太小、启动征地程序不划算，就允许市、县人民政府土地管理部门有直接补办土地征收、出让手续的审批权的话，岂不与原《土地管理法》赋予市、县人民政府定量土地审批权的性质一个样了吗？

原载《国土资源》（2006年2月）

什么是作价补偿？

问：《土地管理法》第51条规定，大中型水利、水电工程建设征收土地的补偿费标准和移民安置办法，由国务院另行规定。请问这是否包含地上附着物和青苗补偿？《土地管理法》第47条规定，征收，土地的，按照被征收土地的原用途给予补偿。被征收土地上的附着物和青苗的补偿标准，由省、自治区、直辖市规定。《广西壮族自治区实施〈中华人民共和国土地管理法〉办法》第55条规定，被征用土地上的青苗和附着物补偿费按照下列规定执行：属短期农作物的，按一造产值补偿；属多年生农作物的，根据其种植期和生长期长短给予合理补偿。林（果、竹）木有条件移栽的，应当组织移栽，付给移栽人工费和木苗损失费，不能移栽的，给予作价补偿。

什么叫作价补偿？大中型水利、水电工程建设青苗补偿费是否适用上述办法？青苗产值是否会因建设项目不同而不同？

答："作价"一词源自《中国农业生产合作社对社员私有生产资料转为合作社集体所有的处理办法》。原词为"作价入社"，亦称"折价归社"，是指在农业生产合作化中，社员入社的耕畜、大型农具、成片的林木和成群放牧或饲养的牲畜，按照当地正常价格，议定价款的数目，由社收买，统一经营、使用。折合的价款，即为补偿，分给本主。国家建设征地沿用了这一概念，将所征地的地面附着物按当地正常价格作价后，补偿给附着物所有权人，附着物由国家收取。

《土地管理法》规定，被征收土地上的附着物和青苗补偿标准，由省、自治区、直辖市规定。作价补偿，是指在征地中，对应该补偿的附着物等，按当地市场正常价格，议定价款数目给付附着物的所有权人，附着物则由国家收取。在广西辖区的大中型水利水电工程建设征用土地中，青苗补偿应该适用《广西壮族自治区实施〈中华人民共和国土地管理法〉办法》第55条，青苗产值不因建设项目不同而不同。

原载原《中国国土资源报》（2003年9月26日）

如何界定大中型建设项目？

问：如何界定“大中型建设项目”？是根据投资额占用面积还是建筑规模？新设立的项目是否还需要竣工验收？

答：根据人民法院出版社2008年出版的《土地管理法及配套规定新释新解》对《土地管理法》第51条的解释，大中型水利水电工程建设项目应按建设总规模划分：大型水库库容1亿立方米以上，中型水库库容1000万立方米至1亿立方米。

关于新设立的项目是否还需要竣工验收才能申请国有土地使用权登记的问题，仍应按《土地登记规则》第23条第1款第1项中的规定办理。此条与《土地管理法》不矛盾，因为大中型建设项目建设规模大、周期长、涉及面广、地质复杂等不可预见的问题多，而这些问题真接影响着建设项目用地的调整，所以，这类项目使用国有划拨土地，其权利的登记，就必须先申请土地预登记，并在项目竣工后，才能申请土地权利设定登记，这是特殊情况土地登记。而小型建设项目就上述问题而言，要少得多，也容易解决，所以就没有必要设立预登记和竣工验收程序了。再者，及时通过登记稳定土地权属关系，是土地登记立法的宗旨。

原载原《中国国土资源报》（2008年1月16日）

征地补偿，村民有知情权

问：今年初，我们村的一些土地被国家征用用于高速公路建设。但在征地过程中，村委会没有告诉我们具体的征地情况及大家应得到的补偿数额。我们想知道，土地被国家征用后，我们是否有权了解征地的有关情况以及我们究竟该得到多少补偿。

答：《土地管理法》第48条规定："征地补偿安置方案确定后，有关地方人民政府应当公告，并听取被征地的农村集体经济组织和农民的意见。"第49条规定："被征地的农村集体经济组织应当将征用土地的补偿费用的收支状况向本集体经济组织的成员公布，接受监督。禁止侵占、挪用被征用土地单位的征地补偿费用和其他有关费用。"

为保证土地管理法有关规定的实施，2001年10月22日，国土资源部发布第10号部令，公布《征用土地公告办法》（以下简称《办法》）。自2002年1月1日起，征用土地公告和征地补偿、安置方案公告，将按该《办法》进行。该《办法》具体规定了征地公告的地点，即征用土地方案和征地补偿、安置方案应当在被征用土地所在地的村、组内以书面形式公告。其中，征用乡（镇）农民集体所有土地的，在乡（镇）人民政府所在地进行公告。

该《办法》也规定了公告的时间以及公告机关。《办法》第4条规定，被征用土地所在地的市、县人民政府应当在收到征用土地方案批准文件之日起10个工作日内进行征用土地公告，该市、县人民政府土地行政主管部门负责具体实施。对于征地补偿、安置方案的公告时间，该《办法》第7条规定，有关市、县人民政府土地行政主管部门会同有关部门根据批准的征用土地方案，在征用土地公告之日起45

日内，以被征用土地的所有权人为单位拟订征地补偿、安置方案并予公告。

该《办法》还规定了公告的内容。《办法》第5条规定，征用土地公告的内容应包括征地批准机关、批准文号、批准时间和批准用途，被征用土地的所有权人、位置、地类和面积，征地补偿标准和农业人员安置途径，办理征地补偿登记的期限、地点。《办法》第8条规定，征地补偿、安置方案公告应当包括被征用土地的位置、地类、面积，地上附着物和青苗的种类、数量，需要安置的农业人口数量，土地补偿费和安置补助费的标准、数额、支付的对象和方式，地上附着物和青苗的补偿标准以及支付方式，农业人员的具体安置途径等。

原载原《中国国土资源报》(2005年10月27日)

补偿费应按征地安置方案发放

问：我于1987年9月，购买本村小组鱼塘一口，用于水产养殖（定价为人民币4000元）。因2003年7月我县公路改建，征用了部分鱼塘，现余489平方米，分别在公路两边。

2004年12月，县国土局、镇政府征用公路两边耕地，本人489平方米鱼塘也在内，征地价是每平方米40元。然后以每平方米600元的价格拍卖给房地产开发商。如果根据当时购买鱼塘情况，结合现在国家土地政策，本人如何合法办理489平方米鱼塘土地补偿。

答：2004年12月政府将你剩余489平方米鱼塘地纳入本次征地范围，你1987年9月购买村鱼塘的4000元，实质上是你承包鱼塘的承包费或鱼塘经营权购买费。

对于土地承包期间遇到国家征地的情况，最高人民法院法释〔1999〕

15 号《关于审理农业承包合同纠纷案件若干问题的规定》第 12 条规定：承包方因承包经营的土地被依法征用或者被依法批准使用后，要求发包方按照有关法律、法规的规定给予补偿或者要求发包方对其为改良土地的实际投入给予适当补偿的，人民法院应当予以支持。最高人民法院法释〔2005〕6 号《关于审理涉及农村土地承包纠纷案件适用法律问题的解释》第 20 条规定："承包地被依法征收，承包方请求发包方给付已经收到的地上附着物和青苗的补偿费的，应予支持。"第 21 条规定："承包地被依法征收，放弃统一安置的家庭承包方，请求发包方给付已经收到的安置补偿费的，应予支持。"第 22 条规定："农村集体经济组织或者村民委员会、村民小组，可以依照法律规定的民主议定程序，决定在本集体经济组织内部分配已经收到的土地补偿费。征地补偿安置方案确定时已经具有本集体经济组织成员资格的人，请求支付相应份额的，应予支持。但已报全国人大常委会、国务院备案的地方性法规、自治条例和单行条例、地方政府规章对土地补偿费在农村集体经济组织内部的分配办法另有规定的除外。"

《土地管理法实施条例》第 25 条第 3 款规定，对农业人口的征地安置方案，应当经市、县人民政府批准。第 26 条规定，土地补偿费归农村集体经济组织所有。根据上述法律法规和司法解释，你有权获得被征收鱼塘地所支付的土地补偿费、安置补助费、维护鱼塘的投资和相应的承包费退还等，但这些费用的取得，都必须符合经当地政府批准实施的征地补偿安置方案。目前，安置途径和措施是多渠道、多类型的，被征地的对象，应得到哪些补偿，采取哪些安置办法，市、县人民政府在审批补偿安置方案前，都得依法充分听取被征地农民、集体经济组织的意见。所以，你所承包的鱼塘补偿费，应由村、组集体依法按这次被征地面积与全村、组的土地面积和人口情况作统一核算。你不能按你所承包的鱼塘地面积主张补偿，那样就会出现承包鱼塘面积大的得到的补偿多，反之就少的情况，这对集体和承包个体来说，都是不公平的，同时也是不符合征地费应按征地补偿安置方案分配的原则的。你可就鱼塘在你承包期间投入的维护部分和相应的承包费在征地补偿安置方案确定前单独主张权利，其余补偿则应享受与其他村民一样的待遇。

原载原《中国国土资源报》（2005 年 10 月 27 日）

四荒地转为建设用地要走哪些程序?

问：1998 年我公司与在县农业发展办公室主持的农村四荒地使用权拍卖中买得四荒地 45 年使用权的另一公司搞合作开发，该四荒地包括滩地、山地和坡地，并取得了四荒地使用证，因为滩地临近县城，经咨询县城建规划部门，方知该滩地已被规划为本县城建设用地。

2004 年 4 月，我公司向县国土局申请将滩地办理成建设用地。县国土局及时与相关村组签订了部分滩地征用补偿协议，我公司随之将征地款汇到了县国土局统征办账号上。关于建设用地土地证，国土局回答，待其余滩地补偿协议签订后，一起向上级报批。2005 年当我公司与相关村组初步协商好其余滩地补偿意向后，县国土局新任领导说四荒地要变为建设用地，先要将四荒地上报审批为耕地，然后将耕地上报审批为建设用地，才能开发建设，这个程序耗时约需 1 年。那么，县国土局关于四荒地变为建设用地的程序的说法是否正确？我公司能否办理滩地的建设用地使用权？

答：根据《土地管理法》第 4 条规定，四荒地属于未利用地，未利用地如何使用，《土地管理法》立法原意对第 38 条规定的解释为：国家鼓励土地开发，将未利用土地改造成农用地的活动，任何单位和个人进行土地开发，一是必须依法取得土地使用权（或承包经营权）；二是必须符合土地利用总体规划确定的用途；三是必须有利于保护和改善生态环境。未利用土地有条件开发为农用地的，应优先开发为农用地；当然，不排除在某一地区和特殊情况下，对建设用地的开发实行优先。国家对未利用地进行开发，并给予政策上优惠。

既然你县已将该部分滩地规划为城镇建设用地，应该可以认定你县对该滩地用途的改变，是依法经过了科学论证和评估，并符合上级审批的县土地利用总体规划。根据《土地管理法》第43条规定的建设用地办理程序和第45条规定的征收土地审批权限，你公司这次申请的是对未利用地的建设开发，不存在将四荒地先批转为农用地，再将农用地批转为建设用地的程序问题，你公司可在取得建设项目立项审批和建设项目用地计划审批后，经县规划部门对该项目建设用地规划定点，可直接以四荒地向县国土局报送建设项目开发申请，县国土局将会依法向上级国土局报批，由省人民政府依法审批。

原载原《中国国土资源报》（2006年4月20日）

对征地补偿面积有异议该怎么办？

问：2005年3月22日，本村第二轮土地承包经营权证下发，但村里第二轮承包合同的生效日却是1999年9月15日。在领到经营权证以后，经向有关部门咨询，得知承包合同的生效日便是承包地面积的确认日。但村委会却依据2000年1月全村复核后的面积，参照三级纪要（即晋中市、榆次区、郭家堡乡三级农经办的一个会议记录，简称三级纪要）执行的，用的根本不是1999年9月15日第二轮承包合同生效时的面积。

2003年，晋中经济技术开发区征用本人位于榆次路西侧的葡萄园7.90亩，而本人从村委会领到的却只有7.27亩土地的补偿款，它的根据是2000年1月全村土地复核后的面积。本人对征地补偿面积有异议该怎么办？

答：从解决本案问题的实际出发，笔者认为，土地承包合同的生效应以哪个为准，承包的土地面积又应以哪个文件为标准，这些都不是关键。从信中看，你承包土地的四至，并没有因承包合同上的土地面积、土地证上登记的面积、三级纪要执行的土地面积不同而改变。本案问题产生的根源是土地丈量误差问题，所以，只要你承包土地的四至范围不变，那么，给你的土地补偿够不够的问题，就只能是征地时土地面积标准与补偿标准是否一致的问题了。

如果这次征地中，国土局是按规划定点征地范围，以重新测量后的面积结果作总补偿，那么，就要看村上是以什么为标准对各土地承包户作补偿分配的。如果村上是采用统一的标准作分配了，你无须就土地面积和补偿额提出异议；如果村上对有的承包户是以土地承包合同上的土地面积作补偿，对有的土地承包户是以土地证上登记的面积作补偿，或者对有的承包户是以三级纪要确定的面积作补偿的，那么，你可以村委会为被告，向法院提起征地费分配标准的民事诉讼；如果这次征地中，国土局是按承包合同、土地证、三级纪要分别作不同的土地补偿，你可与村委会一起，或要求村委会以县国土局为被告，提起征地补偿标准的行政诉讼。

原载原《中国国土资源报》(2006 年 6 月 8 日)

国家征地不受土地承包合同约束

问：我市一项目需要征收我村土地，其中包括我家的承包地。征用农民承包的土地是否应在征地前终止土地承包合同？

答：所提问题是基于农民群众认为手里的土地承包合同是自己与当地政府签订而产生的，这是一个原则性的错误认识。

自 1978 年农村实行土地承包责任制开始，国家就明确指出：农村实行的土地承包责任制，是在土地公有制基础上，实行分户承包、统一服务相结合的双层经营体制。土地的发包方是乡、村农民集体合作经济组织，社员个人、家庭或专业队（组）是承包方。

《宪法》规定，国家为了公共利益的需要，可以依照法律规定对土地实行征收、征用；《土地管理法》第46条规定："国家征收土地的，依照法定程序批准后，由县级以上地方人民政府予以公告并组织实施。被征收土地的所有权人、使用权人应当在公告规定的期限内，持土地权属证书到当地人民政府土地行政主管部门办理征地补偿登记。"《土地管理法实施条例》第45条规定："违反土地管理法律、法规规定，阻挠国家建设征用土地的，由县级以上人民政府土地行政主管部门责令交出土地；拒不交出土地的，申请人民法院强制执行。"2004年10月21日《国务院关于深化改革严格土地管理的决定》对在国家征地中农民的权利作了进一步明确，被征收土地的农民集体和农民群众依法享有知情权、对拟被征收土地现状调查结果的确认权以及对安置补偿方案的听证权，但并无对拟征收土地的协商权和决定权。由此可见，根据我国的相关法律，国家建设用地征收、征用具有强制性，征地是以县级以上人民政府公告批准征地文件和征地方案后，具体由县级以上国土资源管理部门实施征地方案开始，而不是以政府与被征地单位及土地承包户协商开始。

关于是否应该在征地前终止土地承包合同的问题，回答是肯定的。但国家征地和土地承包合同是两个不同法律层面的关系，从法理上讲，民事行为必须无条件服从具有强制力的国家行为；从民法原理上讲，民事合同在遇国家强制行为时，双方应该自动履行解除或终止合同的程序。这就是说，土地承包合同的双方是否履行终止或解除承包合同程序，是合同双方自己的事，并不影响和妨碍国家征地行为的实施。那么，对土地承包合同双方来说，应该在何时解除或者终止土地承包合同？信中所说的征地"前"应该为何时？从通常意义上讲，征地前是指省级以上人民政府批准市、县人民政府上报的征地方案并公告后到国土资源管理部门开始实施征地前的这一时段。如果信中所指的征地前是指从市、县人民政府拟订征地方案并报批这一阶段，那是不正确的。因为从征地方案拟订并报经省级以上人民政府批准前的这一阶段的工作，尽管被征收土地的农民集体和农民群众依法都参与了，但由于这些工作要报批，就存在一个上级批与不批的问题，而只有被批准并公告后，国土资源管理部门才能具体按被批准的征地方案实施；如果不批准，被征收土地的农民集体和农民群众的参与和政府的前期工作都将归于无效。可见，征地前终止或者解除土地承包合同最早的时间点，应放在市、县人民政府公告征地批准文件和征地方案后，国土资源部门具体实施征地工作前的这一时段内，也可以更晚些，因为征地补偿费要到征地后期才能拿到。

原载原《中国国土资源报》（2006 年 9 月 7 日）

国土管理部门不能参与村民征地款的发放

问：在征地补偿工作中，实际补偿标准已经高于现行征地补偿政策标准了，一些农民还是不签字，而要求以更高的标准补偿。在这种情况下，国土局是否可以将补偿款打入每家在银行的账户，视为补偿到位，然后强制进行拆除。

答：从信中所述征地补偿费的纠纷情况看，是你局在直接向被征地的村民支付征地补偿费，这是越俎代庖行为，是违法的。因为从《土地管理法》规定的征地程序和征地工作实践看，征地中需要村民直接签字的地方只有两处：一是村民住宅和承包地地上附着物和青苗的清点登记签字（征地中的其余工作，均为市、县人民政府的单方行政行为，包括拟订征地补偿、安置方案、公告、听取被征地的农村集体经济组织和农民的意见、征地补偿、安置方案报批、实施征地等）。一般来说，地面附着物清点因不涉及当即付款，村民不会不签字。二是征地补偿费由实施征地工作的土地行政主管部门支付给被征地的农村集体经济组织后，村民从本农村集体经济组织领取有关补偿费时的签字，但这个签字与政府征地工作已无直接关系。

《土地管理法实施条例》（以下简称《实施条例》）第 26 条规定：土地补偿费归农村集体经济组织所有，地上附着物及青苗补偿费归土地上附着物及青苗的所有者所有。安置补助费专款专用，需要安置的人员由农村集体经济组织安置的，安置补助费支付给农村集体经济组织，由农村集体经济组织管理和使用；由其他单位安置的，安置补助费支付给安置单位；不需要统一安置的，安置补助费发放给被安置人员或者征得被安置人员同意后用于支付被安置人员的保险费用。市、县和乡（镇）人民政府应当加强对安置补助费使用情况的监督。最高人民法院法释〔2005〕6 号《关于审理涉及农村土地承包纠纷案件适用法律问题的解释》第 20 条规定：承包地被依法征收，承包方请求发包方给付已经收到的地上附着物和青苗的补偿费的，应予支持。第 21 条规定：承包地被依法征收，放弃统一安置的家庭承包方，请求发包方给付已经收到的安置补偿费的，应予支持。第 22 条规定：农村集体经济组织或者村民委员会、村民小组，可以依照法律规定的民主议定程序，决定在本集体经济组织内部分配已经收到的土地补偿费。

因此，征地中的三项补偿费是由被征地的农村集体经济组织依法并按经市、县人民政府批准的补偿、安置方案向村民直接发放的，村民不签字领取，应由该村、组集体经济组织处理解决，土地行政主管部门是不能参与此事的。当然，这种情况将涉及最后的交地问题，你局应当向被征地单位的村民做工作，根据《实施条例》第 45 条的规定和《国务院关于深化改革严格土地管理的决定》，在国家征地中，农民群众依法只享有对土地被征收的知情权、对拟被征收土地现状调查结果的确认权以及对安置补偿方案的听证权。国家建设征收、征用土地具有强制性，被征地农民对拟被国家征收的土地没有协商权和决定权，拒不配合征地搬迁是要承担“拒不交出土地”的法律责任的。

原载原《中国国土资源报》（2006 年 9 月 14 日）

农业人口迁入县城能否获得征地补偿?

问：我弟付某甲是黄岚自然村村民，自从分田单干起就一直承包村里的责任田和山林，1997 年领取了镇政府发给土地承包 30 年不变的土地承包证，在承包期间历年都上交了国家的各种税收（2005 年以后国家免征农业税除外），同时对镇政府和村里的公共设施及公益事业建设（如修水利、建公路、水库、学校等）摊派都付出了人力、物力和财力。2002 年，我弟为了小孩上学方便，全家人的户口由农村迁到县城，由于没有正式工作，就在县城内做点小生意维持全家人的基本生活，原承包的责任田和山林就委托同村人付某乙一家进行耕作和管理至今。2006 年，市城东经济开发区在我村征收了土地和山林，征地补偿费、安置费没有分给我弟一家。

请问，对于我弟这样的非农业人口，该不该享受与本村人同等的参与征地补偿分配的待遇?

答：关于农业户口迁出与土地承包经营权的关系问题，2002 年 8 月 29 日实施的《农村土地承包法》第 26 条第 2 款规定："承包期内，承包方全家迁入小城镇落户的，应当按照承包方的意愿，保留其土地承包经营权或者允许其依法进行土地承包经营权流转。"第 3 款规定："承包期内，承包方全家迁入设区的市，转为非农业户口的，应当将承包的耕地和草地交回发包方。承包方不交回的，发包方可以收回承包的耕地和草地。"国务院办公厅《关于妥善解决当前农村土地承包纠纷的紧急通知》在"要尊重和保障外出务工农民的土地承包权和经营自主权"一节中指出："按照《农村土地承包法》的规定，承包期内，除承包方全家迁入设区的市转为非农业户口的，不得收回农户的土地承包经营权。"

你弟是将全家户口迁入了县城，而不是迁入了设区的市，所以，根据“法无明文禁止，即为许可”的原则，你弟与同村人付某乙的承包地委托经营管理关系应当以“其他方式流转”定性，并受到保护。

就你弟与付某乙的承包地委托经营关系，双方没有签订相关承包地经营合同，没有依法向村上备案，是错误的。但这些并不能否定你弟参加这次征地补偿费的分配资格，具体是否能享受同其他村民一样的全额补偿，应根据《村民委员会组织法》等相关规定，由村民大会决定。

原载原《中国国土资源报》(2007 年 1 月 25 日)

国家收回征而未用地是否给予补偿?

问：我村村民耕种着离铁路车站不远的一块大约 2 亩的耕地，最近铁路方面来人放出话，说要收回这块地，村民议论纷纷，听老人说，这块地是 20 世纪 50 年代修铁路完后没用完剩下的，后来村民看一直空着没人管就种上一直到现在。请问，铁路方面若真要收回这块地，村集体和村民是否可要求按征地标准予以补偿?

答：1994 年 9 月 8 日原国家土地管理局在《关于乌鲁木齐铁路局要求收回退耕土地有关问题的请示的批复》（国土批〔1994〕63 号）中指出：“一、根据国家有关规定，退耕土地是征用过的土地，土地所有权已属于国家所有。国家在征地时已经给予补偿和安置；国家需要收回安排使用时，农民集体应当交还，不得再提出补偿和安置要求。但耕种该土地的农民生活确有困难，用地单位可酌情给予补助。二、农民集体在使用退耕土地期间，不准在土地上兴建任何建筑物和种植多年作物。有青苗的，用地单位应酌情付给青苗补偿费。三、请示中涉及的退耕土地，

1959 年已经征用转为铁路用地，征用时应当核减了耕地面积，退耕时又签订了协议，应不再按照占用耕地的办法进行处理。”

原载《国土资源百题问答》（2010 年陕西省国土资源厅）

五

矿产资源管理法律问题答疑

这宗非法转让采矿权案，为何只罚一方？

问：2005年1月，某省国土资源厅为王某办理了采矿许可证，准于开采某县境内一铅锌矿，许可证有效期限为3年。2005年5月，王某在县工商局注册了个人独资企业，并领取了营业执照。2006年3月，王某与李某签订采矿权转让协议，将铅锌矿及采矿权整体作价300万元一次性转让给李某，双方到县工商局办理了相关手续。县工商局注销了王某的企业登记。为李某办理了个人独资采矿企业登记。此后李某便在该矿内从事铅锌矿开采活动。

2008年6月，县国土资源局巡查时发现了李某的开采行为。经查，李某不具有采矿相应资质。县国土局认为，王某未经批准，将其采矿权出售给李某违反了《矿产资源法》第6条第3款的规定，属非法倒卖采矿权行为；李某不具备采矿法定资质，且在未取得采矿权的情况下，擅自开采矿产品，其行为违反了《矿产资源法》第16条第3款的规定，属非法采矿行为。为此，依据矿产资源管理法律、法规规定，县国土局对王某处以没收其非法所得300万元，并处罚款10万元的处罚决定；对李某处以责令其停止非法开采活动，没收其非法采矿所得，并处罚款的处罚决定。同时，致函县工商局，建议撤销李某的个人独资企业工商登记，收回其营业执照。两被处罚人均不服，向县人民法院提起行政诉讼。最后，县人民法院判决撤销对王某的处罚决定，维持了对李某的处罚决定。

这宗非法转让采矿权案，为何只罚一方？

答：县人民法院判决正确，但不是因行政处罚超过时效被撤销，而是因行政处罚超过了矿业权许可证规定的期限被撤销。

《矿产资源法》第 3 条第 3 款规定，勘查、开采矿产资源，必须依法分别申请，经批准取得探矿权、采矿权，并办理登记。第 4 款规定，从事矿产资源勘查和开采的，必须符合规定的资质条件。《矿产资源开采登记管理办法》第 7 条规定，采矿权人逾期不办理延续登记手续的，采矿许可证自行废止。这就是说，非法采矿的责任主体是未经依法批准的单位或个人；非法转让采矿权的责任主体是取得采矿证的单位或个人。

本案王某的采矿许可证许可的有效期限为 3 年，自 2005 年 1 月起至 2008 年 1 月止，除此期间外，出现的矿山转让行为，因转让人不是法定采矿权人，不能称为采矿权转让，而是一种对矿山非法占有后的民事合同欺诈行为，此行为不属国土部门管理范围。

王某 2006 年 3 月与李某签订采矿权转让协议，县国土资源局 2008 年 6 月才发现了李某的非法开采行为并对双方作出行政处罚决定，而此时王某的采矿许可证已过了规定的 2008 年 1 月的最后期限，因王某和李某都未依法申办采矿权延续，故王某已不再是该铅锌矿的采矿权主体，无权转让该铅锌矿，而且王某也没有在自己采矿许可证过期作废的情况下向李某转让采矿权，其已不是采矿权转让的行政管理相对人，故国土局无权对其行政处罚。

反过来说，如果王某与李某签订采矿权转让协议的时间是在 2005 年 11 月，国土局对双方非法转让的行政处罚是在 2007 年 12 月，能不能说此行政处罚时间超过了 2 年，法院就可以撤销国土局对王某的处罚部分，而维持对李某的处罚部分呢？显然这是不可能的。因为这个 2007 年 12 月，还正处在王某采矿证规定的 2005 年 1 月至 2008 年 1 月的 3 年有效期内，王某当然属于矿业权转让是否合法的行政管理相对人，如果法院撤销了对王某的行政处罚部分，就违反了《探矿权采矿权转让管理办法》

第10条关于矿业权转让必须报批和第6条矿山企业投入采矿生产满1年方可转让的规定。可见，对转让矿山行为的处罚是否合法有效的判断，不能以行政处罚时效是否超过2年来衡量，而应当以作出行政处罚的时间是否在矿业权许可证规定的有效期间来衡量。所以，在王某采矿证失效作废、其已不是采矿权主体的情况下，不能认定当前李某占有并开采的铅锌矿是王某转让的结果。而应认定是其未经批准擅自开采的结果。

可见，把握矿业权证的有效期，是正确行使矿业权转让行政管理权的关键。

原载《大视角》（2007年10月18日）

越界采矿的违法所得如何确定？

问：《矿产资源法》规定，对越界采矿应没收其违法所得，但在基层具体执法过程中，对违法所得的理解却不同。

一种观点认为，越界采出的矿产品所形成的销售收入即为违法所得，应予全部没收。

另一种观点认为，越界采矿的违法所得，应当扣除向国家上缴的税费，也就是说利润部分是违法所得，应予没收。

越界采矿的违法所得该如何确定？

答：笔者同意越界采出的矿产品所形成的销售收入即为违法所得的观点。原国家土地管理局1991年4月8日对原湖北省土地管理局《关于对贯彻〈土地管理法实施条例〉几个问题的答复》规定，构成非法转让土地行为，其所得的款额都属非法所得。同理，越界采出的矿产品所形成的销售收入全部为违法所得。这里，笔者认为还应该补充一句，因为违法采矿与非法转让土地不同，越界采出的矿产品即使没有销售也应该确定为违法所得。在具体处理上，如果该越界采出的矿产品因为已出卖并开出了销售发票，并且税务部门根据该销售发票计收了税款，则除已收税款外的剩余为违法所得，但不应该理解为利润部分是违法所得，因为这样会造成除去税务部门已收缴的税款部分，还要扣除企业留成和各项企业基金后的利润部分为违法所得的错误认识。

原载原《中国国土资源报》（2006 年 8 月 31 日）

这份协助执行文书违法

问：甲依法取得某矿采矿权，在采矿期外销矿产品，预收了乙 50 万元货款，后因未如数交货仍欠乙某 40 万元不能偿还。乙提起诉讼，法院判决限期偿还。在执行中，由于甲无力偿还，法院又裁定以甲矿山资产评估价抵顶欠款，并明确甲矿山由乙经营。法院向国土资源部门下达了协助进行采矿权变更通知。按照变更程序，原采矿权人必须出具同意变更书面材料，如果甲不出具同意变更材料，该采矿权能否变更？还有没有其他救济办法？

答：《矿产资源法》第 3 条第 3 款规定：勘查、开采矿产资源必须依法分别申请，经批准取得探矿权、采矿权，并办理登记。第 4 款规定：从事矿产资源勘查和开采的，必须符合规定的资质条件。这说明，采矿人必须是具有法定资质并经相应矿产行政管理部门批准的单位或个人。1992 年《最高人民法院关于适用〈中华人民共和国民事诉讼法〉若干问题的意见》第 281 条规定：人民法院在执行中需要变卖被执行人财产的，可以交有关单位变卖，也可以由人民法院直接变卖。这样看来，本案中法院向国土资源管理部门发出的以甲的采矿权抵债，并明确乙直接经营甲矿区的协助执行法律文书，存在两处违法：一是采矿权不是普通财产权，且对采矿权人有资格限制，在未经有审批权的矿产资源行政管理部门对乙的采矿权资格进行审查批准前，乙无权经营甲的矿区，强令国土资源管理登记部门将甲的采矿权变更登记给乙，是严重的司法干预行政；二是甲、乙双方是债权债务关系，乙只能从依法拍卖或变卖采矿权后的款项中相应受偿，而不能直接取得甲的采矿权。

根据《民事诉讼法》第230条之规定，本案的合理解决办法是，法院应委托对该矿的开采有审批权的国土资源管理部门对甲的采矿权进行拍卖或变卖，用出卖所得偿还乙的债权，若有剩余，应为甲提存。并为适格的采矿权人办理采矿权变更登记。

在国土资源管理部门受委托对甲的采矿权作拍卖或变卖的法律程序中，国土资源部门没有必要征求甲的意见，因为甲欠乙的债，依法应当负有清偿的义务，在甲无力或者故意不偿还的情况下，法院根据双方债权债务产生的原因和乙的诉讼请求，判决甲偿还乙的债权是正确的。

信中所述情况，是把财产权的自愿处分原则与法院对民事债权债务纠纷审判原则对立了起来。二者实际上是一回事，只不过财产权自愿处分是原则，法院对债权债务纠纷的审判结果具有强制性，而依法强制处分个人财产是财产权自愿处分原则的一种补充而已，保护合法的债权人的利益，与民事活动中公平、等价有偿、诚实信用原则是一致的。

原载原《中国国土资源报》(2006年4月20日)

县国土局同意，不是法律意义上的采矿许可

问：我是四川省巴中市通江县国有企业大河坝煤矿下岗职工，凭多年从事煤炭生产的经验分析，本县两河口乡辛家沟至赵家沟地段长约6公里内出露有无烟煤。该地段未设置探矿权、采矿权，无采矿井，也没

有勘查和勘探资料。我们经县国土资源局同意，从 2005 年 3 月起，多次请四川省煤田地质局 137 队工程师、专家进入该地段调查踏勘和初查论证，确认该地段局部地区有可采煤，并取得基本地质勘查资料。在这期间，我们投入资金十余万元。如今，县国土资源局、县政府以探矿权拍卖形式呈文报巴中市国土资源局已 5 个多月，未批复。

（1）这类情况适用拍卖政策吗？

（2）上级部门为何时隔 5 个多月不作任何批复？

（3）根据以上情况，我们已付出的风险投入怎么回收？在哪个部门办理手续？

答：根据国务院第 240 号令《矿产资源勘查区块登记管理办法》（以下简称《办法》）第 8 条规定，笔者认为你不是法律意义上的探矿权人。从来信所述情况看，你只是向县国土资源局作了申请，在得到县国土资源局同意后，就对两河口地段进行勘查，这不是法律意义上的探矿许可。因为，《办法》第 6 条规定，探矿权申请人申请探矿权时，应当向登记机关提交拟勘查的区块范围图、勘查合同、实施方案等文件材料。按《办法》第 4 条规定，该登记由省矿产管理部门审查，决定是否予以登记；准予登记的，按《办法》第 8 条规定，在交纳探矿权使用费，办理登记，领取勘查许可证后，才成为探矿权人。《办法》第 19 条、第 21 条、第 22 条规定，探矿权人在勘查许可证有效期内探明可供开采的矿体后，应及时注销探矿权，并按原报备的勘查实施方案，或转让探矿权，或申请开采权。但你没有做这些后续工作。可见，你的探矿勘查行为是不规范的。因为你没有制定关于报批备案的矿体探明后探矿权的处置方案，所以，你的勘查成果不受法律保护，县国土资源局才敢于不与你沟通，而是将你的勘查成果按国土资源部国土资发〔2003〕197 号文件《探矿权采矿权招标拍卖挂牌管理办法》第 7 条规定，以新设探矿权向巴中市国土资源局报批拍卖。依法而论，不论巴中市国土资源局对两河口煤矿探矿权是否拍卖、何时拍卖，都与你没有行政管理或经济上的法律关系。

至于你的投资回收问题，相信在两河口煤矿探矿权拍卖后，县国土资源局是会考虑的。如果你不愿等待，也可现在就向县国土资源局提出补偿要求，如果县国土资源局推诿，或拒绝给你补偿，你可根据《行政许可法》第22条、第29条、第32条第4项、第35条、第39条、第74条第1项、第76条的规定，向巴中市国土资源局或四川省国土资源厅反映，或根据《国家赔偿法》第4条第4项、第9条的规定申请行政复议，或向法院提起行政诉讼。

原载原《中国国土资源报》(2006年9月28日)

不足一平方公里的矿区该怎样收取采矿权使用费？

问：国务院第241号令《矿产资源开采登记管理办法》第9条规定，采矿权使用费按照矿区范围的面积逐年缴纳，标准为每平方公里每年1000元。

财政部、国土资源部《关于印发〈探矿权采矿权使用费和价款管理办法〉的通知》(财综字〔1999〕74号）直接引用了该标准，未作细化规定，对不足1平方公里的采矿权该如何收取使用费未作规定。

实践中，四川省眉山市按照省国土资源厅的细化标准执行，即矿区面积或尾数小于等于0.5平方公里的按0.5平方公里计，大于0.5平方公里小于1平方公里的按1平方公里计。比如，矿区面积1.1平方公里，收取采矿权使用费1500元；矿区面积1.6平方公里，收取2000元。

有采矿权人提出疑问，这样计算的法律依据是什么？

国土资源管理部门应该如何理解和执行采矿权使用费的收取标准呢？

答：首先，各省、自治区、直辖市国土资源局在国务院第241号令规定的收费标准范围内，制定本地矿区面积小数点后尾数面积的计费细化标准不违法。

其次，不论矿区面积大小，一块矿区面积的小数点后尾数面积只有一个，由于这个误差造成的“吃亏”“占便宜”的额度仅限在499元内，这个误差相对于整个矿区整数面积的使用费而言，不足称道。

再次，矿区面积以平方公里为单位计费，这是法定允许误差，地方对这个误差按0.5平方公里细化，是因为在矿产实际开采过程中，尤其是地下矿开采过程中本身就存在着误差，再细化是没有什么意义的。

最后，如果要以1.1平方公里计收1100元使用费、1.6平方公里计收1600元使用费的这种书本上的算法计收的话，可能还会有人提出1.249平方公里为什么不按1249元计收使用费的问题，那么，这就要求采矿权人在实地采矿中对矿区面积的控制要精确到小数点后第三位。矿区面积的小数点后尾数面积的收费标准越精确，采矿权人面临行政处罚的概率就越大。因为如此精确的矿山范围开采，采矿权人在操作中无法控制，是根本做不到的。所以说，地方对矿区面积收费标准的细化程度，实际上也是当地行政管理中允许的采矿面积误差范围。

原载原《中国国土资源报》（2006年9月28日）